科研人员的开放存取参与行为

袁顺波　著

国家图书馆出版社

图书在版编目（CIP）数据

科研人员的开放存取参与行为/袁顺波著．—北京：国家图书馆出版社，2020.10
ISBN 978-7-5013-6972-0

Ⅰ.①科… Ⅱ.①袁… Ⅲ.①科研人员—信息获取—研究
Ⅳ.① G255.51

中国版本图书馆 CIP 数据核字（2020）第 017941 号

书　　名	**科研人员的开放存取参与行为**
著　　者	袁顺波　著
责任编辑	邓咏秋
编辑助理	张晴池
封面设计	耕者设计工作室

出版发行	国家图书馆出版社（北京市西城区文津街 7 号　　100034）
	（原书目文献出版社　北京图书馆出版社）
	010-66114536　63802249　nlcpress@nlc.cn（邮购）
网　　址	http://www.nlcpress.com
排　　版	北京旅教文化传播有限公司
印　　装	河北鲁汇荣彩印刷有限公司
版次印次	2020 年 10 月第 1 版　2020 年 10 月第 1 次印刷

开　　本	710mm×1000mm　1/16
印　　张	16
字　　数	200 千字
书　　号	ISBN 978-7-5013-6972-0
定　　价	78.00 元

目　录

图表目录

图目录

表目录

第一章 绪论

一、研究背景

学术信息的传播与交流是进行学术探索及创新的关键，也是推动人类社会发展进步的重要因素。在传统学术交流体系中，学术期刊扮演着重要角色，它们既是科研人员研究成果注册、认证、利用以及存储四项功能集成的重要媒介，同时也是科研水准的重要标识与依据[①]。但随着网络技术的发展以及科研人员对学术信息自由交流呼声的日益高涨，传统学术交流体系已不能完全适应科研发展的要求。

近年来，学术期刊、专著等学术资源的价格持续快速上涨，给世界各国图书馆的资源建设带来极大的影响。据统计，在 2013—2017 年期间，美国图书馆协会（American Library Association，ALA）19% 的成员馆因多方面的原因不得不削减经费支出，而学术资源的价格却不断上涨，ALA 的博士学位授予机构成员馆在 2016 年用于购置馆藏资源的平均经费已超过了 560 万美元，其中 70.9% 的经费用于购置期刊文献[②]。受困于有限的经费，图书馆不得不逐步减少期刊和专著的购买量，哈佛大学（Harvard University）员工顾问委员会（Faculty Advisory Council）更是发表了一份备忘录《员工顾问委员会关于期刊价格的备忘录：主流期刊订购模式已经不可持续》（*Faculty Advisory Council Memorandum on Journal Pricing:Major Periodical Subscriptions Cannot be Sustained*），声称由于期刊价格的持续快速上涨，尤其是某些大型出版集团的价格垄断，使高校图书馆面临极大困难，传统的学术交流模式在经济上已经

---

① 邓君. 机构知识库建设模式与运行机制研究 [D]. 长春:吉林大学,2008.

② American Library Association. The state of America's libraries 2018：a report from the American Library Association[R/OL]. [2020-02-15]. http://www. ala. org/news/state-americas-libraries-report-2018.

不可持续①。与此同时，用户的信息需求量则不断增加，使得科研人员所需求的信息远远大于图书馆可以提供的信息，从而导致了信息需求与信息获取之间的失衡。

学术交流危机迫使学术界、图书馆以及科研人员思考新的学术交流途径。随着网络的普及，基于互联网络进行学术信息的自由交流逐渐成为共识，OA（Open Access，开放存取）运动应运而生。通过将研究成果免费开放，OA 可以有效扩大传播范围、加快传播速度，从而提高研究成果的显示度和被引频次，进而对缩小发展中国家与发达国家之间的数字鸿沟产生积极作用。

正是由于 OA 可对学术交流与传播产生积极影响，从 20 世纪 90 年代开始，全球各国不断推进 OA 运动的发展。1991 年，美国洛斯阿拉莫斯国家实验室（Los Alamos National Laboratory）的物理学家 Ginsparg 建立了第一个学科知识库（subject repository）——arXiv.org，用以收集物理学领域的预印本，随后扩展到天文、数学等多个领域，现已发展成全球最为知名的学科知识库之一。经过多年的快速发展，OA 运动已经取得了不错成绩。据开放存取期刊目录（Directory of Open Access Journals，DOAJ）统计，截至 2020 年 2 月，已收录了来自 120 多个国家的近 1.6 万份 OA 期刊，包括英语、西班牙语、葡萄牙语、法语等 80 多种语言的 550 万篇文献②；在自存储方面，自 arXiv.org 建立以来，各种学科知识库、机构知识库纷纷出现，尤其是进入新世纪后，机构知识库呈现飞速上涨的势头。据 OpenDOAR（Directory of Open Access Repositories）统计，截至 2020 年 2 月，该目录已经收录 4015 个 OA 知识库。我国已有厦门大学学术典藏库、香港城市大学机构仓储、中国科学院文献情报中心机构知识库等 50 多个 OA 知识库被其收录③。

在快速发展的同时，OA 运动也面临着诸多挑战，OA 期刊的高收费和自存储资源建设困难等问题制约着 OA 运动的持续、健康发展。其中，OA 期刊"作者付费、读者免费"的运营模式广受诟病，越来越多的 OA 期刊开始发表数量

---

① Faculty advisory council. Faculty advisory council memorandum on journal pricing：major periodical subscriptions cannot be sustained[EB/OL]. [2020-02-15]. http://isites. harvard. edu/icb/icb. do?keyword=k77982&tabgroupid=icb. tabgroup143448.

② DOAJ[EB/OL]. [2020-02-25]. http://www. doaj. org/.

③ OpenDOAR[EB/OL]. [2020-02-25]. http://v2. sherpa. ac. uk/opendoar/.

惊人的论文，并收取高额的论文发表费（Article Processing Charges，APC）[①]。更为严重的是，作者付费的模式为不法分子提供了可乘之机，以攫取利润为唯一目的的掠夺性期刊（predatory journal）粉墨登场并大行其道，这些期刊不关注论文质量甚至不进行评审，是典型的"支付费用即可发表"的期刊。不仅如此，掠夺性期刊大多采用模仿知名期刊刊名、伪造国际期刊标准刊号、伪造成SCI收录期刊等欺骗手段，以达到其非法目的[②]。掠夺性期刊的横行不仅成为OA运动发展中的"毒瘤"，也对正常的学术交流产生了相当负面的影响。

自存储资源建设与利用也面临着诸多困难，由于科研人员对自存储的不够了解与信任，不情愿、不积极向自存储平台主动提供科研成果的现象普遍存在，使得不少OA知识库都面临着"有站无车、有车无人"的窘境[③]。据OpenDOAR统计，OA知识库平均拥有资源数约为22万条，但一半以上的OA知识库中记录数少于1万条[④]。我国OA知识库由于多方面的原因，资源建设状况更加不容乐观，厦门大学机构典藏库是国内最早建设的机构知识库之一，目前只有15万余条记录，中国科学院重点建设的学科知识库ChinaXiv仅收录了不足1万条的学术资源。上述数据表明，OA资源建设确实面临着严峻的挑战。

同样，OA资源的利用情况也并不理想，不少调查结果都表明，科研人员对OA的认知度偏低，因担心质量缺乏保障等问题而偏向于利用传统学术交流体系中的文献信息资源[⑤]。而离开信息资源的建设与利用，OA运动将失去意义。

二、研究意义

科研人员是关系到OA资源建设成功与否的关键要素，他们既是资源提供者，也是资源利用者。本书拟紧扣这一关键因素，对科研人员的OA参与行为

[①]　穆蕴秋,江晓原.科学出版乌托邦:从开放存取到掠夺性期刊(上)[J].读书,2018(8):3-14.

[②]　江晓原,穆蕴秋.科学出版乌托邦:从开放存取到掠夺性期刊(下)[J].读书,2018(10):21-31.

[③]　赖辉荣.破解机构知识库建设中资源收集难题之策略[J].国家图书馆学刊,2009(3):59-61.

[④]　OpenDOAR[EB/OL].[2020-02-25].http://v2.sherpa.ac.uk/opendoar/.

[⑤]　李武,卢振波.科研人员对OA知识库的认知程度和使用现状分析[J].图书情报工作,2010(10):58-62.

进行系统研究。

在理论方面，本书从科研人员在 OA 运动中的双重身份入手，以态度行为关系理论和信息技术接受理论为基础，综合采用描述性研究、探索性研究和验证性研究方法，从崭新的视角构建科研人员的 OA 参与行为理论模型，明确我国科研人员对 OA 的认知、提供资源的影响因素和利用资源的影响因素，以期拓展 OA 研究的新视角，揭示科研人员的 OA 参与行为规律，推动 OA 理论研究的丰富与发展，进而为有效解决数字学术信息资源的长期保存与利用，完善数字信息资源管理理论体系贡献力量。

在实践方面，本书的意义在于：第一，为政府部门、学术机构制定 OA 发展战略、管理政策提供决策参考。发展战略和管理政策是解决 OA 运动中资源收集、管理、长期保存以及利用等众多问题的方向和原则。推动 OA 运动的发展，制定相关战略和政策是必不可少的保证[①]。本书通过理论模型的构建与实证研究，明确我国科研人员参与 OA 运动的现状及影响因素，有助于我国政府部门及学术机构制定出适合我国实际情况的 OA 发展战略与管理政策，以更好地促进我国学术信息的交流与共享。第二，可为我国机构知识库、学科知识库、学术网站/论坛的建设提供实践指导与参考。毫无疑问，学科知识库、机构知识库以及学术网站/论坛的建设必须以用户（科研人员）为导向，才有可能有效解决上述问题。本书围绕科研人员的参与行为展开系统研究，可以明确促进和阻碍科研人员参与 OA 运动的各种因素以及参与行为现状，从科研人员的角度反映出我国 OA 运动所取得的成绩与存在的不足，明确推动我国 OA 发展应该关注的重点问题，从而为今后我国机构知识库、学科知识库、学术网站/论坛的建设提供实践指导与参考价值。第三，有助于弥补当前学术交流体系的缺陷，推动科学知识交流与共享。通过对科研人员的 OA 参与行为进行系统研究，有助于推动我国 OA 运动的发展，缓解科学信息获取与信息需求之间的失衡状态，为学者快速、准确地免费获取高质量的数字学术信息资源提供指导。对拓宽学者的信息搜集途径，满足学者对科学信息的需求，弥补当前学术交流体系的缺陷，推动科学知识交流等都具有实践意义。

---

① 苏庆收,刘文云,马伍翠,等.机构知识库开放获取政策体系内容研究 [J].情报理论与实践,2018（10）:34-39.

三、相关术语

（一）开放存取

Open Access，目前在国内有"开放存取""开放访问""开放获取""开放共享""开放共用"等多个译名。虽然有学者提出应该统一翻译成"开放访问"[①]，但从现有文献看，"开放存取"已逐渐成为"Open Access"的标准译名，同时考虑到"存取"包含"存储"和"获取/访问"的两层含义，因此本书采用"开放存取"作为其中文译名。

关于 OA 的定义，目前较有影响、被广泛接受的是由两次会议所给的定义：

（1）2001 年 12 月，OSI 在匈牙利首都布达佩斯召开有关学术资源自由交流的会议，会议通过了《布达佩斯开放存取先导计划》（*Budapest Open Access Initiative*，BOAI），将 OA 定义为"某文献在 Internet 公共领域里可以被免费获取，允许任何用户阅读、下载、拷贝、传递、打印、检索、超级链接该文献，并为之建立索引，用作软件的输入数据或其他任何合法用途。用户在使用该文献时不受财力、法律或技术的限制，而只需在存取时保持文献的完整性，对其复制和传递的唯一限制，或者说版权的唯一作用应是使作者有权控制其作品的完整性及保证作品被准确接受和引用"。BOAI 指出，实现 OA 有 OA 期刊（Open Access journal，开放存取期刊）和自存储（Self-archiving）两条途径[②]。

（2）2003 年，霍华德·休斯医学研究所（Howard Hughes Medical Institute）在美国贝塞斯达召开有关 OA 出版的会议，会议就 OA 达成共识，并提出了《开放存取出版贝塞斯达声明》（*Bethesda Statement on Open Access Publishing*），指出 OA 出版物必须满足下面两个条件[③]：

①作者及版权所有者授权全球所有使用者免费、无须归还以及永久性的访问权力，在合理的目的、说明论文作者以及个人使用的前提下，以数字形式或

[①] 马景娣. Open Access 中文译名探讨 [J]. 图书馆杂志，2005（10）：34-36.

[②] Budapest open access initiative[EB/OL]. [2020-02-25]. http://www.soros.org/openaccess；中国科技论文在线. 新闻动态—OPEN ACCESS 搜索平台 [EB/OL]. [2020-02-25]. http://oa.paper.edu.cn/kf_01.jsp.

[③] Bethesda statement on open access publishing[EB/OL]. [2020-02-25]. http://www.earlham.edu/~peters/fos/bethesda.htm.

采用少量的印本形式，可对作品进行复制、使用、分发、传播、公开演示、制作及分发其衍生作品。

②包含附件资料和上述授权声明的完整作品，在出版后立即以标准的电子格式，至少存储于一个由学术机构、学会、政府机关或其他正式组织建立的在线知识库，供开放存取、不受限的传播、交互操作和长期保存。

此外，国内学者李侠认为，OA 是不同于传统学术传播的一种全新机制，其核心特征是在尊重作者权益的前提下，利用互联网为用户免费提供学术信息和研究成果的全文服务[①]。吴建中则指出，OA 的目的是通过建立和完善保障科学研究资源和数据流通的信息基础构架，让科学及其信息的开放成为科学工作者的共同认知和工作常态[②]。

从上述定义可以看出，各定义之间只是表达方式不同，内涵基本一致。故本书采用 BOAI 关于 OA 的定义，即某文献在 Internet 公共领域里可以被免费获取，允许任何用户阅读、下载、拷贝、传递、打印、检索、超级链接该文献，并为之建立索引，用作软件的输入数据或其它任何合法用途。用户在使用该文献时不受财力、法律或技术的限制，而只需在存取时保持文献的完整性，对其复制和传递的唯一限制，或者说版权的唯一作用应是使作者有权控制其作品的完整性及作品被准确接受和引用。

（二）OA 期刊

作为 OA 运动的"黄金途径"（gold road），不同学者/机构对 OA 期刊进行了多种定义。BOAI 指出：OA 期刊是不再利用版权限制用户获取和使用的新型期刊。OA 期刊通过版权和其他工具保证其出版的论文可被永久地免费获取。为保证 OA 期刊正常运作，可以采用政府与基金会资助出版、学校或实验室提供出版经费以及接受捐赠等多种方式筹集资金[③]。DOAJ 对 OA 期刊的定义是：采用集资的模式，不向作者或其机构收取使用费[④]。Nicholas 等认为 OA 期

---

① 李侠. 开放获取，拥抱还是拒绝 [N]. 光明日报，2016-10-08（10）.

② 吴建中. 从开放获取到"超越开放获取"——"下一代机构知识库"给予我们的启示 [J]. 国家图书馆学刊，2018（6）：3-8.

③ Budapest open access initiative[EB/OL]. [2020-02-25]. http://www.soros.org/openaccess.

④ DOAJ. About DOAJ[EB/OL]. [2020-02-25]. http://www.doaj.org/doaj?func=loadTempl&templ=about&uiLanguage=en.

刊是向利用人员和机构免费提供论文资源的期刊，利用者可以阅读、下载、拷贝、传播和打印 OA 期刊中的论文和其他免费资源，作者为论文的出版付费，同时也保有文献的版权[①]。

国内学者胡德华认为 OA 期刊是因特网上公开出版的，允许所有网络用户免费阅读、下载、复制、传播、打印、搜索和索引其文章全文，且使用时无任何经费、法律和技术障碍的全文学术期刊[②]；陈传夫和王云娣也持类似的观点，认为 OA 期刊是那些无须读者本人或其所属机构支付使用费用，允许读者进行阅读、下载、复制、分发、打印、检索或链接到全文的期刊[③]；易棋认为 OA 期刊是在开放获取原则的基础上，在许可协议框架内使用户拥有免费访问的权利以及免费获取和使用的权利，并且被获取的文献都是经过了同行评审拥有质量保证的学术资源，以网络资源的形式呈现的在线期刊[④]。

从上述定义中，我们可以看出，OA 期刊主要具有用户免费获取以及非商业用途不受限制的特征。当然，OA 期刊出版的论文一般需通过同行评议，如 DOAJ 收录的所有 OA 期刊均是同行评议期刊。因此，笔者认为，可以将 OA 期刊限定为：在网络上公开出版，无须读者本人或其所属机构支付使用费用，允许读者进行阅读、下载、复制、分发、打印、检索或链接到所有全文的同行评议期刊。

（三）自存储

作为 OA 的"绿色通道"（green road），Self-archiving 在国内有"自存储""自存档""自我典藏"等译名，但以"自存储"最为常见，因此本书也将其翻译成"自存储"。

BOAI 指出，科研人员需要相关的工具和协助来将其论文存储在电子存储系统中，这种行为就被称作为自存储。供科研人员进行自存储的系统符合开放档案协议（Open Archives Initiative，OAI），搜索引擎等工具可以将分散的自

---

① NICHOLAS D, HUNTINGTON P, ROWLANDS I. Open access journal publishing: the views of some of the world senior authors[J]. Journal of documentation, 2005, 61(4): 497-519.

② 胡德华. 生物医学类开放存取期刊学术质量评价及其评价体系研究 [D]. 长沙: 中南大学, 2009.

③ 陈传夫, 王云娣. 开放存取期刊的分布及获取策略研究 [J]. 中国图书馆学报, 2007（6）: 82-87.

④ 易棋. 中美开放获取期刊比较研究 [D]. 哈尔滨: 黑龙江大学, 2018.

存储系统视为一个整体，用户无须知道自存储系统的存在及位置便可找到所需的信息[①]。

知名学科知识库 Eprints 指出，自存储是将数字化文档存放在公众可获取的网站上，最好是遵守 OAI 协议的自存储系统。自存储的内容可以是研究者工作的所有重要阶段，从同行评议之前的预印本到经过同行评议的后印本，再到对已经出版的文章的补充修改更新都可以进行自存储[②]；Laakso 则认为自存储是实现论文免费开放的间接途径，是科研人员将非最终版本的研究成果通过除期刊出版社网站之外的平台实现 OA 的行为[③]。

国内学者也持类似的观点，如倪玉莎指出，自存储是作者将学术成果存入机构提供的软件平台，以实现信息资源的交流与共享[④]；董文鸳认为自存储指的是科研人员通过学科知识库、机构知识库等 OA 知识库或其他学术网站，向所有网络用户免费提供自己的研究成果[⑤]；杨莎莎和叶建忠总结出目前有三类自存储方式：机构知识库、学科知识库和个人网站，并指出，对于通过自存储方式进行 OA，最具潜力的方式是在遵守 OAI 协议的机构知识库中进行自存储[⑥]。

据此，笔者认为，可以将自存储定义为：科研人员将自己的研究成果自行存储在学科知识库、机构知识库或其他学术网站（如个人主页、学术博客、学术论坛）中，并向所有网络用户免费提供的行为。

与自存储密切相关的两个概念是"强制性存储"和"协议性代存储"。强制性存储是指相关学术机构在国家的相关法律和管理政策允许的前提下制定出合适的版权协议，统一收集科研人员的论文，并在其许可的范围内供用户使用。协议性代存储，指的是学术机构在收集到科研人员的论文后联系作者并取

① Budapest open access initiative[EB/OL]. [2020-02-25]. http://www.soros.org/openaccess.

② Eprints. Self-archiving FAQ[EB/OL]. [2020-02-25]. http://www.eprints.org/openaccess/self-faq/#self-archiving.

③ LAAKSO M. Green open access policies of scholarly journal publishers: a study of what, when, and where self-archiving is allowed[J]. Scientometrics, 2014, 99(2): 475-494.

④ 倪玉莎. 自存储机构知识库运行中的版权利益平衡机制研究[J]. 情报科学, 2012（2）: 665-669.

⑤ 董文鸳. 国外自存储研究的定量分析[J]. 新世纪图书馆, 2018（3）: 87-91.

⑥ 杨莎莎, 叶建忠. 学术信息交流的新途径——开放存取自存档[J]. 图书情报工作, 2007（3）: 37-40.

得其相应允许，由机构代为把论文上传到相应的自存储平台上，并在作者许可的范围内使用相关的知识成果[1]。

强制性存储是科研人员在受到外在强制命令的情况下进行的存储，并非根据自身意愿自由进行；而协议性代存储则是由相关管理机构实施存储行为，科研人员并没有实施相应的行动。因此"自存储"的范畴并不包括"强制性存储"和"协议性代存储"。

（四）机构知识库

Institutional repository，国内有"机构库""机构知识库""机构仓储""机构典藏"等译名，其中又以"机构库"和"机构知识库"最为常见。考虑到"知识"在从数据转化到信息、从信息转化到情报的过程中起支撑作用[2]，因此本书采用"机构知识库"这一译名。

机构知识库是诞生于21世纪的新生事物，由俄亥俄州立大学（Ohio State University）于2001年建立的俄亥俄州立大学知识库是机构知识库最初的雏形[3]。2002年问世的DSpace则正式宣告机构知识库这一新生事物的出现，此后机构知识库的相关理论与实践问题受到各国学者的关注。

关于机构知识库的定义，目前国内外学者主要从系统和服务的角度对其进行阐述，有研究者从系统的角度出发，指出机构知识库是将学术机构成员的研究成果进行搜集与存储，并允许用户检索和利用的数字知识库[4]；另有研究者基于服务的角度，指出机构知识库是高等院校为方便对数字信息资源进行有效组织、整理、存储、检索与利用而提供的一系列服务[5]。

国内最早介绍机构知识库的学者吴建中认为机构知识库是收集并保存单

① 都平平. 机构仓储的自存储和强制存储策略研究 [J]. 图书馆杂志, 2008（9）：15-18.

② 郑彦宁, 化柏林. 数据、信息、知识与情报转化关系的探讨 [J]. 情报理论与实践, 2011（7）：1-4.

③ ROGERS S A. Developing an institutional knowledge bank at Ohio State University：from concept to action plan[J]. Portal：libraries and the academy, 2003, 3(1)：125-136.

④ CARL. Institutional repositories：innovation in scholarly publishing[EB/OL]. [2020-02-25]. http://www. carl-abrc. ca/projects/ir/about-e. htm.

⑤ LYNCH C A. Institutional repositories：essential infrastructure for scholarship in the digital age[J]. Portal：libraries and the academy, 2003, 3(2)：327-336.

个或数个大学共同体知识资源的知识库[①]；马景源和白林林也认为机构知识库是一种能实现对该机构知识资产进行收集、长期保存、合理传播利用的管理系统[②]；徐春和张静将机构知识库界定为由特定机构（如大学、研究所、图书馆、博物馆等）建立起来的，用于收集、存放和长期保存机构内部所产生的各种数字化资源，并可供机构内外用户共享和交流的平台[③]。常唯则将机构知识库的定义从"系统"切换到"服务"，指出机构知识库的实质是机构依托网络运行的一组资源管理与服务机制，并从基础设施、资源组织、资源传播/学术交流、资源发布/出版以及服务等维度对此展开阐述[④]；汪琴等认为机构知识库是 OA 的产物，是以开放共享为理念，以揭示、管理、保存和利用机构科研产出为目的的资源和服务集成[⑤]。

据此，笔者定义机构知识库为：以搜集、组织、存储学术机构（大学、大学共同体等）相关数字知识资源为主要任务，并将其中绝大部分资源对任何网络用户免费开放的知识库。

（五）学科知识库

Subject repository，国内一般翻译成"学科库"或"学科知识库"，考虑到要与"institutional repository"的翻译保持一致，本书采用"学科知识库"作为"Subject repository"的中文译名。此外，国内有不少学者使用"预印本系统"或"e 印本文库"等类似的名词。但由于 subject repository 中存储的既包括预印本（pre-print），又可能包括后印本（post-print），因此将其翻译成"预印本系统"并非是最佳选择。

从 1991 年 arXiv.org 建成至今，学科知识库的发展已经历了 20 年的历史，国外对其的定义也已经基本达成一致，如 Open Access 网站对学科知识库

---

① 吴建中.图书馆 VS 机构库——图书馆战略发展的再思考[J].中国图书馆学报，2004（5）:5-8.

② 马景源，白林林.机构知识库用户的使用和存缴意愿研究——以中国科学院文献情报中心机构知识库为例[J].图书馆理论与实践，2018（11）:49-52.

③ 徐春，张静."双一流"建设背景下高校图书馆机构知识库建设现状及发展对策[J].图书馆学研究，2019（3）:31-38,77.

④ 常唯.数字学术环境中的机构知识库探析[J].图书情报工作，2006（7）:46-50.

⑤ 汪琴，张建文，张智萍，等.机构知识库可持续发展策略[J].情报杂志，2017（5）:164-167,174.

的定义为：用来收集和保存某一个特定学科文献的知识库。学科知识库可以由政府、政府的某一部门、研究机构、学术机构或个人/组织自发建设而成[①]。Adamick 和 Reznik-Zellen 则认为学科知识库是收集并向网络用户开放某一个或多个学科文献的知识库[②]。

上述观点得到了国内学者的认同。张丽指出，学科知识库（预印本系统）是集预印本文章发布、检索、查询、利用和评论等功能于一体的学术信息交流服务平台，是实现学术信息 OA 的重要途径[③]。杜伟和李庆芬认为学科知识库是为某一个或多个学科领域的各类型电子研究文档提供开放存储和检索的数据库[④]。胡芳认为学科知识库具有学者主动存储、资源类型丰富和免费开放等特点，且其概念又是动态变化的，不同时代背景下学科知识库的具体内涵会发生变化，且未来朝着收录学科多样化、注重资源质量控制以及收录对象类型多元化的方向发展[⑤]。

从以上描述中，我们可以看出，学科知识库的基本要素包括：

（1）存储关于某一个或多个学科的学术资源；

（2）由科研人员根据自我意愿存储资源；

（3）存储的资源大多是预印本，但包括后印本；

（4）存储资源免费向网络用户开放。

据此，笔者定义学科知识库为：用以收集、保存与免费开放关于某一个或多个学科的文献资源的知识库。

（六）科研人员

科研人员，广义上是指从事科学研究相关工作的人员。但从事科学研究相关工作的人员类型较多，除了研究成果产出者以外，还包括科研活动的组织者与管理者、科学知识的传授者和传播者、科学技术技能的推广者等。就研究成

---

① OPEN ACCESS. Subject repository[EB/OL]. [2020-02-25]. http://openaccess. be/default. aspx?PageId=595.

② ADAMICK J，REZNIK-ZELLEN R. Representation and recognition of subject repositories[J/OL]. D-Lib magazine，2010，16(9/10):33[2020-02-25]. http://www. dlib. org/dlib/september10/adamick/09adamick. html#47.

③ 张丽.国内预印本系统比较研究 [J]. 中国图书馆学报，2006（4）:83-86.

④ 杜伟,李庆芬.E-LIS 学科库的建设及其启示 [J]. 图书馆建设,2011（4）:23-25,30.

⑤ 胡芳.学科存储库及相关概念辨析 [J]. 图书馆,2016（1）:49-51.

果的产出而言，管理人员和辅助性人员虽然也具有不可替代的作用，但是他们本身并不直接创造研究成果[①]。

据此，笔者将"科研人员"初步确定为我国高等院校或研究机构中全部或部分从事科学研究工作、直接产出研究成果的人员。在读硕士研究生、博士研究生以及博士后均在就读院校或研究机构从事一定的研究工作，因此按理这一群体也属于本书所界定的"科研人员"。尽管近年来我国硕士研究生教育持续扩招，但相当一部分的硕士研究生毕业之后并未从事科研工作；相比之下，在读博士研究生和博士后大多接受了较为严格的科研训练，也参与了较多的科研活动，毕业后大部分继续从事科研工作。因此笔者对这两个群体进行了区分，将在读硕士研究生排除在"科研人员"的范畴之外，而在读博士研究生及博士后则保留其中。据此将"科研人员"最终界定为：我国高等院校或研究机构中从事科学研究工作、直接产出研究成果的人员，但不包括在读硕士研究生。

（七）参与行为

科研人员是 OA 运动中的重要参与人员，不管是自存储运动，还是 OA 期刊的发展，都离不开科研人员的支持。具体来说，在 OA 运动中，科研人员的参与行为主要体现在以下几个方面：

（1）资源提供行为。OA 运动中的数字资源均来自于科研人员，科研人员将研究成果通过 OA 期刊、机构知识库、学科知识库、个人网页以及学术网站等多种途径向网络用户免费公开。正是科研人员的资源提供行为，才使得 OA 运动能迅速引起多方的广泛关注，并逐渐成为一条新兴的、富有生命力的学术交流与传播途径，对传统学术交流体系进行有益的补充与完善。

（2）资源利用行为。正如阮冈纳赞在《图书馆学五定律》（*The Five Laws of Library Science*）中提出的第一定律"书是为了用的"（Books are for use）所言，OA 资源建设的最终目的是为了"用"。有研究指出，科研人员的资源提供行为和资源利用行为是关系到机构知识库发展成功与否的两个重要因素[②]。

科研人员在 OA 运动中扮演着双重身份，他们既是资源提供者，又是资源

① 黄艳红.中国科研人员科研时间调查报告 [J].河南社会科学,2011（2）:148-154.

② SHEARER K. Institutional repositories:towards the identification of critical success factors[J]. The Canadian journal of information and library science,2002,27(3):89-108.

利用者。科研人员通过多种途径获取、利用 OA 资源，为其创造高质量的研究成果、提升自我科研水平、推动科学研究提供资源基础，这也是 OA 运动最为重要的价值之所在。

此外，科研人员还有可能自发地参与 OA 运动，如建立 OA 知识库（例如 arXiv.org 最初由物理学家所创建）、创办 OA 期刊、担任 OA 期刊编辑或评审专家等。但这些参与行为都是个别行为，不具有普遍性，因此不在研究范畴之内。

据此，本书将科研人员的 OA 参与行为限定为"资源提供行为"和"资源利用行为"，其中"资源"则是特指"学术论文"。

第二章　文献综述

从 20 世纪 90 年代开始，OA 就成了国内外图书馆学、情报学、编辑出版与传播学等多个学科领域的热点问题之一，国内外学者就 OA 的影响、优势、管理政策、版权、资源建设、质量控制与长期保存等多个方面展开了广泛的研究。由于本书主要分析科研人员的 OA 资源提供行为和资源利用行为规律，探索促进或阻碍科研人员提供资源和利用资源的影响因素，因此本章重点关注与科研人员 OA 参与行为相关的文献。

作为国外一个持续的研究热点，OA 的相关文献数以千计，在 Web of Science 中以"open access*"和"institutional repositor*"等词进行检索，得到结果 7000 余篇，内容涉及 OA 的各个方面，因此有必要进一步缩小检索范围，以便得到与科研人员 OA 参与行为最为密切相关的文献。经过多次试检索，最终选择了 Web of Science、Scopus、LISA、Google Scholar、Elsevier、Emerald、ProQuest 等数据源，采用"self-archiv*""open access""OA journal*""electronic publication*""electronic publish*""electronic journal*""institutional repositor*"等关键词与"author*""faculty""attitude*""percept*""behavior*""awareness"等检索词进行组配检索，并对重要文献的参考文献进行了分析，补充了部分遗漏的相关文献，最后得到相关的期刊论文、学位论文、会议论文、研究项目及调研报告等共计 320 余篇。

为了解国内相关研究的现状，选择 CNKI、维普和万方等数据库，采用"自存储""自我典藏""开放存取""开放获取""开放访问""OA 期刊""开放存取期刊""机构库""机构知识库""OA 知识库"等与"用户""作者""态度""认知""行为"等检索词进行组配检索，并对重要文献的参考文献进行了分析，补充了部分遗漏的相关文献，最终得到相关文献 110 余篇。

本章以收集的国内外相关文献为基础，从科研人员对 OA 的认知度与认可度、参与行为现状以及影响因素等方面，对相关研究进行梳理与综述。

第一节　OA 认知度与认可度研究

一、自存储的认知度与认可度

科研人员对自存储的认知度与认可度是该研究领域中的一个基础问题，在研究早期就得到了学者的关注。整体来看，科研人员对自存储及机构知识库等主要自存储平台的认知度不够理想，但呈现出稳中有升的态势，同时还存在着学科差异。

早期研究中，Rowlands 和 Nicholas 调查发现，科研人员对机构知识库的了解非常有限，只有不到 10% 的被调查者表示对机构知识库"非常了解"和"比较了解"，接近 60% 的科研人员表示对机构知识库"完全不了解"[①]。Davis 和 Connolly 则指出，康奈尔大学（Cornell University）教职工对其机构知识库的认知度相当低，教职工对机构知识库的认知度被大大高估；Watson 也得出了类似的结论[②]。Miller 调查分析了英国科研人员对自存储的认知度，发现虽然不少科研人员听说过自存储，但对其较为了解的比例偏低，仅为 15%[③]。李麟的调查表明，超过 40% 的中国科学院科研人员对自存储"一无所知"[④]。王应宽的研究也发现有 42% 的科研人员对自存储"不知道"[⑤]。

① ROWLANDS I，NICHOLAS D. Scholarly communication in the digital environment：the 2005 survey of journal author behaviour and attitudes[J]. Aslib proceedings：new information perspectives，2005，57(6)：481-497.

② DAVIS P M，CONNOLLY M J L. Institutional repositories：evaluating the reasons for non-use of Cornell University's installation of DSpace[J/OL]. D-Lib magazine，2007，13(3/4)：1-19[2020-02-25]. http://www. dlib. org/dlib/march07/davis/03davis. html；WATSON S. authors' attitudes to，and awareness and use of，a university institutional repository[J]. Serials，2007，20(3)：225-230.

③ MILLER R M. Readers' attitudes to self-archiving in the UK[D]. Edinburgh：Napier University，2006.

④ 李麟 . 我国科研人员对科技信息开放获取的态度——以中国科学院科研人员为例[J]. 图书情报工作，2006（7）:34-38,50.

⑤ 王应宽 . 中国科技学术期刊的开放存取出版研究 [D]. 北京:北京大学,2006.

此后的研究则证实了科研人员对自存储的认知度在不断提高。Abrizah 调查了马来亚大学（University of Malaya）教职工对机构知识库的认知，发现超过35%的员工知道该校正在建设机构知识库[①]；李武的调查发现科研人员对OA"有一定的了解"和"有深入的了解"比例分别达到 63.3% 和 7.8%[②]；Kim 调查了 17 所高校员工对自存储及机构知识库的了解情况，发现有超过 40% 的员工表示"有所了解"[③]；宋海艳等研究发现，知晓机构知识库的用户比例超过了60%，说明我国科研人员对机构知识库已有较高的知晓度[④]；Serrano-Vicente 等调查指出，纳瓦拉大学（University of Navarra）员工对该校机构知识库的认知度已经接近 80%，但存在着一定的学科差异[⑤]。还有科研人员提出，科学、技术和医学领域的研究者对自存储和机构知识库的认知度高于人文社科领域的科研人员[⑥]。

在认可度方面，大多数科研人员都认为自存储对缓和学术交流危机，推动学术资源共享具有重要意义。如 Rowlands 和 Nicholas 指出，科研人员对自存储的认可度较高，认为"自存储的出现对学术交流有益"的比例接近40%[⑦]；王应宽等对我国 30 多个省（自治区、直辖市）的科研人员进行了大规模调查，

---

① ABRIZAH A. The cautious faculty：their awareness and attitudes towards institutional repositories[J]. Malaysian journal of library & information science，2009，14(2)：17-37.

② 李武. 科研人员接受 OA 知识库的影响因素研究 [D]. 北京：北京大学，2009.

③ KIM J. Motivations of faculty self-archiving in institutional repositories[J]. The journal of academic librarianship，2011，37(3)：246-254.

④ 宋海艳，邵承瑾，顾立平，等. 我国科研人员对机构知识库认知与使用的现状调查与分析 [J]. 现代图书情报技术，2014（2）：8-16.

⑤ SERRANO-VICENTE R，MELERO R，ABADAL E. Open access awareness and perceptions in an institutional landscape[J]. The journal of academic librarianship，2016，42(5)：595-603.

⑥ ALLEN J. Interdisciplinary differences in attitudes towards deposit in institutional repositories[D]. Manchester：Manchester Metropolitan University，2005；MANJUNATHA K，THANDAVAMOORTHY K. A study on researchers' attitude towards depositing in institutional repositories of universities in Karnataka (India)[J]. International journal of library and information science，2011，3(6)：107-115.

⑦ ROWLANDS I，NICHOLAS D. Scholarly communication in the digital environment：the 2005 survey of journal author behaviour and attitudes[J]. Aslib proceedings：new information perspectives，2005，57(6)：481-497.

发现科研人员对后印本的自存储支持率较高（77%）[①]；Abrizah 的研究结果表明，大多数科研人员都认为建设用于自存储的机构知识库对高校发展是相当重要的，其中，对自存储有所了解的科研人员的认可度更高[②]；Manjunatha 和 Thandavamoorthy 发现，接近 60% 的科研人员认为将科研成果进行自存储是促进学术传播的重要渠道[③]。

二、OA 期刊的认知度与认可度

在 20 世纪 90 年代以前，OA 期刊（早期多被称为电子期刊）的发展较为缓慢，其数量和影响力都较为有限。进入 90 年代之后，随着 OA 运动的快速发展，OA 期刊在学术交流体系中的影响力与日俱增，科研人员对 OA 期刊的认知及态度以等话题也开始受到学者的关注。

与自存储类似，科研人员对 OA 的认知度也经历了逐步提高的过程。早在 20 世纪 90 年代初，Schauder 就分析了科研人员对 OA 期刊的态度，指出虽然科研人员对 OA 期刊的了解情况不够理想，但随着时间的推移，OA 期刊的影响力将逐步扩大，科研人员、出版商、图书馆和高校之间将建立有别于传统学术交流体系的新关系[④]；还有学者对美国 90 多所高校的科研人员展开了调查，发现总体认知度偏低，不过不同类型的学校之间存在着一定的差异，商科学校的科研人员对 OA 期刊的认知度相对较高[⑤]。

① 王应宽,王柳,彭明喜.中国科技界对开放仓储认知度与认可度调查分析[J].中国科技期刊研究,2009（1）:44-49.

② ABRIZAH A. The cautious faculty:their awareness and attitudes towards institutional repositories[J]. Malaysian journal of library & information science,2009,14(2):17-37.

③ MANJUNATHA K,THANDAVAMOORTHY K. A study on researchers' attitude towards depositing in institutional repositories of universities in Karnataka (India)[J]. International journal of library and information science,2011,3(6):107-115.

④ SCHAUDER D. Electronic publishing of professional articles:attitudes of academics and implications for the scholarly communication industry[J]. Journal of the American society for information science,1994,45(2):73-100.

⑤ SPEIER C,PALMER J,WREN D,et al. Faculty perceptions of electronic journals as scholarly communication:a question of prestige and legitimacy[J]. Journal of the American society for information science,1999,50(6):537-543;PALMER J W,SPEIER C,WREN D, et al. Electronic journals in business schools:legitimacy,acceptance,and use[J]. Journal of the association for information systems,2000,1(2):2-29.

进入 21 世纪后，关于科研人员对 OA 期刊认知的研究逐渐增多，不同调查研究得出的结论也各不相同，反映出科研人员对 OA 期刊的认知度有所改善，但还不够均衡。Swan 和 Brown 发现科研人员对 OA 期刊的认知度较高，如 Key Perspective Ltd. 公司在英国联合信息系统委员会（Joint Information Systems Committee，JISC）和 OSI 的委托下对全球 8000 多名作者进行调查，发现科研人员对 OA 的认知度较高，没有在 OA 期刊发表过论文的人群中，有超过三分之二的作者表示了解 OA 出版[①]；李麟通过问卷和半结构化访问调查了解了科研人员对科技信息 OA 的态度及意愿，结果表明生命科学和物理学领域的科研人员认知度较高[②]；Dullet 和 Majanja 对坦桑尼亚 6 所公立大学科研人员进行了调研，发现科研人员对 OA 期刊的认知度和认可度都较高[③]。

与此同时，也有部分研究发现科研人员对 OA 的认知度较低，如信息行为和研究评价中心（Centre for Information Behaviour and the Evaluation of Research，CIBER）对全球 97 个国家科研人员进行调查后发现，有超过三分之一（34%）的被调查者承认对 OA 期刊毫不了解，只有一点了解的比例也接近一半（48%）[④],；Hernández-Borges 等对西班牙医学研究人员的调查则表明，科研人员对 OA 出版的认知度和对作者出版模式的接受度均不够理想[⑤]；Thorn 等则对英国生物科学联盟（the Biosciences Federation）成员进行了调研，发现科

① SWAN A, BROWN S. JISC/OSI journal authors survey report[R/OL]. [2019-02-25]. http://www. jisc. ac. uk/uploaded_documents/JISCOAreport1. pdf.

② 李麟 . 我国科研人员对科技信息开放获取的态度——以中国科学院科研人员为例[J]. 图书情报工作,2006（7）:34-38,50.

③ DULLE F W, MAJANJA M K M. Researchers' perspectives on open access scholarly communication in Tanzanian public universities[J]. South African journal of information management,2009,11(4):1-14.

④ NICHOLAS D, HUNTINGTON P, ROWLANDS I. Open access journal publishing:the views of some of the world's senior authors[J]. Journal of documentation,2005,61(4):497-519; ROWLANDS I, NICHOLAS D. Scholarly communication in the digital environment:the 2005 survey of journal author behaviour and attitudes[J]. Aslib proceedings:new information perspectives,2005,57(6):481-497.

⑤ HERNÁNDEZ-BORGES A A, CABRERA-RODRÍGUEZ R, MONTESDEOCA-MELIÁN A M, et al. Awareness and attitude of Spanish medical authors to open access publishing and the "author pays" mode[J]. Journal of the medical library association,2006,94(4):449-451.

研人员对 OA 期刊的认识不够，不少非 OA 期刊都被误认为 OA 期刊，并且有科研人员表示较难找到合适的OA期刊[①]。国内研究者在这一阶段的调查也得出了类似的结论，师曾志和王建杭的研究发现大部分科研人员对 OA 期刊缺乏基本的认知[②]；王应宽也指出，绝大多数科研人员不了解OA期刊[③]；孔繁军和游苏宁的研究也发现，国内医学界真正了解 OA 的作者仍然不多[④]。

此后，越来越多的研究发现科研人员对 OA 期刊的认知度较为理想，Xia比较分析了 20 世纪 90 年代初至 2008 年间科研人员对 OA 期刊出版的态度与行为，发现科研人员对 OA 期刊的认知和了解程度呈现上升态势[⑤]；王梅玲和吴萱对台湾图书馆学情报学科研人员使用 OA 期刊的情况进行了调研，发现有95% 的科研人员对 OA 期刊有认识且认知度很高[⑥]；Singh 对印度 2500 余名科研人员的调查结果表明，接近 60% 的科研人员对 OA 期刊具有较高的认知度，超过 75% 的科研人员了解"作者付费出版"模式[⑦]；Ruiz-Peerez 和 Delgado-López-Cózar 对西班牙科研人员进行的调查发现，绝大多数（86%）知道所在学科领域的重要 OA 期刊[⑧]。

与自存储类似，大多数科研人员对 OA 期刊具有较高的认可度。Gomes 和

① THORN S，MORRIS S，FRASER R. Learned societies and open access：key results from surveys of bioscience societies and researchers[J]. Serials，2009，22(1)：39-48.

② 师曾志，王建杭 . 纯电子期刊及大学图书馆读者对它的态度和利用 [J]. 中国图书馆学报，2002（3）：57-59.

③ 王应宽 . 中国科技界对开放存取期刊认知度与认可度调查分析 [J]. 中国科技期刊研究，2008（5）：753-762.

④ 孔繁军，游苏宁 . 关于开放存取出版模式的问卷调查 [J]. 中国科技期刊研究，2005（5）：648-649.

⑤ XIA J F. A longitudinal study of scholars attitudes and behaviors toward open-access journal publishing[J]. Journal of the American society for information science and technology，2010，61(3)：615-624.

⑥ 王梅玲，吴萱 . 图书资讯学学者开放近用期刊使用研究 [J]. 图书与资讯学刊，2010（4）：1-24.

⑦ SINGH H P. Knowledge and attitude of health researchers from India towards 'paying to publish' and open access journals[J]. Indian pediatrics，2015，52(3)：252-253.

⑧ RUIZ-PEEREZ S，DELGADO-LÓPEZ-CÓZAR E. Spanish researchers' opinions，attitudes，and practices towards open access publishing[J]. Profesional De La información，2017，26(4)：722-734.

Meadows 在早期进行的调查表明，绝大部分科研人员认为 OA 期刊的出现与发展是时代发展的必然[①]；Schroter 和 Tite 对向《英国医学期刊》（*British Medical Journal*）投稿的 28 位作者进行了调查，发现绝大部分作者都支持 OA 出版模式[②]；杜亮等人指出，曾向《中国循证医学杂志》投稿的作者对医学期刊实施 OA 充满了期盼[③]；Tiessen 等对全球 160 多个国家的 5 万多名科研人员进行网络调研，绝大部分人（89%）认为 OA 出版对于学科发展来说是有益的[④]；Mammo 和 Ngulube 对埃塞俄比亚高校教师进行了调查，结果表明，大多数教师认为 OA 期刊对科学研究和学术交流有独特价值[⑤]。

第二节　科研人员的 OA 参与行为现状

科研人员的 OA 参与行为现状以及参与意愿是本领域中另一个受到较多关注的话题。多数研究采用问卷调查的方式，对科研人员是否有参与 OA 的经历、参与程度及未来是否愿意参与等主题进行探讨。

一、科研人员的自存储参与行为现状

对于科研人员的自存储资源提供行为现状，研究重点主要集中在提供行为的整体状况、存储途径及未来存储意愿等方面。多数研究表明，科研人员存储资源的整体状况不够理想，但参与意愿较为强烈，主要的存储途径包括个人主页、机构知识库及学科知识库等。Lawal 调查了美国和加拿大近 500 名高校教

①　GOMES S，MEADOWS J. Perceptions of electronic journals in British universities[J]. Journal of scholarly publishing，1998，29(3)：174-181.

②　SCHROTE R S，TITE L. Open access publishing and author-pays business models：a survey of authors' knowledge and perceptions[J]. Journal of the royal society of medicine，2006，99(3)：141-148.

③　杜亮，陈耀龙，王梦书，等. 我国医学工作者对"开放存取（Open Access）"的认知态度——《中国循证医学杂志》作者群调查结果分析 [J]. 中国科技期刊研究，2009（2）：252-255.

④　TIESSEN S D，DARBY R，GOERNER B，et al. Open access journals：what publishers offer，what researchers want[J]. Information services and use，2011，31(1/2)：85-91.

⑤　MAMMO Y，NGULUBE P. Academics' use and attitude towards open access in selected higher learning institutions of Ethiopia[J]. Information development，2015，31(1)：13-26.

师的参与状况，结果表明科研人员提供自存储资源的情况不够理想，曾经存储过预印本资源的比例仅为 18%，超过 8 成的教师表示不曾有过自存储经历[1]。Singeh 等人以及 Lwoga 和 Questier 的研究表明，科研人员对自存储的认可度尚未有效地转换为参与度，与提供自存储资源相比，科研人员更倾向于往 OA 期刊投稿[2]。不过随着自存储运动的不断推进，科研人员的参与度也得到了相应的提升。如有研究对肿瘤学领域 2014 年发表论文的 OA 情况进行了调查，发现超过 45% 的论文已通过自存储的方式实现了免费开放[3]。在自存储途径方面，有研究发现机构知识库、学科知识库和 ResearchGate 等科研社交网站是科研人员进行自存储的主要途径[4]。但 Zhang 和 Watson 在进一步分析后指出，相比于将资源存储至机构知识库和学科知识库，物理学领域的科研人员更偏向于通过个人主页或科研社交网站实现自存储[5]。在存储资源类型方面，姜颖通过访谈发现，科研人员愿意公开已发表的期刊论文、专著及会议论文，对于预印本资源、学位论文及技术报告等希望限定公开范围，而对于科研数据等容易造成剽窃的资源则不愿意进行自存储[6]。Swan 和 Brown 的调查表明，半数（49%）

① LAWAL I. Scholarly communication：the use and non-use of e-print archives for the dissemination of scientific information[J/OL]. Issues in science and technology librarianship，2002，36[2020-02-25]. http://www. istl. org/02-fall/article3. html.

② SINGEH F W，ABRIZAH A，KARIM N H A. Malaysian authors' acceptance to self-archive in institutional repositories：towards a unified view[J]. The electronic library，2013，31(2)：188-207；LWOGA E T，QUESTIER F. Open access behaviours and perceptions of health sciences faculty and roles of information professionals[J]. Health information and libraries journal，2015，32(1)：37-49.

③ HUA F，SUN H，WALSH T，et al. Open access to journal articles in oncology：current situation and citation impact[J]. Annals of oncology，2017，28(10)：2612-2617.

④ LAAKSO M，POLONIOLI A. Open access in Ethics research：an analysis of open access availability and author self-archiving behaviour in light of journal copyright restrictions[J]. Scientometrics，2018，116(1)：291-317；NAZIM M，ZIA S. Acceptance and adoption of open access publishing by researchers in India[J]. Global knowledge，memory and communication，2019，68(1/2)：148-158.

⑤ ZHANG L，WATSON E. The prevalence of green and grey open access：where do physical science researchers archive their publications?[J]. Scientometrics，2018，117(3)：2021-2035.

⑥ 姜颖. 潜在存储主体对机构知识库内容建设的认知——基于问卷访谈的实证研究[J]. 图书馆杂志，2013（11）：4-8.

的被调查者表示在过去三年中至少自存储过一篇论文，最主要的途径是通过个人主页等网站（27%）、机构知识库（20%）与学科知识库（12%），在存储版本方面则更愿意将后印本进行自存储①。Rowlands 和 Nicholas 发现，超过八成的科研人员没有自存储经历，但参与意愿较为理想②。Xia 和 Sun 从资源存储者个人信息、存储资源数量、全文可获取性、作者态度、单位存储成本、资源利用以及交互性等方面对英国、澳大利亚等国家科研人员的自存储资源提供行为进行了评价，发现科研人员自存储率和全文可获取率偏低，且大多由图书馆员或者学校管理人员代为存储，科研人员在学科知识库的自存储行为与在机构知识库的自存储行为之间不存在显著的相关关系③。李武和卢振波调查表明，绝大多数科研人员从未通过 OA 知识库存储学术论文，自存储资源提供行为尚未成为我国科研人员的习惯④。Serrano-Vicente 等人发现，自存储资源提供行为存在着年龄差异，45 岁以上教师参与自存储的比例最高⑤。宋海艳等指出，我国科研人员期望倾向于通过授权团队或委托人（如图书馆员）进行存缴，大多数科研人员希望对所提供的资源设置使用限制⑥。

---

①　SWAN A，BROWN S. Open access self-archiving：an author study[R/OL]. [2019-02-25]. http://www. jisc. ac. uk/uploaded_documents/Open%20Access%20Self%20Archiving-an%20author%20study. pdf.

②　ROWLANDS I，NICHOLAS D. Scholarly communication in the digital environment：the 2005 survey of journal author behaviour and attitudes[J]. Aslib proceedings：new information perspectives，2005，57(6)：481-497.

③　XIA J F. Assessment of self-archiving in institutional repositories：across disciplines[J]. Journal of Academic Librarianship，2007，33(6)：647-654；XIA J F. A comparison of subject and institutional repositories in self-archiving practices[J]. Journal of academic librarianship，2008，34(6)：489-495；XIA J F，SUN L. Assessment of self-archiving in institutional repositories：depositorship and full-text availability[J]. Serials Review，2007，33(1)：14-21.

④　李武，卢振波. 科研人员对 OA 知识库的认知程度和使用现状分析 [J]. 图书情报工作，2010（10）：58-62.

⑤　SERRANO-VICENTE R，MELERO R，ABADAL E. Open access awareness and perceptions in an institutional landscape[J]. The journal of academic librarianship，2016，42(5)：595-603.

⑥　宋海艳，邵承瑾，顾立平，等. 我国科研人员对机构知识库认知与使用的现状调查与分析 [J]. 现代图书情报技术，2014（2）：8-16.

与提供行为现状研究相比，对利用行为现状的研究相对较少，研究内容主要集中在获取资源途径、所用资源类型以及用途等方面。RoMEO（Rights Metadata for Open archiving）项目组 2003 年的调查表明，个人主页是科研人员获取自存储资源最主要的来源，其次是机构知识库和学科知识库。在使用权限方面，科研人员最主要的诉求是能免费浏览、打印和保存所需资源[①]；张小茜以"中国科技论文在线"为例，对用户利用自存储资源的情况进行调研，结果发现用户主要来源于高校数量较多的地区，主要通过搜索引擎访问平台，多数用户的页面访问深度小于 2[②]；Connell 对俄亥俄州立大学知识库资源的利用情况进行了统计分析，发现期刊论文与本科生学位论文是利用率最高的两种资源类型[③]。此外，Li 等人采用引文分析方法，分析了 arXiv、RePEc、SSRN 以及 PMC 等四个学科知识库中自存储资源在 Scopus 数据库中 2000—2013 年的被引情况，发现自存储资源不仅被本学科的科研人员广泛利用，还会被其他相关学科的科研人员利用，同时各资源的被引次数呈逐年上涨的态势，说明自存储资源逐渐得到了科研人员的认可与利用[④]。

二、科研人员的 OA 期刊参与行为现状

对于科研人员的 OA 期刊资源提供行为现状，现有研究主要集中在科研人员的投稿及发表情况等方面。早期的研究发现，科研人员由于多方面的原因，向 OA 期刊投稿的现象并不普遍。McKnight 和 Price 进行的调查表明，少有科研人员向 OA 期刊投稿，不过投稿人数呈上升趋势[⑤]；Rowlands 等人对全球近

① GADD E,OPPENHEIM C,PROBETS S. The intellectual property rights issues facing self-archiving:key findings of the RoMEO project[J/OL]. D-Lib magazine,2003,9(9):470-477 [2020-02-25]. http://www. dlib. org/dlib/september03/gadd/09gadd. html.

② 张小茜. 开放存取用户信息查询行为研究——以"中国科技论文在线"用户为例[D]. 南京:南京大学,2012.

③ CONNELL T H. The use of institutional repositories:the Ohio State University experience[J]. College & research libraries,2011,72(3):253-275.

④ LI X,THELWALL M,KOUSHA K. The role of arXiv,RePEc,SSRN and PMC in formal scholarly communication[J]. Aslib journal of information management,2015,67(6):614-635.

⑤ MCKNIGHT C,PRICE S. A survey of author attitudes and skills in relation to article publishing in paper and electronic journals[J]. Journal of documentation,1999,55(5):556-576.

100 个国家的科研人员进行了调查，发现由于期刊影响力不足、出版费用高昂以及科研人员缺乏了解等多方面的原因，仅有 10% 左右的科研人员有在 OA 期刊发表论文的经历[①]；Kennan 调查了澳大利亚新南威尔士大学（University of New South Wales）教师和学生对 OA 期刊的了解和参与状况，发现在 OA 期刊上发表过论文/文摘的比例仅为 11.9%，不过有 45% 的被调查者表示未来三年内将会在 OA 期刊上发表论文[②]；Mischo 和 Schlembach 对伊利诺伊大学厄巴纳－香槟分校（University of Illinois at Urbana-Champaign）工程学院的教师进行了问卷调查，结果显示，仅 7% 的教师愿意将其大部分研究成果发表在 OA 期刊上，另外 35% 的成员表示可以考虑偶尔在 OA 期刊上发表论文[③]；Nariani 和 Fernandez 的调查表明，只有为数不多的科研人员在 OA 期刊上发表过论文，但往 OA 期刊投稿的意愿在逐年提升[④]；Lwoga 和 Questier 的研究也指出，科研人员对 OA 期刊的高度认可并没有转化为实际行动，只有少数科研人员有在 OA 期刊发表论文的经历[⑤]。不过 Joung 和 Rowley 最近的调查显示，超过一半的医学和健康科学领域的韩国科研人员已有在 OA 期刊发表论文的经历[⑥]；Poltronieri 等的研究也发现，期刊引证报告（Journal Citation Reports，JCR）中收录的 OA 期刊数量逐步增加，医学领域和生物学领域尤其如此，反映出越来

---

① ROWLANDS I，NICHOLAS D，HUNTINGTON P. Scholarly communication in the digital environment：what do authors want?[J]. Learned publishing，2004，17(4)：261-273；ROWLANDS I，NICHOLAS D. Scholarly communication in the digital environment：the 2005 survey of journal author behaviour and attitudes[J]. Aslib proceedings：new information perspectives，2005，57(6)：481-497.

② KENNAN M A. Academic authors，scholarly publishing，and open access in Australia[J]. Learned publishing，2007，20(2)：138-146.

③ MISCHO W H，SCHLEMBACH M C. Open access issues and engineering faculty attitudes and practices[J]. Journal of library administration，2011，51(5/6)：432-454.

④ NARIANI R，FERNANDEZ L. Open access publishing：what authors want[J]. College & research libraries，2012，73(2)：182-195.

⑤ LWOGA E T，QUESTIER F. Open access behaviours and perceptions of health sciences faculty and roles of information professionals[J]. Health information and libraries journal，2015，32(1)：37-49.

⑥ JOUNG K H，ROWLEY J. Medical and health sciences academics' behaviours and attitudes towards open access publishing in scholarly journals：a perspective from South Korea[J]. Information development，2019，35(2)：191-202.

越多的科研人员愿意将相对高质量的科研论文在 OA 期刊上发表[①]。Kienc 对全球多个国家科研人员在 OA 期刊上发表论文的情况进行了调查，并将这些国家分为边缘国家（periphery countries，人均 GDP<18 000 美元）和核心国家（core countries，人均 GDP>18 000 美元），发现边缘国家的科研人员更多地在 OA 期刊上发表论文[②]。Rodriguez 则指出，更多的年轻科研人员倾向于在 OA 期刊上发表论文[③]。此外，Chang 对图书馆学情报学领域 OA 期刊论文进行了统计分析，发现超过一半的作者来自图书馆，反映出图书馆工作人员是 OA 期刊重要的稿源之一[④]。

针对科研人员利用 OA 期刊论文资源的相关现状，已有不少研究开展相关的调研与分析，整体而言，越来越多的科研人员在研究过程中利用 OA 期刊论文资源。Tomney 和 Burton 在早期调查分析了英国科研人员对 OA 期刊的利用状况，发现利用率整体偏低，不过科研人员表现了较强的使用意愿[⑤]；Utulu & Bolarinwa 对尼日利亚高校科研人员参与 OA 的情况进行了调研，发现 OA 期刊论文的利用率不高，但不同学科之间相比，自然科学领域的科研人员的利用率相对更高[⑥]。随着时间的推移，科研人员的利用情况逐步改善，王梅玲和吴萱对台湾图书馆学情报学科研人员使用 OA 期刊的情况进行了调研，发现有 85% 的科研人员使用过 OA 期刊，有 69% 的科研人员引用过 OA 期

① POLTRONIERI E, BRAVO E, CURTI M, et al. Open access publishing trend analysis：statistics beyond the perception[J/OL]. Information research-an international electronic journal, 2016, 21(2)[2020-02-25]. http://informationr. net/ir/21-2/paper712. html#. XLlB4NeFfAQ.

② KIENC W. Authors from the periphery countries choose open access more often[J]. Learned publishing, 2017, 30(2)：125-131.

③ RODRIGUEZ J E. Awareness and attitudes about open access publishing：a glance at generational differences[J]. Journal of academic librarianship, 2014, 40(6)：604-610.

④ CHANG Y W. Librarians' contribution to open access journal publishing in library and information science from the perspective of authorship[J]. Journal of academic librarianship, 2015, 41(5)：660-668.

⑤ TOMNEY H, URTON P F. Electronic journals：a study of usage and attitudes among academics[J]. Journal of information science, 1998, 24(6)：419-429.

⑥ UTULU S C A, BOLARINWA O. Open access initiatives adoption by Nigerian academics[J]. Library review, 2009, 58(9)：660-669.

刊①；孙博阳和金丽萍基于用户实际利用 OA 数据分析了 OA 期刊的学术价值和利用现状，发现 OA 期刊已经成为图书馆馆藏资源的重要补充成分，OA 期刊与商业数据库收录期刊的核心文献分布规律没有明显差别②；而 Chumbe 和 Macleod 则指出，RSS 是一个有效推广 OA 期刊论文的工具，OA 期刊杂志社可以利用 RSS 推动科研人员对论文的获取与利用③。此外，有学者通过引文分析等方法对 OA 期刊论文的利用情况进行研究，如 Frandsen 以生物学领域为例，选取了《乌利希国际期刊指南》（*Ulrich's Periodicals Directory*）中所收录的 150 份 OA 期刊，从论文发表数量和引用 OA 论文数量两个角度展开定量分析，发现发展中国家的科研人员引用 OA 论文的数量少于发达国家的同行，故而认为发展中国家的科研人员对 OA 期刊论文的利用程度低于发达国家的同行④。

第三节 影响因素

一、促进因素

（一）对科研成果免费开放理念的支持

OA 最主要的价值体现在允许科研人员免费、公平地获取科研成果，这与科研人员发表研究成果以推动知识交流与共享、促进科学发展的目的不谋而合。事实上，虽然因基金拼争和职位晋升等原因，科研成果发表目的"异化"的现象广泛存在，但科研人员从事科研活动，最根本的目的是追求科学真理、推动科学技术发展，科研人员的主观意愿是支持科研成果免费开放

① 王梅玲,吴萱.图书资讯学学者开放近用期刊使用研究 [J].图书与资讯学刊,2010（4）:1-24.

② 孙博阳,金丽萍.开放获取期刊用户利用数据分析 [J].图书馆杂志,2011（2）:41-45.

③ CHUMBE S,MACLEOD R. Marketing OA journals now that authors are customers:the role of RSS[J]. Learned publishing,2013,26(1):51-52.

④ FRANDSEN T F. Attracted to open access journals:a bibliometric author analysis in the field of Biology[J]. Journal of documentation,2009,65(1):58-82.

的，对科研成果免费开放理念的支持成为重要的促进因素[①]。如Charbonneau和McGlone对韦恩州立大学（Wayne State University）教师的调查表明，科研人员对OA"自由、开放、共享"理念的支持是科研人员支持美国国立卫生研究院（National Institutes of Health，NIH）强制自存储政策的重要原因[②]；马景源和白林林的研究表明，"认同并且实践开放共享的方式"是科研人员存缴自存储资源的首要原因[③]；苏小波指出，利他动机是科研人员接受OA期刊的重要因素[④]；与此类似，Kim的研究也表明，科研人员内心的利他主义（Altruism）是促进科研人员进行自存储的重要因素[⑤]。

（二）促进科研成果的传播

科研成果传播是影响学术研究的重要因素，一旦离开有效传播，科研成果将可能无人知晓，自然也就不会得到同行的了解与认可，进而可能影响科研人员的学术生涯，因此有学者提出，科研成果传播与发表同样重要[⑥]。由于OA消除了访问限制，任何用户都可以通过网络下载、利用所需资源，因此可以说OA有利于促进科研成果的传播，而这也成为了促使科研人员提供资源的因素。具体而言，OA可以扩大学术资源的传播范围、提高显示度和加快传播速

① FOSTER N F，GIBBONS S. Understanding faculty to improve content recruitment for institutional repositories[J/OL]. D-Lib magazine，2005，11(1)[2020-02-25]. http://www. dlib. org/dlib/january05/foster/01foster. html；LAAKSO M，POLONIOLI A. Open access in Ethics research：an analysis of open access availability and author self-archiving behaviour in light of journal copyright restrictions[J]. Scientometrics，2018，116(1)：291-317.

② CHARBONNEAU D H，MCGLONE J. Faculty experiences with the National Institutes of Health(NIH) public access policy，compliance issues，and copyright practices[J]. Journal of the medical library association，2013，101(1)：21-25.

③ 马景源，白林林. 机构知识库用户的使用和存缴意愿研究——以中国科学院文献情报中心机构知识库为例[J]. 图书馆理论与实践，2018（11）：49-52.

④ 苏小波. 科研人员接受开放获取期刊出版的影响因素分析——以知识共享为视角[J]. 图书馆，2014（5）：23-27，30.

⑤ KIM J. Motivating and impeding factors affecting faculty contribution to institutional repositories[J/OL]. Journal of digital information，2007，8(2)[2020-02-25]. http://journals. tdl. org/jodi/article/viewArticle/193/177；KIM J. Faculty self-archiving behavior：factors affecting the decision to self-archive[D]. Michigan：University of Michigan，2008.

⑥ 王大鹏. 科学时评：科研成果传播与发表同样重要[EB/OL]. [2020-02-25]. http://news.sciencenet.cn/htmlnews/2015/12/334992.shtm.

度。Mischo 和 Schlembach 认为，通过自存储可以有效扩大科研成果的传播范围，让科研成果拥有更大的读者群体，是科研人员将研究成果提交给机构知识库的主要原因[1]；有科研人员对非洲图书馆员进行的调查指出，提高显示度和扩大传播范围是科研人员进行自存储的最主要促进因素[2]；Rowley 等也指出，能有效扩大传播范围是科研人员选择 OA 期刊的首要原因[3]。在传播速度方面，李武和杨琳通过访谈发现，能加快传播速度是影响科研人员存储预印本的重要因素[4]；陈秀娟和郭进京则指出，评审和出版速度的加快是科研人员选择大型 OA 期刊发文的重要影响因素[5]；袁思本和苏小波也认为出版时效性是促进科研人员向 OA 期刊投稿的重要因素[6]。

（三）提升科研绩效

科研人员从事科学研究的一个重要目的是职业发展，科研人员希望科研成果有更高的被引频次和影响力，能有助于提升自己在学术圈中的知名度。而 OA 由于其免费开放的特征，使得研究成果的传播范围和可获得性大幅度提升，为提升研究成果的被引频次创造了条件。不少研究都表明，与非 OA 论文相比，OA 论文具有明显的引用优势，该优势也成为推动科研人员提供资源的

---

① MISCHO W H, SCHLEMBACH M C. Open access issues and engineering faculty attitudes and practices[J]. Journal of library administration, 2011, 51(5/6): 432-454.

② BARO E E, TRALAGBA E C, EBIAGBE E J. Knowledge and use of self-archiving options among academic librarians working in universities in Africa[J]. Information and learning science, 2018, 119(3/4): 145-160; OKEJI C C, EZE M E, CHIBUEZE N M. Awareness and use of self-archiving options among academic librarians in Nigerian universities[J]. Global knowledge, memory and communication, 2019, 68(1/2): 2-16.

③ ROWLEY J, JOHNSON F, SBAFFI L, et al. Academics' behaviors and attitudes towards open access publishing in scholarly journals[J]. Journal of the association for information science and technology, 2017, 68(5): 1201-1211.

④ 李武, 杨琳. 科研人员接受 OA 知识库的影响因素分析———一项基于先导访谈的探索性研究 [J]. 大学图书馆学报, 2010（3）: 98-103.

⑤ 陈秀娟, 郭进京. 科研人员选择巨型 OA 期刊发文的影响因素分析——以 PLoS ONE 为例 [J]. 中国科技期刊研究, 2018（6）: 585-591.

⑥ 袁思本, 苏小波. 学术交流视阈下影响科研人员接受开放存取期刊出版的因素分析 [J]. 图书与情报, 2014（5）: 118-124.

重要因素^①。Suber 指出，Google、Yahoo 等搜索引擎均已覆盖现有的自存储资源，使得其在被引频次方面有 50%—300% 的引用优势，对于科研人员而言，提供自存储资源是一个低成本、高收入的行为^②；王应宽等的调查发现，自存储论文被引用的频率比订阅期刊论文高是科研人员提供自存储资源的首要驱动力^③；徐桂芬则指出，可提升论文的被引次数是影响科研人员接受 OA 期刊的重要因素^④；Peekhaus 和 Proferes 也持类似的观点^⑤。

（四）外界环境的影响

不少研究都表明，科研人员参与 OA 会受到外界环境因素的影响，这些因素包括管理政策、同事及朋友推荐等。如何燕等的调查表明，若科研人员所在机构已经建立自存储平台或订立了自存储政策，将会对科研人员提供自存储资源行为产生积极影响^⑥；李武的研究则表明，"社群影响"和"政策导向"都在不同程度上会影响科研人员是否接受 OA 知识库，政策导向的作用尤为明显，各个学科的科研人员在决定是否将论文存储到 OA 知识库时都会受到相关政策的影响^⑦；Kenneway 发现，作者在选择 OA 期刊出版商时，同行与同事的意见

① LAWRENCE S. Online or invisible?[J]. Nature, 2001, 411:521; SOTUDEH H, GHASEMPOUR Z, YAGHTIN M. The citation advantage of author-pays model: the case of springer and elsevier OA journals[J]. Scientometrics, 2015, 104(2):581-608; NELSON G M, EGGETT D L. Citations, mandates, and money: author motivations to publish in Chemistry hybrid open access journals[J]. Journal of the association for information science and technology, 2017, 68(10):2501-2510.

② SUBER P. Open access, impact, and demand—why some authors self archive their articles[J]. British medical journal, 2005, 330(7500):1097-1098.

③ 王应宽, 王柳, 彭明喜. 中国科技界对开放仓储认知度与认可度调查分析 [J]. 中国科技期刊研究, 2009（1）:44-49.

④ 徐桂芬. 科研人员对开放存取期刊的接受研究 [D]. 长春：吉林大学, 2013.

⑤ PEEKHAUS W, PROFERES N. An examination of North American library and information studies faculty perceptions of and experience with open-access scholarly publishing[J]. Library & information science research, 2016, 38(1):18-29.

⑥ 何燕, 初景利, 张冬荣. 我国科研人员自存储态度调查——以中国科学院科研人员为例 [J]. 图书情报工作, 2008（5）:121-124.

⑦ 李武. 科研人员接受 OA 知识库的影响因素实证研究 [J]. 中国图书馆学报, 2010（3）:57-66.

是非常重要的影响因素，而图书馆员的影响力也不容忽视[①]；Abrizah 等指出，同事的建议是推动科研人员将研究成果提交给自存储平台的重要原因[②]；Swan 和 Brown 发现，同行或合作者的带动、管理机构或所在部门的要求以及基金资助机构的支持都是促进科研人员提供自存储资源的积极因素[③]。

（五）其他因素

除了上述因素之外，现有研究还发现良好的系统界面设计等其他因素对科研人员参与 OA 有促进作用。Lercher 调查发现，科研人员使用 OA 知识库的经验是重要的影响因素，使用经验与自存储意愿成正相关关系，同时，对研究成果价值的自信也是促进科研人员参与自存储的因素[④]；Maness 等认为，自存储平台较为完善的功能以及良好的系统界面设计是较为重要的促进因素[⑤]；李静等则指出，OA 资源下载、引用、媒介互联以及平台共用之间的弱关系有利于科研人员提供自存储资源[⑥]；Fry 等则发现，学术交流的特征会影响科研人员的自存储资源提供行为[⑦]；Gul 等指出，提升科研人员的科学生产率是科研人员选择 OA 期刊的重要原因之一[⑧]。

———————

① KENNEWAY M. Author attitudes towards open access publishing[R/OL]. [2020-02-25]. http://www. intechweb. org/public_files/Intech_OA_Apr11. pdf.

② ABRIZAH A, HILMI M, KASSIM N A. Resource-sharing through an inter-institutional repository motivations and resistance of library and information science scholars[J]. The electronic library, 2015, 33(4): 730-748.

③ SWAN A, BROWN S. Open access self-archiving: an author study[R/OL]. [2020-02-25]. http://www. jisc. ac. uk/uploaded_documents/Open%20Access%20Self%20Archiving-an%20author%20study. pdf.

④ LERCHER A. A survey of attitudes about digital repositories among faculty at Louisiana State University at Baton Rouge[J]. The journal of academic librarianship, 2008, 34(5): 408-415.

⑤ MANESS J M, MIASKIEWICZ T, SUMNER T. Using personas to understand the needs and goals of institutional repository users[J/OL]. D-Lib magazine, 2008, 14(9/10)[2020-02-25]. http://dlib. org/dlib/september08/maness/09maness. html.

⑥ 李静,盛小平,魏春梅. 弱关系视角下开放获取资源共享行为的实证研究 [J]. 图书馆论坛, 2015（2）:6-10,87.

⑦ FRY J, SPEZI V, PROBETS S, et al. Towards an understanding of the relationship between disciplinary research cultures and open access repository behaviors[J]. Journal of the association for information science and technology, 2016, 67(11): 2710-2724.

⑧ GUL S, SHAH T A, BAGHWAN T A. Culture of open access in the University of Kashmir: a researcher's viewpoint[J]. Aslib Proceedings: new information perspectives, 2010, 62(2): 210-222.

二、阻碍因素

（一）缺乏了解

虽然大量研究都指出，科研人员对 OA 的认知度呈逐年上升的态势，但整体而言，尚有相当数量的科研人员对 OA 不够了解，而缺乏了解也成为阻碍科研人员提供和利用 OA 资源的重要因素。金瑛指出，科研人员对自存储的认知是影响其参与行为的重要因素，只有当科研人员对机构知识库及自存储有正确的认识时，才可能积极主动地将资源存储至其中[①]；何燕也认为科研人员对自存储缺乏全面的了解，"根本不知道自存储"和"从未考虑过自存储"是最重要的两个阻碍科研人员提供自存储资源的因素[②]；Kennan 调查发现，绝大多数科研人员不了解自存储，也不了解基金管理机构或学术机构对自存储的相关管理政策，而这也是科研人员参与度低的重要原因[③]。与此类似，Xia 发现，虽然科研人员对 OA 期刊的认知不断改善，但也还对其存在着诸如"OA 期刊不采用同行评议"等误解，从而对科研人员投稿时选择 OA 期刊产生不利影响[④]；Lwoga 和 Questier 也指出，科研人员对 OA 期刊认知度不够理想是不利于科研人员选择 OA 期刊的重要因素[⑤]。

（二）版权冲突的风险

国际期刊界普遍采取的版权管理办法是通过协议的方式由作者将版权转让给期刊出版商，并且大多须签订排他性许可协议，以达到期刊出版商合法掌控版权，进而赢取市场的目的[⑥]。由于作者在参与自存储时，存储的资源大多是作者准备投稿或者已经发表的学术论文，因而有可能与出版商的版权政策产生

---

①　金瑛. 机构仓储存储行为影响因素研究述评［J］. 图书馆建设，2010（4）：14-17.

②　何燕. 国内外自存储政策分析［J］. 图书馆理论与实践，2009（7）：20-24,33.

③　KENNAN M A. Academic authors, scholarly publishing, and open access in Australia［J］. Learned publishing，2007,20(2)：138-146.

④　XIA J F. A longitudinal study of scholars attitudes and behaviors toward open-access journal publishing［J］. Journal of the American society for information science and technology，2010,61(3)：615-624.

⑤　LWOGA E T, QUESTIER F. Open access behaviours and perceptions of health sciences faculty and roles of information professionals［J］. Health information and libraries journal，2015，32(1)：37-49.

⑥　吴钢. 自存储与期刊出版的版权冲突与协调［J］. 出版发行研究，2009（2）：58-61.

冲突 ①。大量研究表明，版权冲突的风险是阻碍科研人员参与自存储的重要因素。RoMEO 项目组对全球 57 个国家的 500 多位科研人员和 80 多家期刊出版商进行了问卷调查，结果表明，尽管有一部分出版商允许作者通过一定的形式进行自存储，但传统出版机制对版权的规定给自存储带来了一定的负面因素，作者由于对版权冲突的担忧等原因而降低了自存储的参与意愿 ②。事实上，对于版权，论文作者大多只是要求精神上的权利（moral rights），而不是经济权利（economic rights），即要求作为论文的作者和论文不被其他人删减的权利，因此现行的版权法比绝大部分作者期望的版权保护更为严格。蔡屏从心理学角度分析了科研人员对自存储产生抗拒心理的原因，其中出版商版权政策对科研人员的限制是重要原因之一；李昆明和喻丽也得出了类似的结论 ③。

（三）对知识产权保护的担忧

由于 OA 资源免费开放，允许任何网络用户下载与使用其中资源，这在推动学术自由交流的同时也为学术不端行为提供了便利，尤其是在学术研究行为不够规范、科研管理制度不够完善的环境中更是如此，不少科研人员正是由于担心科研成果被剽窃、篡改、非法利用或被用于商业用途而拒绝参与 OA ④。如 Singeh 等指出，担心论文被剽窃与担心网络用户在未经允许的情况下修改科研成果是阻碍科研人员提供自存储资源的最主要原因 ⑤；赵展春和张熙调查了北

① MERELO R，RODRÍGUEZ-GAIRÍN J M，ABAD M F. Journal author rights and self-archiving：the case of Spanish journals[J]. Learned publishing，2014，27(2)：107–119；LAAKSO M. Green open access policies of scholarly journal publishers：a study of what，when，and where self-archiving is allowed[J]. Scientometrics，2014，99(2)：475–494.

② GADD E，OPPENHEIM C，PROBETS S. RoMEO studies 1：the impact of copyright ownership on academic author self-archiving[J]. Journal of documentation，2003，59(3)：243–277；GADD E，OPPENHEIM C，PROBETS S. RoMEO studies 4：an analysis of journal publishers' copyright agreements[J]. Learned publishing，2003，16(4)：293–308.

③ 蔡屏 . 从心理学角度谈如何促进机构知识库资源建设 [J]. 图书情报工作，2010(23)：84–88；李昆明，喻丽 . 高校机构知识库自存储研究 [J]. 河北科技图苑，2015（6）：74–76.

④ 王香莲 . 关于高校科研成果公开保存的意愿研究——基于台州学院教师的调查 [J]. 现代情报，2009（7）：33–35.

⑤ SINGEH F W，ABRIZAH A，KARIM N H A. Malaysian authors' acceptance to self-archive in institutional repositories：towards a unified view[J]. The electronic library，2013，31(2)：188–207.

京大学等 5 所北京高校教师对待 OA 期刊的态度，发现难以保证出版者的权利和容易遭受剽窃是科研人员不愿意选择 OA 期刊的重要原因 [1]；姜颖在对国内近 30 所 211 高校的调查表明，科研成果在存储后被剽窃和被用于商业用途是影响科研人员采纳机构知识库的重要因素 [2]；刘齐平认为"使用焦虑"是阻碍科研人员参与自存储的重要因素，而将论文发布在网络领域所引起的知识权利的丧失感是"使用焦虑"的原因之一 [3]。此外，我国大多数自存储平台不能提供在线发表证明，科研人员无法通过自存储获得科学发现优先权，导致在知识产权被侵犯时无法提供有效证据，进一步降低了国内科研人员存储预印本的意愿 [4]。

（四）对 OA 资源质量的担忧

现有研究表明，OA 资源的质量对科研人员的资源提供行为和资源利用行为也都有显著的影响。在自存储方面，目前大多数自存储平台没有采用同行评议制度对存储资源的内容进行质量控制，仅对资源的外在形式提出了一定要求，如国内知名的自存储平台"中国科技论文在线"采用文责自负的原则，要求论文主题为学术范围内的讨论，没有政治错误问题、涉密问题、署名问题等问题即可，对首发论文则采用"先发布、后评审"的政策 [5]。宽松的质量控制政策影响了科研人员对自存储资源质量的信任，也加剧了科研人员在提交资源和利用资源时的顾虑 [6]。Davis 和 Connolly 的调查指出，"质量关联"（quality association）是经济学领域的科研人员不提供自存储资源的主要原因，他们认

---

① 赵展春,张熙.开放获取资源的国内用户认同度调查与分析——以北京高校为例[J].现代情报,2009（2）:119-122.

② 姜颖.潜在存储主体对机构知识库内容建设的认知——基于问卷访谈的实证研究[J].图书馆杂志,2013（11）:4-8.

③ 刘齐平.科研人员参与开放存取的意愿及效果研究[D].武汉:华中师范大学,2013.

④ 李武.科研人员接受 OA 知识库的影响因素实证研究[J].中国图书馆学报,2010（3）:57-66.

⑤ 贾延霞,胡明晖.e印本文库内容质量控制保障机制研究——以中国科技论文在线为例[J].情报理论与实践,2010（11）:94-97.

⑥ 查先进,李晶,严亚兰.信任对科技论文快速共享意愿的影响——基于中国科技论文在线的实证研究[J].图书馆论坛,2011（6）:232-239;CREASER C.Open access to research outputs—institutional policies and researchers' views:results from two complementary surveys[J]. New review of academic librarianship,2010,16(1):4-25.

为经济学领域学科知识库中的资源质量参差不齐，部分资源质量不高，而科研人员不愿意将自己的科研成果与质量存疑的平台发生关联[①]；李欣荣也指出，机构知识库的资源质量无法得到有效保证，导致科研人员的原创性学术成果在学术交流时不能得到认可，从而影响了科研人员参与的积极性[②]。在OA期刊方面，Tiessen等对全球160多个国家的5万多名科研人员进行调研后发现，OA期刊质量不高是阻碍科研人员选择OA期刊的主要因素[③]；祝琳琳和周莹指出，OA期刊的完整性、时效性、影响因子等信息质量是影响科研人员利用OA期刊论文的重要因素[④]；Boukacem-Zeghmouri等也指出，科研人员不选择OA期刊的主要原因是其影响力和权威性不够[⑤]。

此外，自存储平台质量及影响力不足也是重要因素。龚亦农通过将机构知识库与文档分享网站的功能进行比较后指出，机构知识库功能较为单一、运作方式封闭，无法为用户提供良好的使用体验，因此难以吸引科研人员参与自存储实践[⑥]。而对自存储平台能否长期稳定发展的担忧也被证实是阻碍科研人员参与自存储的重要因素[⑦]。

（五）出版费用

与自存储不同的是，OA期刊大多要求作者支付论文发表费（Article Processing Charges，APC），而在OA期刊快速发展的过程中，出现了APC规

---

① DAVIS P M，CONNOLLY M J L. Institutional repositories：evaluating the reasons for non-use of Cornell University's installation of DSpace[J/OL]. D-Lib magazine，2007，13(3/4)：4-25 [2020-02-25]. http://www. dlib. org/dlib/march07/davis/03davis. html.

② 李欣荣. 机构典藏库自存储率分析[J]. 情报科学，2011（1）：55-57，71.

③ TIESSEN S D，DARBY R，GOERNER B，et al. Open access journals：what publishers offer，what researchers want[J]. Information services and use，2011，31(1/2)：85-91.

④ 祝琳琳，周莹. 开放获取期刊用户使用意愿分析[J]. 图书馆学研究，2016（2）：57-63.

⑤ BOUKACEM-ZEGHMOURI C，DILLAERTS H，LAFOUGE T，et al. French publishing attitudes in the open access era：the case of Mathematics，Biology，and Computer science[J]. Learned publishing，2018，31(4)：345-354.

⑥ 龚亦农. 看用户体验对自存储态度的影响——机构知识库与文档分享网站的用户功能比较[J]. 情报科学，2015（1）：84-88.

⑦ ABRIZAH A. The cautious faculty：their awareness and attitudes towards institutional repositories[J]. Malaysian journal of library & information science，2009，14(2)：17-37.

则混乱、价差大、成本难以估计等问题，使得 OA 期刊在学术界引起了不小的争议，甚至有科研人员认为 OA 期刊会导致学术腐败[①]。OA 期刊的出版费用成为阻碍科研人员选择 OA 期刊的重要原因。如 Tarragó 和 Molina 对古巴健康科学领域的科研人员进行调查后指出，不愿意付费发表是阻碍科研人员向 OA 期刊投稿主要因素之一[②]；Baro 和 Eze 调研发现，需要支付出版费用是导致尼日利亚高校图书馆员拒绝在 OA 期刊上发表论文的首要原因[③]；范凤英和赵军平对清华大学等工科院校的调查表明，混合型 OA 期刊高昂的出版费用是阻碍科研人员选择 OA 的最主要原因[④]；Siler 等研究发现，科研实力更强的学术机构在 OA 期刊上发表论文时需要支付相对更多的 APC，同时这些学术机构又有相对更多的其他论文发表途径，从而使得论文出版费用的影响更大[⑤]。

（六）其他因素

除上述因素之外，时间成本、学术机构考核标准等因素也被证实对科研人员参与 OA 有消极影响。在自存储方面，吴佩轩和邱铭心指出，自存储平台中资源收录范围具有局限性以及已有固定的资源管理渠道不利于科研人员参与自存储[⑥]；姜颖发现，参与自存储无助于科研考核业绩的提升是一个阻碍因素[⑦]；刘杰则指出传统观念文化、传统科研评价及激励机制、法律和技术等因素限

---

① 李文睿. 国外 OA 学术期刊论文发表费调查及对我国的启示 [D]. 郑州：郑州大学，2017.

② TARRAGÓ N, MOLINA J C. The open access movement and Cuban health research work：an author survey[J]. Health information and libraries journal，2010，27(1)：66-74.

③ BARO E E, EZE M E. Perceptions, preferences of scholarly publishing in open access routes. a survey of academic librarians in Nigeria[J]. Information and learning science，2017，118(3/4)：152-169.

④ 范凤英，赵军平. 学科高质量 OA 期刊现状、利用及学科服务探索——以清华大学某传统工科院系为例[J]. 图书馆工作与研究，2019（3）：113-117.

⑤ SILER K, HAUSTEIN S, SMITH E, et al. Authorial and institutional stratification in open access publishing：the case of global health research[J/OL]. Peerj，2018(6)[2020-02-25]. http://europepmc. org/articles/PMC5822836/.

⑥ 吴佩轩，邱铭心. 从学术工作模式探讨大学教师对于机构典藏之态度研究 [J]. 图书资讯学研究，2010（1）：109-141.

⑦ 姜颖. 潜在存储主体对机构知识库内容建设的认知——基于问卷访谈的实证研究 [J]. 图书馆杂志，2013（11）：4-8.

制都对科研人员选择OA期刊造成了一定障碍[①]。在OA期刊方面，李麟指出，OA期刊论文不符合所在单位的考核评价标准是阻碍科研人员向OA期刊投稿的主要因素[②]；Boukacem-Zeghmouri等也持类似的观点[③]。王应宽则认为，对传统期刊的习惯和偏爱是科研人员不选择OA期刊的主要原因之一[④]。Thorn等发现，难以找到合适的OA期刊也是阻碍因素之一[⑤]。

①　刘杰.我国科技论文在线交流资源推动的障碍分析[J].图书情报工作,2007（8）:31-34.

②　李麟.我国科研人员对科技信息开放获取的态度——以中国科学院科研人员为例[J].图书情报工作,2006（7）:34-38,50.

③　BOUKACEM-ZEGHMOURI C,DILLAERTS H,LAFOUGE T,et al. French publishing attitudes in the open access era:the case of Mathematics,Biology,and Computer science[J]. Learned publishing,2018,31(4):345-354.

④　王应宽.中国科技学术期刊的开放存取出版研究[D].北京:北京大学,2006.

⑤　THORN S,MORRIS S,FRASER R. Learned societies and open access:key results from surveys of bioscience societies and researchers[J]. Serials,2009,22(1):39-48.

第三章　理论模型与研究假设

第一节　理论基础

一、态度行为关系理论

针对用户态度、行为意向和实际行为之间的关系，国内外学者展开了大量研究，并建立了若干基于"态度—意向—行为"的理论模型。其中尤以理性行为理论（Theory of Reasoned Action，TRA）和计划行为理论（Theory of Planned Behavior，TPB）最为经典。

TRA 由 Fishbein 和 Ajzen 提出，该理论源于社会心理学，认为用户的行为意向决定着其实际行为，而行为态度和主观规范又共同决定着行为意图。行为态度指的是个人用户对其所从事的特定行为的正面或负面的感受与评价，由对行为信念和对这种行为结果的评价所共同决定，主观规范则由规范信念和遵守的愿望共同决定（见图3-1）[①]。

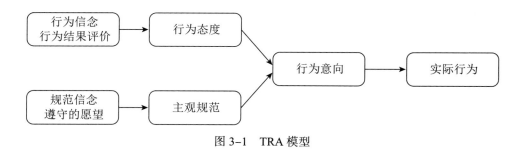

图 3-1　TRA 模型

① FISHBEIN M, AJZEN I. Belief, attitude, intention and behavior: an introduction to theory and research[M]. Reading, MA: Addison-Wesley, 1975.

TRA 理论明确了态度是影响行为意向的重要因素，同时揭示了用户行为的两个基本原理：一是在其他变量与行为意向之间存在着行为态度和主观规范这两个中间变量，二是行为态度和主观规范与实际行为之间存在行为意向这一中间变量。TRA 理论在信息技术接受等多个领域内得到了广泛应用，也得到了众多研究的支持，但该理论的假设条件是用户具有完全控制自身行为的能力，而用户行为实际上会受到多种因素的影响，难以满足 TRA 所规定的假设条件。因此，不少学者对 TRA 进行了修正与拓展，以期增加模型的实用性和解释能力，TPB 理论由此而产生。

Ajzen 在对 TRA 理论进行拓展后提出了 TPB。该理论在 TRA 的基础之上增加了"感知行为控制"（Perceived Behavior Control，PBC）变量，以作为影响用户行为意向的一个直接因素。TPB 理论指出，PBC 由控制信念和感知便利所决定（见图 3-2）[①]。

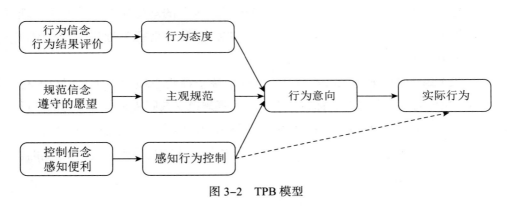

图 3-2　TPB 模型

TPB 理论认为，非用户个人意志所能完全控制的行为不仅受到行为意向的影响，还受到实际行为控制条件（如行为执行能力、资源以及机会等）的制约。行为意向直接决定实际行为的前提条件是具有足够的实际行为控制条件。

二、信息技术接受理论

科研人员参与 OA 运动，必须通过学术网站、机构知识库、学科知识库等

① AJZEN I. From intention to actions：a theory of planned behavior[M]//KUHL J, BECKMAN J. Action control：from cognition to behavior. Heidelberg：Springer，1985：11-39.

新兴学术交流平台来实现。与传统平台不同的是，这些新兴平台均需以信息技术为基础和保障。因此，考察科研人员的 OA 参与行为，借鉴现有的信息技术接受理论和模型是可行的。

信息技术用户行为研究一直是管理科学与信息科学的一个重要研究领域，众多学者对用户接受或不接受信息技术的影响因素这一核心问题展开了长期研究，并取得丰富的研究成果。总体而言，这些研究可以分为基于个体层面和基于组织层面两大类，而个体层面的信息技术接受行为研究一直是该领域中的主流方向。这类研究将"用户个体为什么以及如何接受新兴的信息技术"作为核心问题，提出了一系列的研究模型，并形成了一套独具特色的信息技术接受理论体系。其中，TAM 及其衍生模型是最为典型的代表。

在 TRA 的基础上，Davis 进一步厘清了用户对信息技术的态度—意向—行为的关系，提出了 TAM 模型（见图 3-3）[①]。

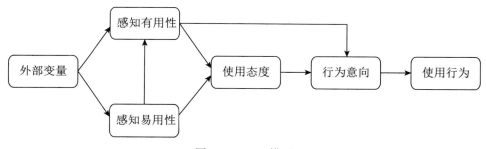

图 3-3　TAM 模型

TAM 模型假设实际使用行为取决于行为意向，而使用态度和感知有用性共同决定行为意向，感知易用性和感知有用性共同决定使用态度。同时，行为意向也受到感知有用性的直接影响，感知易用性对感知有用性有直接影响作用，外部变量则对感知有用性和感知易用性产生影响。Davis 等在实证研究中发现使用态度在感知有用性对行为意向的影响过程中只起到了部分中介作用，且感知有用性和使用态度之间也只存在着非常弱的直接关系，因此最终在

①　DAVIS F D. Perceived usefulness, perceived ease of use, and user acceptance of information technology[J]. MIS quarterly, 1989, 13(3): 319-339.

TAM 模型中删除了使用态度这一中间变量 ①。

TAM 一经提出便受到了广泛关注，众多学者对此进行理论和实证研究，在信息技术用户行为领域得到了非常广泛的应用，也成功地分析了用户接受/不接受信息技术的影响因素 ②。当然，TAM 也存在着若干不足，如没有明确感知易用性和感知有用性的影响因素，导致 TAM 无法明确地指出是哪些因素对用户的使用意向产生影响。为此，Venkatesh 和 Davis 对 TAM 进行了改进，提出了 TAM2 模型 ③。

TAM2 模型明确了感知有用性的影响因素，并将其概括为社会影响过程、认知工具过程及其调节变量，其中社会影响过程包括主观规范和形象等变量，认知工具过程包括工作相关性、产出质量、结果展示性和感知易用性等变量，经验和自愿性则是模型中的调节变量。

与 TAM 相比，TAM2 舍弃了态度因素，增加了主观规范和形象等影响因素，同时纳入了认知工具过程，因此在理论上比 TAM 更完善，用户行为的预测与解释能力也相对更强。

随着研究的深入，信息技术接受理论日渐成熟，所提出的模型构件也日趋合理，但一个重要问题一直悬而未决，那就是：哪些因素使得用户认为信息技术有用和易用 ④。为解决此问题，Venkatesh 和 Bala 提出了 TAM3 模型 ⑤。

与 TAM2 相比，TAM3 并没有过多地考虑调节变量的影响，只是增加新的调节关系。在用户使用信息技术过程中，计算机自我效能、外部控制认知、计算机焦虑和计算机玩兴是感知易用性的重要影响因素，在技术使用的中后期，感知愉悦性和客观可用性的重要性则得到了体现；随着使用经验的增加，计算

① DAVIS F D，BAGOZZI R P，WARSHAW P R. User acceptance of computer technology：a comparison of two theoretical models[J]. Management science，1989，35(8)：982-1003.

② 孙建军，成颖，柯青 .TAM 模型研究进展——整合分析 [J]. 情报科学，2007（7）：961-965；YUAN S，LIU Y，YAO R，et al.An investigation of users' continuance intention towards mobile banking in China[J].Information development，2016，32(1)：20-34.

③ VENKATESH V，DAVIS F D. A theoretical extension of the technology acceptance model：four longitudinal field studies[J]. Management science，2000，45(2)：186-204.

④ LEE Y，KOZAR K A，LARSEN K. The technology acceptance model：past，present，and future[J]. Communications of the association for information systems，2003，12(50)：752-780.

⑤ VENKATESH V，BALA H. Technology acceptance model 3 and a research agenda on interventions[J]. Decision sciences，2008，39(2)：273-315.

机焦虑对用户感知易用性的影响逐渐消退；感知易用性只在信息技术使用初期对行为意向产生影响，随着使用经验的增加，感知易用性的影响逐渐减弱[①]。

UTAUT 是信息技术接受理论中另一个重要的理论模型，在综合考虑了TAM、TRA、TPB、SCT、TAM 和 TPB 整合模型（Combined TAM and TPB，C-TAM-TPB）、创新扩散理论（Innovation Diffusion Theory，IDT）、动机模型（Motivation Theory，MM）以及 PC 利用模型（Model of PC Utilization，MPCU）等八大理论模型的基础之上，UTAUT 被正式提出（见图 3-4）[②]。该模型包括四个核心变量和四个调节变量，核心变量分别为绩效期望、努力期望、社群影响和便利条件，调节变量分别为性别、年龄、经验和自愿性。

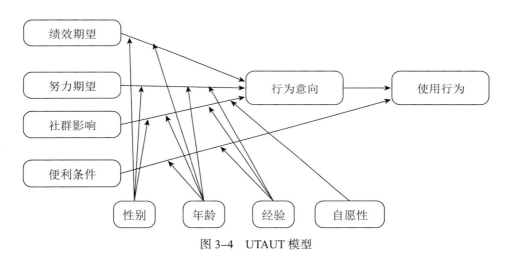

图 3-4　UTAUT 模型

与 TAM 相比，UTAUT 涉及的因素更加全面，其中绩效期望和努力期望分别类似于 TAM 中的感知有用和感知易用性；社群影响与 TAM2 中的社会影响过程相似；便利条件是指用户所感受到的组织在相关技术、设备等方面对信息技术使用的支持程度。自我效能、态度、使用焦虑、内部动机等变量则被UTAUT 排除在外。在调节变量方面，Venkatesh 等提出了很多调节变量，但UTAUT 模型中最终只包括了四个调节变量：性别、年龄、经验、自愿性。

---

① 高芙蓉，高雪莲. 国外信息技术接受模型研究述评 [J]. 研究与发展管理，2011（2）：95-105.

② VENKATESH V，MORRIS M G，DAVIS G B，et al. User acceptance of information technology：toward a unified view[J]. MIS quarterly，2003，27(3)：425-478.

TAM 及其衍生模型从用户感知有用性和感知易用性等角度研究用户接受行为，但有一种情况是：用户虽然感知技术非常有用和易用，但当用户认为该技术与其所从事的工作任务不匹配且无法提高绩效时，他仍可能放弃接受这种技术。因此，考察用户接受行为不能忽视关注任务/技术匹配度的作用。任务/技术匹配模型（Task/Technology Fit，TTF）便是研究任务/技术匹配度与用户接受行为关系的重要模型，见图 3-5[①]。

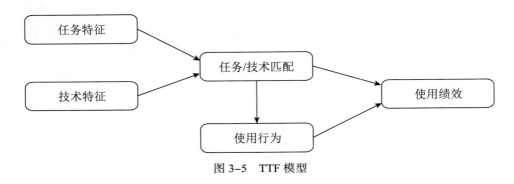

图 3-5　TTF 模型

TTF 模型认为只有当用户所需从事的任务与信息技术特征相匹配时，用户才会使用该技术，并提高用户的个人绩效。用户接受一项新的信息技术，往往是因为新的信息技术比老技术能更好地匹配需求[②]。

第二节　探索性访谈

虽然态度行为关系理论和信息技术接受理论为研究奠定了理论基础，但需要注意的是，OA 运动有着与信息系统不一样的特点：影响科研人员参与 OA 运动的因素，既有系统因素，也有诸如机制、资源质量等非系统因素，研究科研人员的 OA 参与行为，不能完全直接利用现有的理论与模型，而是应该在此

① GOODHUE D L，THOMPSON R L. Task-technology fit and individual performance[J]. MIS quarterly，1995，19(2)：213-236.

② ZHOU T，LU Y，WANG B.Integrating TTF and UTAUT to explain mobile banking user adoption[J].Computers in human behavior，2010，26(4)：760-767；陈鹤阳，谭宏利. 基于 UTAUT 和 TTF 模型的移动图书馆用户采纳行为研究 [J]. 现代情报，2018（1）：60-68.

基础之上进行调整与修改。因此，有必要采用探索性访谈方法，对科研人员参与 OA 运动的影响因素进行定性分析，从而为理论模型的构建提供依据。

一、访谈样本

探索性访谈是一种对所研究的现象或问题进行初步了解，为今后深入研究提供基础和方向的研究方法。在探索性访谈中，所需的信息并不需要精确定义，研究过程的灵活性也相对更强。一般而言，用于访谈目的的样本数量应该达到 12 个[①]。为此，研究选择了 12 个访谈样本，样本选择的标准如下：

①访谈对象中男女人数基本相当，且年龄分布尽量不集中；

②访谈对象的身份包括在读博士生、博士后、讲师、副教授和教授；

③学科分布包括自然科学、社会科学和人文科学；

④访谈对象既有知名院校的成员，也包括一般院校的成员；

⑤在地区分布上既有来自东部发达地区的科研人员，也有来自中西部地区的科研人员。

访谈样本的详细情况如表 3-1 所示。

表 3-1　探索性访谈样本构成

序号	性别	年龄	身份	学科	单位	地区
A	女	26	在读博士生	情报学	** 大学	江苏省
B	女	31	在读博士生	管理科学与工程	** 大学	上海市
C	男	36	在读博士生	会计学	** 大学	湖北省
D	男	28	博士后	化学	** 大学	江苏省
E	女	39	博士	计算机科学	** 大学	上海市
F	女	38	讲师	情报学	** 学院	浙江省
G	男	33	讲师	行政管理	** 学院	云南省
H	男	31	馆员	文献学	** 图书馆	北京市
I	男	42	副教授	机械制造及其自动化	** 大学	浙江省

---

① LINCOLN Y，GUBA E. Naturalistic inquiry[M]. New York：Sage，1985：136.

续表

序号	性别	年龄	身份	学科	单位	地区
J	女	47	教授	生物学	＊＊大学	江苏省
K	女	40	教授	材料科学	＊＊学院	浙江省
L	女	50	教授	法学	＊＊大学	江苏省

二、访谈结果分析

访谈采用半结构化方式，持续时间为30—45分钟。访谈的主要内容包括三个方面：①对OA的认知情况；②参与OA运动的意愿；③愿意（不愿意）参与的原因。访谈的基本过程为：①话题引入，以科研人员查找资料的主要方式为入口，询问其是否会利用网络资源，进而了解科研人员对OA的认知情况；②在简要介绍OA思想及实现途径的基础上，询问科研人员是否愿意进行自存储、是否愿意利用自存储资源、是否愿意往OA期刊投稿、是否愿意利用OA期刊资源；③询问具体原因，这是本次访谈最为重要的内容。对于访谈内容，笔者将录音全部转换为文本，并以访谈提纲中备用提问为依据进行总结。

（一）自存储资源提供行为的影响因素

1. 促进因素

（1）支持研究成果免费开放的主观意愿。如B博士生认为"如果资源能够共享，大家的机会都会更多一些。我是支持知识共享理念的，自己的资源可以供别人利用，自己也可以利用别人的研究成果"，G讲师也认为"科研人员的研究成果应该免费开放，像现在这样的收费没什么意思"。

（2）有助于提升研究成果的显示度。不少访谈者都指出，由于通过网络即可获取全文，因此将会扩大阅读群体，提升研究成果的显示度。如E博士指出，"我想应该会的（指提升研究成果的显示度），因为这样做的话，访问的人会更多"。

（3）有助于提高研究成果的被引频次。如H馆员指出"我觉得一定会有助于提升被引频次，因为随着时代的发展，信息技术用于扩大受众更有优势，我认为现在这种途径会越来越好"。

（4）有助于得到同行的反馈与评价。如 A 博士生指出"（通过自存储将研究成果免费开放）会对自己研究有启发，因为自己的研究不成熟，后续还有一些需要继续改进的东西，如果别人能给意见或者一些其他想法的话，会有助于研究往好的方向发展"。

（5）有助于研究成果的长期保存。如 F 讲师认为"对自己资源的系统化组织，包括长期保存都是有一定好处的，这个因素可能不是那么重要，但也是一个影响因素"。

（6）有助于提升科研人员在学术圈中的知名度。如 D 博士后表示"通过自存储公开论文，可以方便别人来了解我们所做的工作，也有助于提高我们在同行中的知名度和影响力，在我们这个学科有很多团队都会这么做"。

（7）同事或同行的建议和推荐。有科研人员表示，身边的同事、同行、知名专家的建议和推荐，也会产生一定的影响。如 D 博士后表示，在化学领域，国外不少知名团队都通过建立科研团队主页的方式免费公开研究成果，因此他们借鉴了此种方式，建立了科研团队主页，并将自己发表后的论文在团队主页上免费公开。

（8）管理政策的支持。有科研人员表示，他们之所以没有进行自存储的原因是缺少政策引导，若相关机构能制定合适的自存储激励政策，将会对自己的自存储意愿产生明显影响。如 G 讲师表示，"如果资助我的基金要求我进行自存储，我会愿意将研究成果免费公开"。

2. 阻碍因素

（1）对自存储的了解不够。大多数访谈对象都表示，对自存储不了解，也少有人听说过机构知识库和学科知识库，因此大多数科研人员都没有进行过自存储。不过不少科研人员都表示，在保证安全的前提下，将研究成果进行自存储是一个不错的选择。

（2）担心未发表的研究成果有可能不利于在期刊上发表。不少调查对象都表示，若将发表前的研究成果进行自存储，可能会被期刊社拒稿。如 C 博士生表示"很可能有这个问题（指期刊社不录用），可能有不少期刊社会不录用已经通过自存储免费开放的论文"。

（3）担心会加大被剽窃/抄袭的风险。在国内学术规范不够理想的大环境下，不少人都表示担心自存储会为某些人的剽窃/抄袭行为提供便利。如 J 教授表示："肯定有（加大被剽窃/抄袭的风险）。因为有的研究成果没有发表之前，有可能会被其他人拿走，我就碰到过这种情况。但是发表之后我就不担心，即使被剽窃也能说清楚。所以即使要进行自存储，我也不会将发表之前的研究成果存储，而是存储发表后的论文。"

（4）担心会与期刊社发生版权纠纷。有科研人员表示，不清楚论文发表后的版权归属，因此担心若将发表后的论文进行自存储，有可能与期刊社发生版权纠纷，从而给自身带来不必要的麻烦。

（5）自存储会增加科研人员额外的负担。有科研人员表示，平时教学科研工作任务较多，工作压力较大，不愿意再耗费一定的时间和精力去进行自存储。

（二）自存储资源利用行为的影响因素

1. 促进因素

（1）是现有学术资源体系的一种补充。大多数科研人员表示，在获取信息资源时，图书馆所购买的数字资源是其首选，而如果在图书馆所购买的资源中找不到所需文献，则会通过 Google Scholar 等搜索引擎在互联网上进行查找。如 I 副教授表示："大部分资料都是可以通过图书馆找到的，如果不能从我们自己学校图书馆找到所需资料的话，还可以找一些合作的图书馆，如果都找不到的话，就会从网上来搜索，比如说通过维基百科和一些个人主页等。"

（2）可以免费获取。针对"您是否认为自存储资源的全文可以免费获取是您愿意利用的一个原因？"的问题，大部分访谈对象都给予了肯定的回答，如 K 教授表示"这（免费获取）肯定是一个原因，本来这就是一种补充的资源，如果还不免费，我就不会去利用了"。

（3）检索方便。由于搜索引擎的普及，尤其是 Google Scholar 的问世，为科研人员搜索网络学术资源提供了便利，大部分科研人员表示通过搜索引擎可以方便地检索网络上免费公开的论文。

此外，还有科研人员表示，身边同事和朋友的推荐或建议、学术界的宣传等都有可能对自己是否利用自存储资源产生一定的影响。

2. 阻碍因素

（1）现有学术资源已经可以满足自身需求。有科研人员表示，现在的学术资源并非太少，而是太多，利用图书馆购买的数字资源已经可以满足自身研究需求，因此没有必要去网上搜索这些相对较为分散的资源。如 J 教授表示"资源已经够了，现在的很多资源都用不完，在我们生命科学领域，期刊太多了，能找到全文的也太多了，想拿到的全部能拿到，所以我可能不会愿意去看这些自存储资料了"。

（2）对自存储资源质量的担忧。相比于发表在期刊上的论文，自存储资源类型较多，既有发表后的期刊论文，也有发表之前的预印本（Preprint），因此有科研人员表示对自存储论文的质量不是很放心。如J教授表示"对于自存储资源的质量，我不是特别放心，所以不太愿意用，我觉得可能跟博客文章的价值差不多，因为没有正式出版"。L教授也指出不敢利用的主要原因是自存储资源的质量缺乏足够保障。

（3）对自存储的了解不够。大多数访谈对象都表示对自存储不了解，在访谈之前并没有听说过"自存储"，也不知道自存储的价值所在，自然也就谈不上利用了。

（4）缺乏具有影响力的自存储平台。有科研人员表示，相比于图书馆购买的数据库，自存储论文的分布非常分散，国内又缺少具有影响力的自存储平台，大多数访谈对象都没有听说过中国科技论文在线和中国预印本服务系统。自存储平台影响力的有限加剧了科研人员对自存储论文质量的担忧。

（三）OA期刊资源提供行为的影响因素

1. 促进因素

（1）支持研究成果免费开放的主观意愿。与自存储资源提供行为影响因素相类似的是，科研人员认为"研究成果应该免费开放"是一个重要的促进因素。如J教授认为"我觉得应该免费。好多东西因为有限制，你拿不到全文，这很麻烦，我觉得就应该无偿贡献，这是我愿意往OA期刊投稿的一个原因"。

（2）拥有更大阅读群体的可能。由于OA期刊通过网络免费开放，突破了时空的限制，因此有可能扩大OA期刊论文的阅读群体。如J教授表示，"我想（阅读群体）应该更大，但是也不一定，主要是看权威性，可能权威期刊的阅读群体会更大"。

（3）提升论文被引频次的可能。由于阅读群体的扩大，随之而来的便是被引频次提升的可能，而对于科研人员来说，研究成果的被引频次是一个评价其学术水平的重要指标。如I副教授就提出"我会在意研究成果的被引频次，这个（论文发表在OA期刊上能提升被引频次）倒是可能，这应该是我愿意在

OA 期刊发表论文的一个原因"。

（4）论文质量有较高的保障。由于 OA 期刊一般都采用同行评审制度，并且有部分 OA 期刊已经被 SCI、SSCI、A&HCI 以及 EI 等知名数据库所收录，其论文质量有较高的保障。如 E 博士指出："（质量保障是）有的。我看到我们领域内一些期刊都是 OA 期刊，质量还不错。"

（5）有加快出版速度的可能。有访谈对象提出，相比于传统期刊，OA 期刊的出版速度会更快；但也有人表示，随着传统期刊采取网络优先出版和"In Press"数字出版，OA 期刊能加快出版速度的优势不大。如 H 馆员认为"我主观认为（OA 期刊出版速度）会更快一些"。

（6）有助于职业发展。有科研人员认为，如果 OA 期刊能被现有学术评价机制认可，那么对自身的职业发展有较为明显的帮助。如 B 博士生认为"这个要看学校科研机构如何认定，如果被 SCI 等收录的论文，学校将之等同于传统期刊论文，那么对职业发展是有帮助的，这个要看社会，尤其是单位如何认定，主要是看学术评价机制对它是否认可，有否被收录"。而也有科研人员则认为，OA 期刊对于自身职业发展的帮助并不一定体现在学术机制的认可，而在于学术声誉。如 H 馆员指出，"我觉得应该会有（帮助），可以引起更广泛范围同行关注和交流，当然这并不一定是学术评价机制上的益处"。

（7）有助于论文的长期保存。由于 OA 期刊论文都是长期保存在互联网上，这为研究成果的长期保存提供了良好条件。如 E 博士表示："OA 期刊是挺好的，我有一篇论文发表在 OA 期刊上，投稿的时候并不知道这份期刊是 OA 期刊，是到后来刊出才知道的，期刊也是被 EI 收录的，质量还可以，并且还挺方便的，论文就长期保存在网站上，我在交材料的时候直接从网上下载打印就可以了，挺方便。"

2. 阻碍因素

（1）对于 OA 期刊的不了解。大部分访谈对象都表示对 OA 期刊不了解，不清楚本领域内有哪些 OA 期刊，OA 期刊的质量如何，也没有向 OA 期刊投稿的经历。而相比之下，科研人员对传统期刊明显更为熟悉，对本领域内各主要期刊的影响力、期刊风格以及录用难度等都较为了解，因此更倾向于投向传统期刊。如 L 教授就表示对 OA 期刊的不了解是其不愿意投稿的一个重要原因。

（2）对 OA 期刊质量的担忧。有部分科研人员表示 OA 期刊是一种新生事物，其发展历程明显比传统期刊短，目前还处于未成熟阶段，不少 OA 期刊的质量还较低，因此更愿意往传统期刊投稿。如 L 教授指出 OA 期刊整体质量不如传统期刊是其不愿意往 OA 期刊投稿的原因，F 讲师也指出"至少短期里面有这个感觉（OA 期刊整体质量不如传统期刊），如果发展后被更多人关注，质量有改善的话，也可能以后 OA 期刊会比传统期刊更有影响，更有生命力，但目前来说，尤其是国内，传统纸质期刊更可信些"。

（3）有可能不被现有学术评价机制认可。由于国内学术评价机制并没有明确规定是否考虑 OA 期刊的情况，一旦 OA 期刊没有被知名的引文索引所收录，就会使科研人员投稿的意愿大幅降低。如 F 讲师指出"只有在认定核心期刊的时候能够考虑 OA 期刊（学术机制认可），我才会考虑往 OA 期刊投稿"。

（4）有可能不被同行所认可。由于 OA 期刊的影响力整体不如传统期刊，因此不少科研人员将 OA 期刊作为第二选择，即在传统期刊拒稿的情况下再将论文投向 OA 期刊，因此容易造成 OA 期刊论文不如传统期刊论文的判断。如 D 博士后提出在"大家都认可，即同行认可"的情况下才考虑往 OA 期刊投稿。

（5）版面费的影响。一般而言，OA 期刊采取"作者付费，读者免费"的出版模式，作者需要支付一定的费用才有可能在 OA 期刊上发表论文，因此有访谈对象指出，出版费用有可能是其不愿意投稿的一个原因，因为大部分英文期刊是不收取版面费的。但也有科研人员指出，由于国内期刊大多都收取版面费，OA 期刊收取一定的出版费用也可以接受，如 J 教授指出"（收取版面费）有一点影响，但是影响不大，因为版面费一般都不是很高"。A 博士生也指出"如果期刊是比较知名的，那是没有影响的，如果没有纸质版期刊影响力高，收费又贵，那肯定有影响"。

（四）OA 期刊资源利用行为的影响因素

1. 促进因素

（1）可以免费获取。与自存储资源利用行为影响因素相同的是，OA 期刊论文可以免费获取是促进科研人员利用的一个重要因素。如 D 博士后指出，"免费是一个很重要的因素，要是收费的话，会对我的利用产生较大影响"。

（2）是现有学术资源体系的一种有效补充。随着 OA 期刊的快速发展，其数量日益增多，已经成为现有学术资源体系的一种有效补充，科研人员在进行研究时将 OA 期刊作为一种信息源成为一个不错的选择。如 A 博士生表示："目前我将 OA 期刊作为一个补充，因为它尚未得到我们领域内普遍的认可，也没得到我这个领域广泛的使用。如果以后能得到广泛认可，那么利用意愿会更加强烈。"I 副教授则指出："多了解一些信息总是好的。需求永远是满足不了的，图书馆的数据库不能满足我的全部需求，所以将 OA 资源作为一种补充。"

（3）质量有较高的保障。由于 OA 期刊的论文评审制度与传统期刊基本相似，因此大部分 OA 期刊的质量有较高保障，且有一定数量的 OA 期刊已经被 Web of Science 所收录。对于这些已经被认可的具有较高质量的 OA 期刊，科研人员在利用时没有太多顾虑，正如 J 教授指出，如果 OA 期刊被 Web of Science/EI 收录，"应该更放心一些，因为这是行内的一些规矩，现在同行都还默认这样一种规则"。

（4）检索方便。由于现在的搜索引擎基本覆盖了所有的 OA 期刊，科研人员只要在掌握期刊名或文献题名的情况下，通过搜索引擎便可非常便捷地找到全文。如 D 博士后指出愿意利用 OA 期刊论文的原因："OA 期刊容易获取。国外的 OA 期刊信息会比较新，又没有访问限制，研究价值还是比较大的。"

2. 阻碍因素

（1）对 OA 期刊了解不够。这是阻碍科研人员利用的一个重要因素。访谈发现，大多数科研人员不了解 OA 期刊，在查找资料时基本以图书馆购买的数据库为主，很难主动将 OA 期刊作为一种信息源加以考虑。

（2）缺少对 OA 期刊的有效组织与管理。目前虽然有一定数量的图书馆对 OA 期刊进行了组织，但大多都仅是罗列了几个常见的网站，缺少对 OA 期刊的有效组织与管理，对科研人员的利用产生了不利影响。不少访谈对象表示不清楚从哪里可以找到本领域内的 OA 期刊。

（3）引用 OA 期刊论文的顾虑。由于在引用 OA 期刊论文时需要列出网址，因此有科研人员表示有所顾虑，如 A 博士生认为"（在论文中引用 OA 期刊上的文献）有可能会（降低论文被录用的概率），原因是 OA 期刊在本领域尚未得到广泛认可，列网址的话人家会觉得文献的可靠性没那么大，会受到质疑"。

上述结论为理论模型的构建、假设的提出和问卷测量项的确定提供了有效依据。

第三节　理论模型的构建

一、理论模型框架

从 TRA、TPB 等态度行为关系理论，到 TAM、TAM2、UTAUT 等信息技术接受模型，都遵循着"认知信念—行为意向—使用行为"的分析逻辑。TTF模型也表明，用户的认知信念是使用行为的重要影响因素，而使用绩效则受到使用行为的影响，因此其分析逻辑为"认知信念—使用行为—使用绩效"，但实证结果表明认知信念对使用行为的直接影响较弱[①]。有学者指出，造成直接影响微弱的主要原因是没有考虑行为意向这一中间变量，因此用户信息技术接受的完整逻辑应该是"认知信念—行为意向—使用行为—使用绩效"。

虽然在 TAM 及其衍生模型中都没有将行为态度作为模型中的变量，但TRA 和 TPB 都将行为态度作为一个重要变量；同时考虑到对于不少科研人员而言，OA 是一个并不熟悉的新概念和学术交流途径，行为态度将很有可能影响到其行为意向。因此笔者将行为态度作为行为意向的前因变量，遵循"认知信念—行为态度—行为意向—使用行为—使用绩效"的分析逻辑，构建了科研人员的 OA 参与行为模型框架。由于作为作者身份和作为读者身份的科研人员对 OA 的行为意向和影响因素有着较为明显的区别，因此笔者分别构建了资源提供行为模型（见图 3-6）和资源利用行为模型（见图 3-7）。

需要指出的是，国内现有研究和探索性访谈都表明，科研人员参与 OA 运动的程度不够高，大多数科研人员都没有进行过自存储，也没有向 OA 期刊投稿，考察"使用行为"和"使用绩效"面临着现实阻碍。因此理论模型的重点集中在探讨"认知信念—行为态度—行为意向"的影响机制。同时，作为实现OA 的两条途径，自存储和 OA 期刊有着不一样的特征，认知信念的影响机制也有所不同，因此笔者在进行假设和问卷设计时将进行区分处理。

---

① GOODHUE D L，THOMPSON R L. Task-technology fit and individual performance[J]. MIS quarterly，1995，19(2)：213-236.

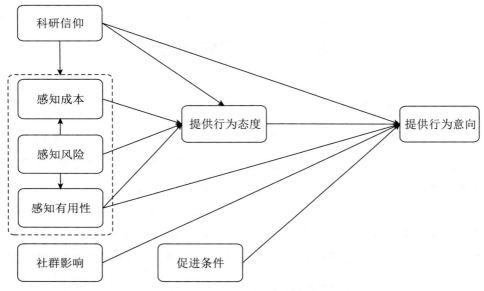

图 3-6　科研人员的 OA 资源提供行为理论模型

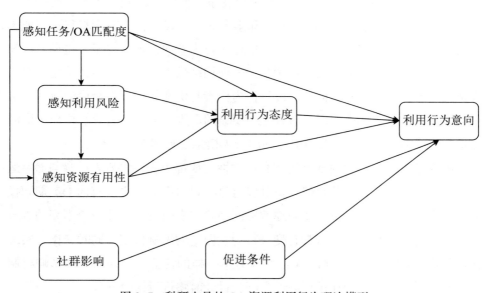

图 3-7　科研人员的 OA 资源利用行为理论模型

二、变量定义与研究假设

（一）资源提供行为模型

1. 因变量

资源提供行为意向是资源提供行为理论模型的因变量，指的是科研人员提供资源的主观意向的强烈程度，分为自存储资源提供行为意向（Deposit Behavior Intention，DBI）和 OA 期刊资源提供行为意向（Contribution Behavior Intention，CBI）两个方面。根据 TPB 理论，行为意向是行为的直接决定因素，个人的行为意向越强，将会越努力地实现相应行为[1]。虽然有研究指出，科研人员对于预印本资源的提供行为意向和后印本资源的提供行为意向有所不同[2]，但由于研究强调的是科研人员参与自存储的行为意向和参与 OA 期刊的行为意向，因此本书并不对预印本和后印本进行区分，而是统称为自存储资源提供行为。

2. 中间变量

行为态度是资源提供行为理论模型中的中间变量，包括自存储资源提供行为态度（Deposit Behavior Attitudes，DBA）和 OA 期刊资源提供行为态度（Contribution Behavior Attitudes，CBA）。作为一种心理现象，态度是用户对特定对象较稳定、一贯的综合性心理反应[3]。根据 TRA 理论，态度指的是"个人用户对其所从事的特定行为的正面或负面的感受与评价"，用户对行为的态度越是积极和正面，行为意向便会越强烈。因此，假设如下：

HT1a：资源提供行为态度对自存储资源提供行为意向有正向影响，即科研人员对自存储的态度越积极，自存储资源提供行为意向越强烈。

HT1b：资源提供行为态度对 OA 期刊资源提供行为意向有正向影响，即科研人员对 OA 期刊的态度越积极，OA 期刊资源提供行为意向越强烈。

3. 自变量

（1）科研信仰

科研信仰（Research Belief, REB）是科研人员从事科研时的一种内在信念。

---

① AJZEN I. The theory of planned behavior[J]. Organizational behavior and human decision processes,1991,50(2):179-211.

② 李武. 科研人员接受 OA 知识库的影响因素研究 [D]. 北京:北京大学,2009.

③ 肖旭. 社会心理学原理及应用 [M]. 成都:成都科技大学出版社,1998.

科学的本质是交流与传播，学术信息和科学知识的自由流动是学术探索和创造力的命脉。大量研究表明，科研人员发表研究成果的主要目的并非为了经济报酬，而是希望尽可能广泛地传播研究成果，提升自身学术地位并推动社会的发展进步[①]。因此，科研人员的内心有一种被称为"无私利性"的科研信仰，即科研人员从事科学活动，首先是追求科学真理，而不是谋求物质利益。但在传统学术交流体制下，科研人员既不能快速、免费地获取同行研究成果，也不能有效地推动自身研究成果的传播与共享[②]。而OA正是一种推动学术信息资源自由交流与共享的传播机制，不管是通过自存储还是将论文发表在OA期刊，其成果都可以被网络用户免费利用。不少研究均发现，正是对OA免费开放理念的认同，才使得科研人员愿意参与其中[③]。本研究的探索性访谈结果也表明，科研人员的主观意愿是支持研究成果自由交流和免费开放的，内心支持OA的主观理念是其愿意参与OA运动的重要原因。同时，科研信仰的强弱也会影响到科研人员参与OA时对其风险、有用性和成本的感知[④]。因此，笔者假设如下：

HT2a：科研信仰对自存储资源提供行为意向有正向影响，即科研信仰越坚定，自存储资源提供行为意向越强烈。

HT2b：科研信仰对OA期刊资源提供行为意向有正向影响，即科研信仰越坚定，OA期刊资源提供行为意向越强烈。

---

① PICKTON M，MCKNIGHT C.Research students and the loughborough institutional repository[J].Journal of librarianship and information science，2006，38(4)：203-219；CHARBONNEAU D H，MCGLONE J.Faculty experiences with the National Institutes of Health (NIH) public access policy，compliance issues，and copyright practices[J].Journal of the medical library association，2013，101(1)：21-25；马景源，白林林．机构知识库用户的使用和存缴意愿研究——以中国科学院文献情报中心机构知识库为例[J]．图书馆理论与实践，2018（11）：49-52.

② 邓君．机构知识库建设模式与运行机制研究[D]．长春：吉林大学，2008.

③ 苏小波．科研人员接受开放获取期刊出版的影响因素分析——以知识共享为视角[J]．图书馆，2014（5）：23-27，30；ROWLEY J，JOHNSON F，SBAFFI L，et al.Academics' behaviors and attitudes towards open access publishing in scholarly journals[J].Journal of the association for information science and technology，2017，68(5)：1201-1211.

④ KIM J. Faculty self-archiving behavior：factors affecting the decision to self-archive[D]. Michigan：University of Michigan，2008；DULLE F W，MAJANJA M K M. Researchers' perspectives on open access scholarly communication in Tanzanian public universities[J]. South African journal of information management，2009，11(4)：1-14.

HT3a：科研信仰对资源提供行为态度有正向影响，即科研信仰越坚定，科研人员对自存储的态度越积极。

HT3b：科研信仰对资源提供行为态度有正向影响，即科研信仰越坚定，科研人员对 OA 期刊的态度越积极。

HT4a：科研信仰对感知成本有负向影响，即科研信仰越坚定，科研人员认为自存储的成本越低。

HT4b：科研信仰对感知成本有负向影响，即科研信仰越坚定，科研人员认为往 OA 期刊投稿的成本越低。

HT5a：科研信仰对感知风险有负向影响，即科研信仰越坚定，科研人员认为自存储的风险越低。

HT5b：科研信仰对感知风险有负向影响，即科研信仰越坚定，科研人员认为往 OA 期刊投稿的风险越低。

HT6a：科研信仰对感知有用性有正向影响，即科研信仰越坚定，科研人员感知自存储的有用性越高。

HT6b：科研信仰对感知有用性有正向影响，即科研信仰越坚定，科研人员感知 OA 期刊的有用性越高。

（2）感知成本

感知成本（Perceived Cost，PC）是指科研人员对提供 OA 资源时耗费成本的认知，包括时间成本和努力成本。时间成本是科研人员是否进行自存储的一个影响因素。Carr 和 Harnad 调查发现，南安普顿大学（University of Southampton）的科研人员自存储一篇文献的平均耗时为 10 分 40 秒[1]，虽然时间不算太长，但科研人员并不愿意将时间耗费在与其科研和写作关系不大的事情上[2]。不少科研人员认为进行自存储并非其分内之事，如何燕等的调查发现 40% 的调查对象认为自存储会浪费时间[3]。因此时间成本有可能对科研人员的

①　CARR L，HARNAD S. Keystroke economy：a study of the time and effort involved in self-archiving[R/OL]. [2020-03-18]. http://eprints. soton. ac. uk/260688/.

②　FOSTER N F，GIBBONS S. Understanding faculty to improve content recruitment for institutional repositories[J/OL]. D-Lib magazine，2005，11(1)[2020-02-25]. http://www. dlib. org/dlib/january05/foster/01foster. html.

③　何燕,初景利,张冬荣. 我国科研人员自存储态度调查——以中国科学院科研人员为例[J]. 图书情报工作,2008（5）:121-124.

自存储产生消极影响[①]。

努力成本是另一个影响因素。科研人员需要花费一定的精力进行自存储，而研究也表明，科研人员较为关注自存储是否需要其付出较大努力。当然，努力成本也有系统的难易程度，即与"感知易用性"有关。对于 OA 期刊来说，科研人员投稿时所需要花费的时间和精力也是一个影响因素，同时，OA 期刊一般采取作者付费出版模式，如德国施普林格公司（Springer）向同意 OA 论文的作者收取 3000 美元/篇的出版费用，生物医学期刊出版中心（BioMed Central，BMC）的收费标准为 525—1500 美元[②]；Solomon 和 Bjork 调查发现 DOAJ 收录的 1370 份 OA 期刊平均出版费用为 900 美元[③]。此外，还有研究表明，中档、高档 OA 期刊论文成本大约为 1025 美元/篇和 1950 美元/篇[④]。这就意味着科研人员需要支付一定的出版费用才能在 OA 期刊上发表论文，从而给科研人员带来资金成本[⑤]。因此，笔者假设如下：

HT7a：感知成本对资源提供行为态度有负向影响，即感知成本越高，科研人员对自存储的态度越消极。

HT7b：感知成本对资源提供行为态度有负向影响，即感知成本越高，科研人员对 OA 期刊的态度越消极。

（3）感知风险

感知风险（Perceived Risk，PR）是指科研人员对提供 OA 资源时所面临的风险的认知。对于后印本而言，可能存在的版权纠纷是科研人员进行自存储

① SINGEH F W，ABRIZAH A，KARIM N H A. Malaysian authors' acceptance to self-archive in institutional repositories：towards a unified view[J]. The electronic library，2013，31(2)：188-207.

② 何燕，初景利，张冬荣. 我国科研人员自存储态度调查——以中国科学院科研人员为例[J]. 图书情报工作，2008（5）：121-124.

③ SOLOMON D J，BJORK B C. A study of open access journals using article processing charges[J]. Journal of the American society for information science and technology，2012，63(8)：1485-1495.

④ REGAZZI J. The shifting sands of open access publishing，a publishers' view[J]. Serials review，2004，30(4)：275-280.

⑤ TARRAGÓ N，MOLINA J C.The open access movement and Cuban health research work：an author survey[J]. health information and libraries journal，2010，27(1)：66-74；李文睿. 国外 OA 学术期刊论文发表费调查及对我国的启示 [D]. 郑州：郑州大学，2017.

时面临的第一个风险。不少研究都表明，科研人员非常注重与出版商保持良好的关系，出版商的版权管理政策会对科研人员的自存储行为产生较为明显的影响。由于科研人员对研究成果版权的归属不确定，他们担心自存储有可能会破坏作者和期刊社之间的关系而最终放弃自存储[1]。对于预印本，科研人员则担心自存储有可能不利于研究成果在期刊上发表。何燕的调查表明，"担心自存储后的论文不能正常发表"是科研人员不愿意自存储的主要原因。由于网络的不确定性和自存储平台权威性不够等问题，不少科研人员担心论文的首发权有可能得不到保证[2]。此外，不管自存储的是预印本还是后印本，科研人员都面临着加剧研究成果被剽窃/抄袭的风险。在目前国内学术风气不够理想，剽窃/抄袭事件时有发生的环境下，科研人员担心将研究成果进行自存储会给剽窃/抄袭者带来便利，让其可以通过搜索引擎轻松地获取全文并完成剽窃/抄袭过程[3]。

科研人员将论文投稿给 OA 期刊也面临着一定的风险。首先，大部分 OA 期刊都采取同行评议的方式对论文质量进行控制，如 DOAJ 收录的 OA 期刊均采取同行评议或者编委会质量控制等方式对论文进行筛选。因此科研人员将论文投给 OA 期刊，将与传统期刊一样面临着被拒稿的风险。其次，由于 OA 期刊并不被大多数科研人员所熟知，如果论文在 OA 期刊发表，则容易造成因论文质量不高才投给 OA 期刊的误解[4]。因此，笔者假设如下：

HT8a：感知风险对资源提供行为态度有负向影响，即感知风险越高，科

① COLEMAN A.Self-archiving and the copyright transfer agreements of ISI-ranked library and information science journals[J].Journal of the American society for information science and technology,2007,58(2):286-296；MERELO R，RODRÍGUEZ-GAIRÍN J M，ABAD M F.Journal author rights and self-archiving：the case of Spanish journals[J].Learned publishing, 2014,27(2):107-119；李昆明,喻丽.高校机构知识库自存储研究［J］.河北科技图苑,2015（6）:74-76.

② 何燕.我国科研人员潜在自存储行为影响因素研究——以中国科学院科研人员为例［J］.图书馆,2008（3）:32-35.

③ SINGEH F W,ABRIZAH A,KARIM N H A.Malaysian authors' acceptance to self-archive in institutional repositories：towards a unified view[J].The electronic library,2013,31（2）: 188-207；刘齐平.科研人员参与开放存取的意愿及效果研究［D］.武汉：华中师范大学,2013.

④ THORN S,MORRIS S,FRASER R. Learned societies and open access：key results from surveys of bioscience societies and researchers[J]. Serials,2009,22(1):39-48.

研人员对自存储的态度越消极。

HT8b：感知风险对资源提供行为态度有负向影响，即感知风险越高，科研人员对 OA 期刊的态度越消极。

HT9a：感知风险对感知有用性有负向影响，即感知风险越高，科研人员感知自存储的有用性越低。

HT9b：感知风险对感知有用性有负向影响，即感知风险越高，科研人员感知 OA 期刊的有用性越低。

（4）感知有用性

感知有用性是 TAM 模型中的核心变量，指的是用户认为使用某一项信息技术能够提升工作绩效的程度[①]。在参与行为模型中，感知有用性是一个重要的自变量，分为感知自存储有用性（Perceived Self-archiving Usefulness，PSU）和感知 OA 期刊有用性（Perceived OA Journals Usefulness，PJU）。

对于科研人员而言，OA 有用性首先表现在其提升了研究成果的显示度。由于 OA 取消了价格和许可权限的限制，任何用户都可以通过网络免费获取 OA 资源，因此研究成果将能够得到更为广泛的传播并拥有更大的阅读群体[②]。阅读群体的增大可能提升研究成果的被引频次。Lawrence 首次提出自存储论文比非自存储论文具有更高的被引率，他以 119 924 篇计算机科学领域的会议文献为样本，发现自存储论文的篇均被引频次为 7.03，非自存储论文为 2.74，自存储论文具有显著的引用优势[③]；Antelman 对数学、电子工程、政治和哲学等四个学科进行了分析，发现自存储论文比率分布在 17%—69% 之间，引用优势在 145%—191% 之间[④]；Sotudeh 和 Estakhr 也指出，所有学科的作者付费

---

① DAVIS F D. Perceived usefulness，perceived ease of use，and user acceptance of information technology[J]. MIS quarterly，1989，13(3)：319-339.

② SOTUDEH H，GHASEMPOUR Z，YAGHTIN M. The citation advantage of author-pays model：the case of springer and elsevier OA journals[J]. Scientometrics，2015，104(2)：581-608；JOUNG K H，ROWLEY J. Medical and health sciences academics' behaviours and attitudes towards open access publishing in scholarly journals：a perspective from South Korea[J]. Information development，2019，35(2)：191-202.

③ LAWRENCE S. Online or invisible?[J]. Nature，2001，411：521.

④ ANTELMAN K. Do open-access articles have a greater research impact?[J]. College & research libraries，2004，65(5)：372-382.

出版的复合型 OA 期刊论文的引用优势较为明显[①]；王欣和董洪光对国内物理学期刊 arXiv 自存储论文的引用优势进行了分析，发现引用优势高达 400%[②]，刘菊红和于建荣、刘锦宏等的研究也得出了相似结论[③]。其次，OA 有用性表现在加快了研究成果的出版速度。传统学术期刊备受诟病的一个问题便是出版速度过慢，从论文提交到最终刊出，一般需要一年甚至更长的时间，导致研究成果在刊出时便可能成了"明日黄花"，这种现象在一些发展速度较快的学科（如计算机科学、医学等）更为明显，而不管是自存储还是 OA 期刊，都可以加快出版速度[④]。此外，通过 OA，还可以更好地得到同行的反馈与评价、提升科研人员的学术影响力以及有助于研究成果的长期保存[⑤]。因此，假设如下：

HT10a：感知有用性对自存储资源提供行为意向有正向影响，即科研人员感知自存储的有用性越高，资源提供行为意向越强烈。

HT10b：感知有用性对 OA 期刊资源提供行为意向有正向影响，即科研人员感知 OA 期刊的有用性越高，资源提供行为意向越强烈。

HT11a：感知有用性对资源提供行为态度有正向影响，即科研人员感知自存储的有用性越高，对自存储的态度越积极。

①　SOTUDEH H，ESTAKHR Z. Sustainability of open access citation advantage：the case of Elsevier's author-pays hybrid open access journals[J]. Scientometrics，2018，115(1)：563-576.

②　王欣，董洪光. 国内物理学期刊 arXiv 自存档论文的引用优势研究——以 Frontiers of Physics 期刊为例[J]. 图书情报工作，2011（22）：144-148.

③　刘菊红，于建荣. 自存档文章引用优势案例分析研究[J]. 图书情报工作，2008，52（11）：106-110；刘锦宏，徐丽芳，方卿. 基于开放牛津期刊的开放获取引用优势分析[J]. 图书情报知识，2011（2）：64-72.

④　CHARBONNEAU D H，MCGLONE J.Faculty experiences with the National Institutes of Health (NIH) public access policy，compliance issues，and copyright practices[J].Journal of the medical library association，2013，101(1)：21-25；袁思本，苏小波. 学术交流视阈下影响科研人员接受开放存取期刊出版的因素分析[J]. 图书与情报，2014（5）：118-124；陈秀娟，郭进京. 科研人员选择巨型 OA 期刊发文的影响因素分析——以 PLoS ONE 为例[J]. 中国科技期刊研究，2018（6）：585-591.

⑤　ROWLEY J，JOHNSON F，SBAFFI L，et al. Academics' behaviors and attitudes towards open access publishing in scholarly journals[J]. Journal of the association for information science and technology，2017，68(5)：1201-1211；BARO E E，TRALAGBA E C，EBIAGBE E J. Knowledge and use of self-archiving options among academic librarians working in universities in Africa[J]. Information and learning science，2018，119(3/4)：145-160.

HT11b：感知有用性对资源提供行为态度有正向影响，即科研人员感知OA 期刊的有用性越高，对 OA 期刊的态度越积极。

（5）社群影响

社群影响（Social Influence，SI）类似于 TAM2 模型中的主观规范，指的是"个人认为对其重要的人认为自己应该使用该信息技术的程度"。科研人员的 OA 资源提供行为，不仅受人际关系影响，同时也受其所在单位和相关协会的影响[①]。

作为一种社会文化的亚文化群，科学共同体中的成员通过各种不同途径建立起了一种相互影响的社会关系，除了在现实世界中一起工作/相处的同事、朋友、领导以及学生之外，无形学院，即科研人员的"圈子"，也在科研人员之间发挥着潜在影响作用[②]。Price 早在 1963 年的《小科学，大科学》（*Little Science, Big Science*）中阐明了无形学院与科学传播之间的关系，指出无形学院是科研人员通过信息交流而形成的看不见的集体[③]。现有研究也表明，科研人员的 OA 参与行为会受到外界环境等相关因素的影响。如 Swan 和 Brown 发现，同行或合作者的带动、管理机构或所在部门的要求以及基金资助机构的支持都是促进科研人员提供自存储资源的积极因素[④]；Abrizah 等指出，同事的建议是推动科研人员将研究成果提交给自存储平台的重要原因[⑤]。因此，假设如下：

HT12a：社群影响对自存储资源提供行为意向有正向影响，即社群影响越明显，自存储资源提供行为意向越强烈。

HT12b：社群影响对 OA 期刊资源提供行为意向有正向影响，即社群影响

① 李武，卢淑静.构建科研人员接受 OA 知识库的影响因素的理论模型 [J].情报理论与实践,2010（2）:73-76,20;DULLE F W,MAJANJA M K M.Researchers' perspectives on open access scholarly communication in Tanzanian public universities[J].South African journal of information management,2009,11(4):1-14.

② 李武.科研人员接受 OA 知识库的影响因素研究 [D].北京:北京大学,2009.

③ PRICE S. Little science,big science[M]. New York:Columbia University Press,1963.

④ SWAN A,BROWN S. Open access self-archiving:an author study[R/OL].[2020-02-25]. http://www. jisc. ac. uk/uploaded_documents/Open%20Access%20Self%20Archiving-an%20author%20study. pdf.

⑤ ABRIZAH A,HILMI M,KASSIM N A. Resource-sharing through an inter-institutional repository motivations and resistance of Library and Information Science scholars[J]. The electronic library,2015,33(4):730-748.

越明显，OA 期刊资源提供行为意向越强烈。

（6）促进条件

促进条件（Facilitating Conditions，FC）类似于 TPB 中的感知行为控制，指的是个人用户认为现有技术和组织对其资源提供行为所提供的支持的程度，具体包括技术促进条件和管理促进条件。

科研人员在进行自存储或往 OA 期刊投稿时，必须通过一定的网站平台方可完成。是否建有机构知识库、学科知识库等资源存储平台，平台是否提供在线帮助，是否有人协助进行自存储，期刊网站是否提供投稿操作说明，是否有人对自存储操作进行培训等技术方面的配合条件，都有可能影响到科研人员的 OA 资源提供行为[①]。

与技术促进条件相比，更重要的是管理促进条件。现有学术评价体系和学术机构是否对 OA 资源认可，在很大程度上影响科研人员的决定。在现有学术评价体系下，科研人员发表期刊论文已经成为科研人员职称晋升、岗位聘任的重要依据，同时也是争取研究经费、科研奖励的重要筹码。因此，学术机构、现有学术评价体制对 OA 期刊是否认可，OA 期刊是否被 SCI、SSCI 或 CSSCI 所收录，将会对科研人员决定是否将论文投给 OA 期刊产生决定性的影响[②]。而学术机构是否采取自存储激励措施、是否提供配套服务以及传统期刊出版机构对论文版权的规定等也将对科研人员的自存储行为产生影响[③]。因此，假设如下：

HT13a：促进条件对自存储资源提供行为意向有正向影响，即促进条件越好，自存储资源提供行为意向越强烈。

HT13b：促进条件对 OA 期刊资源提供行为意向有正向影响，即促进条件越好，OA 期刊资源提供行为意向越强烈。

---

① 王颖,张智雄,钱力,等.ChinaXiv 预印本服务平台构建[J].数字图书馆论坛,2017（10）:20-25;张智雄,黄金霞,王颖,等.国际预印本平台的主要发展态势研究[J].数字图书馆论坛,2017（10）:2-7.

② 曹敏,赵莹莹,程仲基,等.影响中国开放存取期刊发展的因素及策略分析[J].编辑学报,2017（S1）:11-12.

③ 李武.科研人员接受 OA 知识库的影响因素实证研究[J].中国图书馆学报,2010（3）:57-66;范晓磊.基于扎根理论的机构知识库资源共享影响因素研究[J].图书馆工作与研究,2019（4）:41-48.

（二）资源利用行为模型

1. 因变量

资源利用行为意向是资源利用行为理论模型的因变量，分为自存储资源利用行为意向（Self-archiving Resources Usage Behavior Intention，SUBI）和OA 期刊资源利用行为意向（OA Journal Resources Usage Behavior Intention，JUBI），指的是科研人员在进行研究、撰写论文时查找、参考、借鉴和引用OA 资源的主观意向的强烈程度。

2. 中间变量

资源利用行为态度是资源利用行为理论模型中的中间变量。已有大量研究表明，用户对行为的态度越是积极和正面，行为意向会越强烈[①]。因此，假设如下：

HL1a：资源利用行为态度对自存储资源利用行为意向有正向影响，即科研人员对自存储的态度越积极，自存储资源利用行为意向越强烈。

HL1b：资源利用行为态度对 OA 期刊资源利用行为意向有正向影响，即科研人员对 OA 期刊的态度越积极，OA 期刊资源利用行为意向越强烈。

3. 自变量

（1）感知任务/OA 匹配度

任务/技术匹配度是 TTF 模型的一个非常重要的变量，指的是技术帮助用户完成一组任务的程度，即用户的任务需求、技术功能以及用户能力之间的一致性程度。科研人员在研究过程中是否利用 OA 资源，不仅受技术因素影响，同时也受社会因素影响。据此将 TTF 模型中的任务/技术匹配度调整为感知任务/OA 匹配度，其含义是科研人员对 OA 资源满足其科研任务程度的认知，并进一步细分为"感知任务/自存储匹配度"（Perceived Task Self-archiving Fit，PTSF）和"感知任务/OA 期刊匹配度"（Perceived Task OA Journal Fit，PTJF）。

科研人员的本职工作是进行科学研究，而进行科学研究则需要以现有研究为基础。毫无疑问，网络上大量可以免费获取的学术资源为科研人员开展科学

---

① DISHAW M T，STRONG D M. Extending the technology acceptance model with task-technology fit constructs[J]. Information & management，1999，36(1)：9−21；KARAHANNA E，STRAUB D W. The psychological origins of perceived usefulness and ease-of-use[J]. Information & management，1999，35(4)：237−250.

研究提供了资源保障。因此，假设如下：

HL2a：感知任务/自存储匹配度对自存储资源利用行为意向有正向影响，即科研人员感知任务/自存储匹配度越高，自存储资源利用行为意向越强烈。

HL2b：感知任务/OA 期刊匹配度对 OA 期刊资源利用行为意向有正向影响，即科研人员感知任务/OA 期刊匹配度越高，OA 期刊资源利用行为意向越强烈。

HL3a：感知任务/自存储匹配度对自存储资源利用行为态度有正向影响，即科研人员感知任务/自存储匹配度越高，自存储资源利用行为态度越积极。

HL3b：感知任务/OA 期刊匹配度对 OA 期刊资源利用行为态度有正向影响，即科研人员感知任务/OA 期刊匹配度越高，OA 期刊资源利用行为态度越积极。

此外，有研究表明，与用户任务匹配度更高的技术被认为对用户工作绩效有用的可能性更高，也就是感知有用性更高，而匹配度低的技术不会被认为有用[①]；同时也会减轻用户利用资源时的担忧。为了考察感知任务/OA 匹配度与感知利用风险、感知有用性之间的关系，假设如下：

HL4a：感知任务/自存储匹配度对感知利用风险有负向影响，即科研人员感知任务/自存储匹配度越高，感知利用风险越低。

HL4b：感知任务/OA 期刊匹配度对感知利用风险有负向影响，即科研人员感知任务/OA 期刊匹配度越高，感知利用风险越低。

HL5a：感知任务/自存储匹配度对感知资源有用性有正向影响，即科研人员感知任务/自存储匹配度越高，感知自存储资源的有用性越高。

HL5b：感知任务/OA 期刊匹配度对感知资源有用性有正向影响，即科研人员感知任务/OA 期刊匹配度越高，感知 OA 期刊资源的有用性越高。

（2）感知利用风险

感知利用风险（Perceived Usage Risk，PUR）是指科研人员对其利用 OA 资源时面临风险的认知。相比于利用在传统期刊上发表的论文，利用 OA 资源面临着一定的风险，资源质量是否值得信赖是科研人员利用 OA 资源时会考虑

---

① 周涛,鲁耀斌,张金隆. 整合 TTF 与 UTAUT 视角的移动银行用户采纳行为研究 [J]. 管理科学,2009（3）:75-82.

的问题，尤其是自存储资源①。由于自存储资源一般都没有经过同行评议，而仅对其形式作审核，因此难免存在质量参差不齐的问题。OA 期刊论文也面临着类似的问题，虽然 OA 期刊论文在刊发前都经过了同行评议，但显然科研人员对其质量的认可度并不高，甚至有不少科研人员误认为 OA 期刊论文没有经过同行评议②。此外，在论文中引用 OA 资源也有可能降低论文被录用的概率，如《管理科学》杂志社在其投稿须知中明确规定"不得将电子文献作为参考文献列出"③；探索性访谈的结果也表明，有科研人员担心参考文献中列出网址可能容易导致审稿人产生论文质量不高的印象。因此，假设如下：

HL6a：感知利用风险对资源利用行为态度有负向影响，即感知利用风险越大，科研人员对自存储资源利用行为态度越消极。

HL6b：感知利用风险对资源利用行为态度有负向影响，即感知利用风险越大，科研人员对 OA 期刊资源利用行为态度越消极。

HL7a：感知利用风险对感知资源有用性有负向影响，即感知利用风险越大，科研人员感知自存储资源的有用性越小。

HL7b：感知利用风险对感知资源有用性有负向影响，即感知利用风险越大，科研人员感知 OA 期刊资源的有用性越小。

（3）感知资源有用性

感知资源有用性指的是科研人员作为利用者对 OA 资源价值的认知，分为感知自存储资源有用性（Perceived Self-archiving Resources Usefulness，PSRU）和感知 OA 期刊资源有用性（Perceived OA Journal Resources Usefulness，PJRU）。继承性和发展性是科学研究的基本特征，任何一项科研成果都是建立

---

① CONNELL T H. The use of institutional repositories：the Ohio State University experience[J]. College & research libraries，2011，72(3)：253-275；LI X，THELWALL M，KOUSHA K. The role of arXiv，RePEc，SSRN and PMC in formal scholarly communication[J]. Aslib journal of information management，2015，67(6)：614-635.

② 王梅玲，吴萱. 图书资讯学学者开放近用期刊使用研究 [J]. 图书与资讯学刊，2010（4）：1-24；XIA J F.A longitudinal study of scholars attitudes and behaviors toward open-access journal publishing[J].Journal of the American society for information science and technology，2010，61(3)：615-624.

③ 管理科学. 投稿须知 [EB/OL]. [2020-03-01]. http://glkx. hit.edu.cn/chinese/introduction. jsp.

在前人研究成果基础之上[①]，科研人员在从事研究的过程中，不可避免地需要查找、阅读、参考和引用前人研究成果[②]。当然，在这个过程中，科研人员会根据自身的需求，选择合适的、有价值的资源而舍弃对其帮助不大的资源，而如果科研人员认为 OA 资源的质量越高且与其研究领域相关度越高，利用意愿将会越强烈[③]。因此，假设如下：

HL8a：感知资源有用性对自存储资源利用行为态度有正向影响，即感知资源有用性越大，科研人员对自存储资源利用行为态度越积极。

HL8b：感知资源有用性对 OA 期刊资源利用行为态度有正向影响，即感知资源有用性越大，科研人员对 OA 期刊资源利用行为态度越积极。

HL9a：感知资源有用性对自存储资源利用行为意向有正向影响，即感知资源有用性越大，自存储资源利用行为意向越强烈。

HL9b：感知资源有用性对 OA 期刊资源利用行为意向有正向影响，即感知资源有用性越大，OA 期刊资源利用行为意向越强烈。

（4）社群影响

社群影响主要指的是在个人眼中对其重要的人认为自己应该利用 OA 资源的程度。由于 OA 资源的质量尚未得到广泛认可，可能导致科研人员在利用时有所顾忌，但若其认为重要的人建议或者介绍其利用 OA 资源，将会使科研人员的利用意向得以增强；探索性访谈也表明，社群影响对科研人员的利用意向有正向影响。因此，假设如下：

HL10a：社群影响对自存储资源利用行为意向有正向影响，即社群影响越明显，自存储资源利用行为意向越强烈。

HL10b：社群影响对 OA 期刊资源利用行为意向有正向影响，即社群影响越明显，OA 期刊资源利用行为意向越强烈。

[①]　董文鸳. 数字科研时代的引文分析——基于被引频次分析的实证研究 [J]. 大学图书馆学报, 2007（2）:36-39, 106.

[②]　FRANDSEN T F. Attracted to open access journals: a bibliometric author analysis in the field of Biology[J]. Journal of documentation, 2009, 65(1):58-82.

[③]　王中晶, 袁勤俭. 开放存取知识库用户使用意愿的影响因素研究 [J]. 情报科学, 2016（8）:12-18.

（5）促进条件

促进条件指的是科研人员认为现有技术或组织对其利用 OA 资源所提供的支持程度，主要体现在图书馆对 OA 资源的组织与揭示、OA 资源目录网站的建设、搜索引擎对 OA 资源的覆盖以及各方对 OA 资源的宣传等方面。从现有研究来看，不少图书馆都已经对 OA 资源进行了一定的组织与揭示，这对科研人员利用 OA 资源产生了一定的积极作用[①]。因此，假设如下：

HL11a：促进条件对自存储资源利用行为意向有正向影响，即促进条件越好，自存储资源利用行为意向越强烈。

HL11b：促进条件对 OA 期刊资源利用行为意向有正向影响，即促进条件越好，OA 期刊资源利用行为意向越强烈。

---

① 周庆梅,梁冬莹,张木兰. 我国"985"工程院校图书馆开放存取资源调查分析 [J]. 情报科学,2010（6）:879-883；麦淑平. 高校图书馆对 OA 资源的组织与揭示——以"211 工程"院校为例 [J]. 情报资料工作,2010（6）:66-71.

第四章　问卷设计与数据收集

第一节　问卷设计

一、问卷设计流程

问卷设计过程是否合理对问卷的科学有效性至关重要，并且对最终的调查结果产生显著影响[①]。马庆国提出的问卷设计流程是目前被广泛应用的问卷设计标准[②]，本书在参照此流程的基础之上结合实际情况进行问卷设计（见图4-1）。

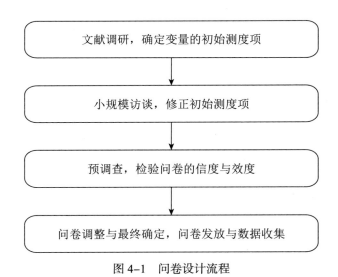

图4-1　问卷设计流程

---

①　黄涅熹.整合TTF与VAM视角的RFID手机支付用户使用意愿研究[D].杭州:浙江大学,2012.

②　马庆国.管理统计:数据获取、统计原理、SPSS工具与应用研究[M].北京:科学出版社,2005.

二、问卷结构

问卷主要由四部分组成，第一部分为问卷引言，主要对自存储和 OA 期刊的基本情况进行介绍；第二部分是认知程度的测量，主要了解科研人员对自存储和 OA 期刊的了解情况和参与状况；第三部分是变量的测量（影响因素的测量），也是调查问卷的主体内容，主要了解哪些因素影响科研人员的 OA 参与行为；第四部分为个人基本信息的测量，主要了解科研人员的基本人口统计学信息。

对于问卷中变量测量部分，所有测度项均采用 7 等级李克特量表（Likert Scale）形式进行测量，其中：1="非常不同意"；2="不同意"；3="基本不同意"；4="不清楚"；5="基本同意"；6="同意"；7="非常同意"。

三、初始测度项

（一）自存储资源提供行为的初始测度项

依照第三章提出的资源提供行为理论模型，并在文献调研与探索性访谈的基础之上，结合自存储运动的特点形成理论模型中各变量的初始测度项，如表 4-1 所示。其中，"科研信仰"测量科研人员内心对于科学研究本质的认知；"感知成本"测量科研人员进行自存储所耗费的成本，主要包括时间、精力等方面；"感知风险"测量科研人员对进行自存储时面临的风险和不确定性因素的认知，主要包括版权纠纷、遭遇剽窃等方面；"感知有用性"测量科研人员认为自存储提升自身工作绩效程度的认知，包括提升论文显示度、提高被引频次、扩大影响力和知名度等方面；"社群影响"测量科研人员的自存储行为受到其认为重要的人或机构的影响，包括同事、领导、同行等方面的影响；"促进条件"测量科研人员感知的系统或机构对其自存储行为提供的支持程度，包括管理政策、资助机构的导向等方面；"资源提供行为态度"测量科研人员对提供自存储资源的感受或评价；"资源提供行为意向"测量科研人员是否愿意在将来一段时间内将科研成果进行自存储。

表 4-1 自存储资源提供行为的初始测度项

变量名	测度项编号	测度项描述
科研信仰 [1]	REB_1	研究成果应该向用户免费开放
	REB_2	科研人员之间应该将研究成果相互共享
	REB_3	我内心支持开放存取的理念
感知成本 [2]	PCS_1	我认为进行自存储会浪费我的时间
	PCS_2	我认为进行自存储会浪费我的精力
	PCS_3	对我而言，将研究成果进行自存储是容易的
	PCS_4	我认为进行自存储是成本低、回报高的行为
感知风险 [3]	PRS_1	我认为将研究成果进行自存储会面临较大的风险
	PRS_2	我认为将发表之前的研究成果进行自存储会导致研究成果无法在期刊上发表
	PRS_3	我认为将发表后的研究成果进行自存储会导致与期刊社之间发生版权纠纷
	PRS_4	我认为将研究成果进行自存储会加大被剽窃/抄袭的可能性

---

[1] KIM J.Faculty self-archiving behavior：factors affecting the decision to self-archive[D]. Michigan：University of Michigan,2008；李武．科研人员接受 OA 知识库的影响因素研究［D]．北京：北京大学,2009；苏小波．科研人员接受开放获取期刊出版的影响因素分析——以知识共享为视角［J].图书馆,2014（5）：23-27,30.

[2] SWAN A,BROWN S. Open access self-archiving：an author study[R/OL]. [2019-02-25]. http：//www. jisc. ac. uk/uploaded_documents/Open%20Access%20Self%20Archiving-an%20author%20study. pdf；SINGEH F W,ABRIZAH A,KARIM N H A. Malaysian authors' acceptance to self-archive in institutional repositories：towards a unified view[J]. The electronic library,2013,31(2)：188-207.

[3] 李武．科研人员接受 OA 知识库的影响因素实证研究［J].中国图书馆学报,2010（3）：57-66；刘齐平．科研人员参与开放存取的意愿及效果研究［D].武汉：华中师范大学,2013；MERELO R,RODRÍGUEZ-GAIRÍN J M,ABAD M F.Journal author rights and self-archiving：the case of Spanish journals[J].Learned publishing,2014,27(2)：107-119.

续表

变量名	测度项编号	测度项描述
感知有用性 ①	PSU_1	通过自存储可以使研究成果更容易被读者获取
	PSU_2	通过自存储可以使研究成果拥有更多的读者
	PSU_3	通过自存储可以提升研究成果的被引次数
	PSU_4	通过自存储可以有效地对研究成果进行长期保存
	PSU_5	将研究成果进行自存储可以使我与读者更方便地进行交流与反馈
	PSU_6	将研究成果进行自存储有助于提高我在同行中的知名度
社群影响 ②	SIS_1	若我的同事或领导建议/推荐我进行自存储，对我的决定（是否将研究成果进行自存储的决定，下同）有较大影响
	SIS_2	若我的同行或朋友建议/推荐我进行自存储，对我的决定有较大影响
	SIS_3	若我所在单位倡导和宣传自存储，对我的决定有较大影响
	SIS_4	若课题资助机构倡导和宣传自存储，对我的决定有较大影响

---

① DAVIS F D. Perceived usefulness, perceived ease of use, and user acceptance of information technology[J]. MIS quarterly, 1989, 13(3):319-339; COLEMAN A. Self-archiving and the copyright transfer agreements of ISI-ranked library and information science journals[J]. Journal of the American society for information science and technology, 2007, 58(2):286-296; ABRIZAH A, HILMI M, KASSIM N A. Resource-sharing through an inter-institutional repository motivations and resistance of library and information science scholars[J]. The electronic library 2015, 33(4):730-748; OKEJI C C, EZE M E, CHIBUEZE N M. Awareness and use of self archiving options among academic librarians in Nigerian universities[J]. Global Knowledge, memory and communication, 2019, 68(1/2):2-16.

② VENKATESH V, MORRIS M G, DAVIS G B, et al. User acceptance of information technology: toward a unified view[J]. MIS quarterly, 2003, 27(3):425-478; 李武. 科研人员接受 OA 知识库的影响因素研究 [D]. 北京: 北京大学, 2009; DULLE F W, MAJANJA M K M. The suitability of the Unified Theory of Acceptance and Use of Technology (UTAUT) model in open access adoption studies[J]. Information development, 2011, 27(1):32-45.

续表

变量名	测度项编号	测度项描述
促进条件 [①]	FCS_1	若我所在的单位制定了自存储激励政策，将会对我的决定有较大影响
	FCS_2	若课题资助机构优先考虑承诺将课题研究成果进行自存储的申请，将会对我的决定有较大影响
	FCS_3	若我所在的单位或学科的相关协会建立了自存储平台，将会对我的决定有较大影响
	FCS_4	若我所在的单位有专人对科研人员的自存储进行管理、培训和协助，将会对我的决定有较大影响
资源提供行为态度 [②]	DBA_1	我认为将研究成果进行自存储是很好的事情
	DBA_2	我认为将研究成果进行自存储是有价值的事情
	DBA_3	我认为将研究成果进行自存储是有意义的事情
资源提供行为意向 [③]	DBI_1	我愿意将我的研究成果通过自存储免费开放
	DBI_2	我估计会将自己的研究成果通过自存储免费开放
	DBI_3	我会尝试将自己的研究成果通过自存储免费开放

（二）自存储资源利用行为的初始测度项

以第三章提出的资源利用行为理论模型为基础，结合自存储运动的特点形成各变量的初始测度项，如表 4-2 所示。其中，"感知任务/自存储匹配度"

①　VENKATESH V，MORRIS M G，DAVIS G B，et al.User acceptance of information technology：toward a unified view[J].MIS quarterly，2003，27(3)：425-478；KIM J.Faculty self-archiving behavior：factors affecting the decision to self-archive[D]. Michigan：University of Michigan，2008；张智雄，黄金霞，王颖，等 . 国际预印本平台的主要发展态势研究 [J]. 数字图书馆论坛，2017（10）：2-7.

②　DAVIS F D. Perceived usefulness，perceived ease of use，and user acceptance of information technology[J]. MIS quarterly，1989，13(3)：319-339.

③　DAVIS F D.Perceived usefulness，perceived ease of use，and user acceptance of information technology[J].MIS quarterly，1989，13(3)：319-339；李武 . 科研人员接受 OA 知识库的影响因素研究 [D]. 北京：北京大学，2009；LAAKSO M，POLONIOLI A.Open access in ethics research：an analysis of open access availability and author self-archiving behaviour in light of journal copyright restrictions[J].Scientometrics，2018，116(1)：291-317.

测量科研人员对自存储资源与科研任务匹配程度的认知；"感知利用风险"测量科研人员对其利用自存储资源时面临风险的认知；"感知资源有用性"测量科研人员作为利用者对自存储资源价值的认知；"社群影响"测量科研人员认为重要的人或机构对其利用自存储资源意愿的影响；"促进条件"测量科研人员认为现有技术或组织对其利用自存储资源所提供的支持程度；"资源利用行为态度"测量科研人员对利用自存储资源的感受或评价；"资源利用行为意向"测量科研人员在进行研究时是否愿意将自存储资源作为一种信息源。

表 4-2　自存储资源利用行为的初始测度项

变量名	测度项编号	测度项描述
感知任务/自存储匹配度 [①]	PTSF_1	在帮助我完成科研任务/撰写论文时自存储资源是有价值的
	PTSF_2	在帮助我完成科研任务/撰写论文时自存储资源是合适的
感知利用风险 [②]	PURS_1	与期刊论文相比，自存储资源的质量缺乏足够保障
	PURS_2	与利用期刊论文相比，利用自存储资源会面临着更大的风险
	PURS_3	与引用期刊论文相比，引用自存储资源会加大引用错误数据/观点的风险
	PURS_4	在我的论文中引用自存储资源，会降低论文被期刊社录用的概率

---

① GOODHUE D L, THOMPSON R L. Task-technology fit and individual performance[J]. MIS quarterly, 1995, 19(2): 213-236; ZHOU T, LU Y, WANG B. Integrating TTF and UTAUT to explain mobile banking user adoption[J]. Computers in human behavior, 2010, 26(4): 760-767.

② DAVIS P M, CONNOLLY M J L. Institutional repositories: evaluating the reasons for non-use of Cornell University's installation of DSpace[J/OL]. D-Lib magazine, 2007, 13(3/4)[2019-02-25]. http://www.dlib.org/dlib/march07/davis/03davis.html; CREASER C. Open access to research outputs—institutional policies and researchers' views: results from two complementary surveys[J]. New review of academic librarianship, 2010, 16(1): 4-25.

续表

变量名	测度项编号	测度项描述
感知资源 有用性 ①	PSRU_1	自存储资源能让我免费了解到前人的研究状况
	PSRU_2	自存储资源能让我了解到本领域内最新的研究成果
	PSRU_3	我能从自存储资源中找到一些难以从传统学术交流途径获取的灰色文献
	PSRU_4	自存储资源能让我的研究少走弯路，提高研究效率
社群影响 ②	SISL_1	若我的同事或领导建议/推荐我利用自存储资源，对我的决定（指是否将利用自存储资源，下同）有较大影响
	SISL_2	若我的同行或朋友建议/推荐我利用自存储资源，对我的决定有较大影响
促进条件 ③	FCSL_1	图书馆是否对现有的自存储资源进行有效组织和揭示，将会对我的决定产生较大影响
	FCSL_2	是否能方便快捷地找到自存储资源，将会对我的决定产生较大影响
	FCSL_3	我所在的单位或相关协会是否已经建立了自存储平台，将会对我的决定有较大影响

---

① DAVIS F D.Perceived usefulness, perceived ease of use, and user acceptance of information technology[J].MIS quarterly,1989,13(3):319-339;KIM J.Motivations of faculty self-archiving in institutional repositories[J].The journal of academic librarianship,2011,37(3):246-254；王中晶,袁勤俭. 开放存取知识库用户使用意愿的影响因素研究 [J]. 情报科学,2016（8）:12-18.

② VENKATESH V,MORRIS M G,DAVIS G B,et al. User acceptance of information technology:toward a unified view[J]. MIS quarterly,2003,27(3):425-478;ABRIZAH A,HILMI M,KASSIM N A. Resource-sharing through an inter-institutional repository motivations and resistance of library and information science scholars[J]. The electronic library,2015,33(4):730-748.

③ 周庆梅,梁冬莹,张木兰. 我国"985"工程院校图书馆开放存取资源调查分析 [J]. 情报科学,2010（6）:879-883;麦淑平. 高校图书馆对 OA 资源的组织与揭示——以"211 工程"院校为例 [J]. 情报资料工作,2010（6）:66-71.

续表

变量名	测度项编号	测度项描述
资源利用行为态度[①]	SUBA_1	我认为在研究时将自存储资源作为一种信息源加以利用是很好的事情
	SUBA_2	我认为在研究时将自存储资源作为一种信息源加以利用是有必要的事情
	SUBA_3	我认为在研究时将自存储资源作为一种信息源加以利用是值得做的事情
资源利用行为意向[②]	SUBI_1	我愿意在未来进行研究时将自存储资源作为一种信息源加以利用
	SUBI_2	我估计在未来进行研究时将自存储资源作为一种信息源加以利用
	SUBI_3	我会尝试在未来进行研究时将自存储资源作为一种信息源加以利用

（三）OA 期刊资源提供行为的初始测度项

根据第三章提出的资源提供行为模型，利用文献调研和探索性访谈所得的初步结论，并结合 OA 期刊发展的特点得到各变量的初始测度项，如表 4-3 所示。其中，"科研信仰"测量科研人员内心对于科学研究本质的认知；"感知成本"测量科研人员向 OA 期刊投稿需要耗费的成本，主要包括出版费用、时间、精力等方面；"感知风险"测量科研人员对论文发表在 OA 期刊上所面临的风险和不确定性因素的认知，主要包括是否被学术机构/同行认可等方面；"感知有用性"测量科研人员认为在 OA 期刊上发表论文对提升自身工作绩效程度的认知，包括提升论文显示度、提高被引频次、扩大影响力和知

---

① DAVIS F D. Perceived usefulness, perceived ease of use, and user acceptance of information technology[J]. MIS quarterly, 1989, 13(3): 319-339.

② DAVIS F D. Perceived usefulness, perceived ease of use, and user acceptance of information technology[J]. MIS quarterly, 1989, 13(3): 319-339; SINGEH F W, ABRIZAH A, KARIM N H A. Malaysian authors' acceptance to self-archive in institutional repositories: towards a unified view[J]. The electronic library, 2013, 31(2): 188-207.

名度等方面;"社群影响"测量科研人员在决定是否向 OA 期刊投稿时受到其认为重要的人或机构的影响,包括同事、领导、同行、学术机构、课题资助机构等方面的影响;"促进条件"测量科研人员感知的系统或机构对其向 OA 期刊投稿所提供的支持程度,包括管理政策、资助机构的导向等方面;"资源提供行为态度"测量科研人员对于向 OA 期刊投稿的感受或评价;"资源提供行为意向"测量科研人员是否愿意在将来一段时间内将科研成果投往 OA 期刊。

表 4–3 OA 期刊资源提供行为的测度项

变量名	测度项编号	测度项描述
科研信仰 [①]	REB_1	我认为研究成果就应该向用户免费开放
	REB_2	我认为科研人员之间应该将研究成果相互共享
	REB_3	我内心支持开放存取的理念
感知成本 [②]	PCJ_1	往 OA 期刊投稿会浪费我的时间
	PCJ_2	往 OA 期刊投稿会浪费我的精力
	PCJ_3	我需要支付较多的出版费用才能在 OA 期刊上发表论文
	PCJ_4	总体而言,往 OA 期刊投稿是一项成本低、回报高的行为

[①] KIM J. Faculty self-archiving behavior:factors affecting the decision to self-archive[D]. Michigan:University of Michigan,2008;李武 . 科研人员接受 OA 知识库的影响因素研究 [D]. 北京:北京大学,2009;苏小波 . 科研人员接受开放获取期刊出版的影响因素分析——以知识共享为视角 [J]. 图书馆,2014(5):23-27,30.

[②] TARRAGÓ N,MOLINA J C. The open access movement and Cuban health research work: an author survey[J]. Health information and libraries journal,2010,27(1):66-74;SILER K,HAUSTEIN S,SMITH E,et al. Authorial and institutional stratification in open access publishing:the case of global health research[J/OL]. Peerj,2018(6)[2020-02-25]. http://europepmc. org/articles/PMC5822836/.

续表

变量名	测度项编号	测度项描述
感知风险①	PRJ_1	我认为将论文发表在 OA 期刊上会面临较大的风险
	PRJ_2	我所在的单位在考核科研业绩时，可能不认可发表在 OA 期刊上的论文
	PRJ_3	国内现有的学术评价机制可能不认可发表在 OA 期刊上的论文
	PRJ_4	发表在 OA 期刊上的论文可能在职称晋升、岗位聘任时不被认可
	PRJ_5	论文发表在 OA 期刊上有可能不被同行认可
	PRJ_6	论文发表在 OA 期刊上，会加大被剽窃/抄袭的可能性
感知有用性②	PJU_1	论文发表在 OA 期刊上可以使研究成果更容易被读者获取
	PJU_2	论文发表在 OA 期刊上可以使研究成果拥有更多的读者
	PJU_3	论文发表在 OA 期刊上可以提升被引次数
	PJU_4	OA 期刊可以加快论文的发表速度
	PJU_5	论文发表在 OA 期刊上有助于研究成果的长期保存
	PJU_6	论文发表在 OA 期刊上有助于提高我在同行中的知名度

---

① 王应宽. 中国科技学术期刊的开放存取出版研究 [D]. 北京：北京大学,2006；DULLE F W,MAJANJA M K M.The suitability of the Unified Theory of Acceptance and Use of Technology(UTAUT) model in open access adoption studies[J].Information development,2011,27(1)：32-45；祝琳琳,周莹. 开放获取期刊用户使用意愿分析 [J]. 图书馆学研究,2016（2）:57-63.

② 王应宽. 中国科技界对开放存取期刊认知度与认可度调查分析 [J]. 中国科技期刊研究,2008,19（5）:753-762；ROWLEY J,JOHNSON F,SBAFFI L,et al.Academics' behaviors and attitudes towards open access publishing in scholarly journals[J]. Journal of the association for information science and technology,2017,68(5):1201-1211；陈秀娟,郭进京. 科研人员选择巨型 OA 期刊发文的影响因素分析——以 PLoS ONE 为例 [J]. 中国科技期刊研究,2018（6）:585-591.

续表

变量名	测度项编号	测度项描述
社群影响①	SIJ_1	若我的同事或领导建议/推荐我向 OA 期刊投稿，对我的决定（指是否向 OA 期刊投稿，下同）有较大影响
	SIJ_2	若我的同行或朋友建议/推荐我向 OA 期刊投稿，对我的决定有较大影响
	SIJ_3	若我所在单位倡导和宣传向 OA 期刊投稿，对我的决定有较大影响
	SIJ_4	若课题资助机构倡导和宣传向 OA 期刊投稿，对我的决定有较大影响
促进条件②	FCJ_1	若我所在的单位制定了 OA 激励政策，将会对我的决定有较大影响
	FCJ_2	若课题资助机构优先考虑承诺将课题研究成果发表在 OA 期刊上的申请，将会对我的决定有较大影响
	FCJ_3	若 OA 期刊具有较高的声誉，将会对我的决定有较大影响
	FCJ_4	若 OA 期刊能被现有的引文索引收录（如 SCI、SSCI 收录），将会对我的决定有较大影响

---

① VENKATESH V, MORRIS M G, DAVIS G B, et al. User acceptance of information technology: toward a unified view[J]. MIS quarterly, 2003, 27(3): 425−478; DULLE F W, MAJANJA M K M. The suitability of the Unified Theory of Acceptance and Use of Technology (UTAUT)model in open access adoption studies[J]. Information development, 2011, 27(1): 32−45.

② VENKATESH V, MORRIS M G, DAVIS G B, et al. User acceptance of information technology: toward a unified view[J]. MIS quarterly, 2003, 27(3): 425−478; DULLE F W, MAJANJA M K M. The suitability of the Unified Theory of Acceptance and Use of Technology (UTAUT)model in open access adoption studies[J]. Information development, 2011, 27(1): 32−45.

续表

变量名	测度项编号	测度项描述
资源提供行为态度 [1]	CBA_1	我认为往 OA 期刊投稿是很好的事情
	CBA_2	我认为往 OA 期刊投稿是有必要的事情
	CBA_3	我认为往 OA 期刊投稿是值得做的事情
资源提供行为意向 [2]	CBI_1	我愿意往 OA 期刊投稿
	CBI_2	我估计会往 OA 期刊投稿
	CBI_3	我会尝试往 OA 期刊投稿

（四）OA 期刊资源利用行为的初始测度项

以第三章提出的理论模型为基础，并结合文献调研与探索性访谈所得的初步结论，得到各变量的初始测度项，如表 4-4 所示。其中，"感知任务/OA 期刊匹配度"测量科研人员对 OA 期刊资源与科研任务匹配程度的认知；"感知利用风险"测量科研人员对其利用 OA 期刊资源时面临风险的认知；"感知资源有用性"测量科研人员作为利用者对 OA 期刊资源价值的认知；"社群影响"测量科研人员认为重要的人或机构对其利用 OA 期刊资源意愿的影响；"促进条件"测量科研人员认为现有技术或组织对其利用 OA 期刊资源所提供的支持程度；"资源利用行为态度"测量科研人员对利用 OA 期刊资源的感受或评价；"资源利用行为意向"测量科研人员在进行研究时是否愿意将 OA 期刊资源作为一种信息源。

---

[1] DAVIS F D. Perceived usefulness, perceived ease of use, and user acceptance of information technology[J]. MIS quarterly, 1989, 13(3):319-339.

[2] DAVIS F D. Perceived usefulness, perceived ease of use, and user acceptance of information technology[J]. MIS quarterly, 1989, 13(3):319-339; JOUNG K H, ROWLEY J. Medical and health sciences academics' behaviours and attitudes towards open access publishing in scholarly journals: a perspective from South Korea[J]. Information development, 2019, 35(2): 191-202.

表4-4 OA期刊资源利用行为的初始测度项

变量名	测度项编号	测度项描述
感知任务/OA期刊匹配度①	PTJF_1	在帮助我完成科研任务/撰写论文时OA期刊资源是有价值的
	PTJF_2	在帮助我完成科研任务/撰写论文时OA期刊资源是合适的
感知利用风险②	PURJ_1	与传统期刊论文相比，OA期刊论文的质量缺乏足够的保障
	PURJ_2	与引用传统期刊论文相比，引用OA期刊论文会加大引用错误数据/观点的风险
	PURJ_3	在我的论文中引用OA期刊资源，会降低论文被期刊社录用的概率
感知资源有用性③	PJRU_1	OA期刊资源能让我免费了解到前人的研究状况
	PJRU_2	OA期刊资源能让我了解到本领域内最新的研究成果
	PJRU_3	OA期刊资源能让我的研究少走弯路，提高研究效率

---

① GOODHUE D L，THOMPSON R L. Task-technology fit and individual performance[J]. MIS quarterly，1995，19(2)：213-236；ZHOU T，LU Y，WANG B. Integrating TTF and UTAUT to explain mobile banking user adoption[J]. Computers in human behavior，2010，26(4)：760-767.

② 胡德华.生物医学类开放存取期刊学术质量评价及其评价体系研究[D].长沙：中南大学，2009；TIESSEN S D，DARBY R，GOERNER B，et al.Open access journals：what publishers offer，what researchers want[J].Information services and use，2011，31(1/2)：85-91；BOUKACEM-ZEGHMOURI C，DILLAERTS H，LAFOUGE T，et al.French publishing attitudes in the open access era：the case of mathematics，biology，and computer science[J].Learned publishing，2018，31(4)：345-354.

③ UTULU S C A，BOLARINWA O.Open access initiatives adoption by Nigerian academics[J].Library review，2009，58(9)：660-669；王梅玲，吴萱.图书资讯学学者开放近用期刊使用研究[J].图书与资讯学刊，2010（4）：1-24.

续表

变量名	测度项编号	测度项描述
社群影响①	SIJL_1	若我的同事或领导建议/推荐我利用 OA 期刊资源，对我的决定（指是否将利用 OA 期刊资源，下同）有较大影响
	SIJL_2	若我的同行或朋友建议/推荐我利用 OA 期刊资源，对我的决定有较大影响
促进条件②	FCJL_1	图书馆是否对现有的 OA 期刊资源进行有效组织和揭示，将会对我的决定产生较大影响
	FCJL_2	是否能方便快捷地找到 OA 期刊资源，将会对我的决定产生较大影响
	FCJL_3	现在是否已有与我研究兴趣相关的 OA 期刊，将会对我的决定有较大影响
	FCJL_4	OA 期刊是否被知名引文索引收录（如 SCI、SSCI），将会对我的决定有较大影响
资源利用行为态度③	JUBA_1	我认为在研究时将 OA 期刊资源作为一种信息源加以利用是很好的事情
	JUBA_2	我认为在研究时将 OA 期刊资源作为一种信息源加以利用是有必要的事情
	JUBA_3	我认为在研究时将 OA 期刊资源作为一种信息源加以利用是值得做的事情

①② VENKATESH V,MORRIS M G,DAVIS G B,et al. User acceptance of information technology:toward a unified view[J]. MIS quarterly,2003,27(3):425-478;DULLE F W, MAJANJA M K M. The suitability of the Unified Theory of Acceptance and Use of Technology (UTAUT)model in open access adoption studies[J]. Information development,2011,27(1):32-45.

③ DAVIS F D. Perceived usefulness,perceived ease of use,and user acceptance of information technology[J]. MIS quarterly,1989,13(3):319-339.

变量名	测度项编号	测度项描述
资源利用行为意向 [①]	JUBI_1	我愿意在未来进行研究时将 OA 期刊资源作为一种信息源加以利用
	JUBI_2	我估计在未来进行研究时会将 OA 期刊资源作为一种信息源加以利用
	JUBI_3	我会尝试在未来进行研究时将 OA 期刊资源作为一种信息源加以利用

四、测度项的初步调整

虽然问卷设计已参考了现有的相关文献和探索性访谈结果，各初始测度项已经具备了一定的合理性，但考虑到问卷质量对研究结果有着非常重要的影响，为了进一步保证问卷的科学性和合理性，笔者就如下几个方面征求了 10 位科研人员（1 位教授、1 位副教授、2 位讲师、1 位馆员、5 位博士生）的意见：①测度项是否符合研究的实际背景；②测度项的措辞是否得当；③测度项是否用词准确；④测度项的语法表达是否正确；⑤测度项是否容易理解；⑥测度项是否包含暗示成分；⑦测度项题量是否太多；⑧测度项是否全部覆盖了所有需要测量的变量；⑨测度项是否可以有效地测量所属变量；⑩是否有需要删除或增加的测度项。

根据反馈意见，对测度项进行了如下的修改与调整：

（1）将调查内容设计成 2 份问卷，分别为"科研人员的自存储参与行为"调查问卷和"科研人员的 OA 期刊参与行为"调查问卷。

（2）考虑到如果让同一个调查对象回答 2 份问卷，将很有可能大幅度降低其参与调查的积极性，导致问卷回收率过低，因此将 2 份问卷分发给不同的科研人员进行调查，以提升问卷的回收率。

---

① DAVIS F D. Perceived usefulness，perceived ease of use，and user acceptance of information technology[J]. MIS quarterly，1989，13(3)：319-339；VENKATESH V，MORRIS M G，DAVIS G B，et al. User acceptance of information technology：toward a unified view[J]. MIS quarterly，2003，27(3)：425-478.

（3）由于 PRS_1"我认为将研究成果进行自存储会面临较大的风险"中"风险"是一个模糊的概念，且后面的测度项均是风险的具体体现，因此在最终问卷中将此测度项移至最后，并调整为"总体而言，将论文进行自存储会面临较大的风险"。PRJ_1"我认为将论文发表在 OA 期刊上会面临较大的风险"也作了类似的处理。

（4）有参与人表示，PCS_4"我认为进行自存储是成本低、回报高的行为"和 PCJ_4"总体而言，往 OA 期刊投稿是一项成本低、回报高的行为"是一个复合概念，如果有人认为成本低但回报也低便无法回答此问题，并且该测度项测量的主要是效益，因此在预调查时将删除此测度项。此外，有参与人指出，如果一个变量只有 2 个测度项，调查将会面临较大风险，因此将变量"感知任务/自存储匹配度"的测度项调整为 PTSF_1"利用自存储论文支持我完成科研任务是可行的"、PTSF_2"利用自存储论文支持我完成科研任务是有价值的"和 PTSF_3"利用自存储论文支持我完成科研任务是合适的"共三项，"感知任务/OA 期刊匹配度"变量的测度项也作了相应的处理。

（5）调查问卷中如果全部用"资源"则会显得范围太广，容易导致被调查者理解出现偏差，因此在大部分测度项中都用"论文"代替了"资源"。

此外，还根据科研人员的意见对部分测度项的排序、个别字词的选择、措辞、语句结构以及问卷排版等方面进行了修改与调整。

除了上述修改与调整之外，还有如下 2 个问题：

（1）PCJ_3 测度项"我需要支付较多的出版费用才能在 OA 期刊上发表论文"可能需要调整，因为在出版费用的收取方面，国内外存在着较大区别，国外传统期刊大多不收取出版费用，而国内大部分期刊都收取版面费。

（2）有参与人指出，中间变量三个测度项"很好""有价值""有意义"缺乏有效的区分度，因变量的三个测度项也存在着类似的问题，"我愿意""我估计""我尝试"之间的区分度过小。

对于上述问题，在此阶段暂无法做出准确的判断与抉择，因此在预调查时不做修改，通过对预调查的结果分析来决定是否需要修改以及如何修改。

第二节 预调查

一、数据收集

为了提升正式调查问卷的信度和效度，在正式问卷调查之前先进行了规模较小的预调查。问卷通过问卷星（http://www.wjx.cn）网站发布，并通过发送邀请电子邮件和在科学网（http://www.sciencenet.cn）上张贴邀请函等方式邀请科研人员参与调查。预调查共持续 20 天，收到"科研人员的自存储参与行为"有效问卷 91 份，"科研人员的 OA 期刊参与行为"有效问卷 96 份。

二、信度检验

信度（reliability）主要衡量的是测量结果的一致性、稳定性和可靠性，一般采用内部一致性来描述测量工具的信度。利用 SPSS 20.0 中文版的可靠性分析功能来计算各测度项的 Cronbach's α 系数，以此反映出问卷的信度。

对于 Cronbach's α 系数，大多数学者都认为 0.70 是一个合适的标准阈值，而对于尚未验证过的变量，达到 0.60 便可接受[①]。根据上述标准，对预调查样本进行信度检验的结果如表 4-5 至表 4-8 所示：

表 4-5　自存储资源提供行为预调查样本信度检验结果

变量	Cronbach's α 系数值	测度项	测度项删除后的 Cronbach's α 系数值
科研信仰	0.836	REB_1	0.756
		REB_2	0.788
		REB_3	0.769

---

① 孙元. 基于任务—技术匹配理论视角的整合性技术接受模型发展研究 [D]. 杭州：浙江大学,2010；FORNELL C,LARCKER D F.Evaluation structural equation models with unobservable variables and measurement error[J].Journal of marketing research,1981,18(1):39-50.

续表

变量	Cronbach's α 系数值	测度项	测度项删除后的 Cronbach's α 系数值
感知成本	0.753	PCS_1	0.428
		PCS_2	0.413
		PCS_3	0.967
感知风险	0.818	PRS_1	0.770
		PRS_2	0.765
		PRS_3	0.783
		PRS_4	0.768
感知有用性	0.905	PSU_1	0.893
		PSU_2	0.892
		PSU_3	0.891
		PSU_4	0.881
		PSU_5	0.879
		PSU_6	0.894
社群影响	0.918	SIS_1	0.895
		SIS_2	0.871
		SIS_3	0.864
		SIS_4	0.938
促进条件	0.907	FCS_1	0.890
		FCS_2	0.900
		FCS_3	0.856
		FCS_4	0.872
资源提供 行为态度	0.957	DBA_1	0.958
		DBA_2	0.903
		DBA_3	0.949

续表

变量	Cronbach's α 系数值	测度项	测度项删除后的 Cronbach's α 系数值
资源提供 行为意向	0.950	DBI_1	0.972
		DBI_2	0.895
		DBI_3	0.913

从表 4-5 可以看出，若删除测度项 PCS_3、SIS_4、DBA_1 和 DBI_1，变量"感知成本""社群影响""资源提供行为态度"和"资源提供行为意向"的信度将会得到不同程度的提升。因此有必要对上述 4 个测度项进行调整，以使正式调查问卷更为合理。

表 4-6 自存储资源利用行为预调查样本信度检验结果

变量	Cronbach's α 系数值	测度项	测度项删除后的 Cronbach's α 系数值
感知任务/自存储 匹配度	0.888	PTSF_1	0.885
		PTSF_2	0.826
		PTSF_3	0.816
感知利用风险	0.804	PURS_1	0.745
		PURS_2	0.714
		PURS_3	0.695
		PURS_4	0.836
感知资源有用性	0.884	PSRU_1	0.846
		PSRU_2	0.851
		PSRU_3	0.843
		PSRU_4	0.864
社群影响	0.850	SISL_1	—
		SISL_2	—

续表

变量	Cronbach's α 系数值	测度项	测度项删除后的 Cronbach's α 系数值
促进条件	0.863	FCSL_1	0.741
		FCSL_2	0.814
		FCSL_3	0.859
资源利用 行为态度	0.900	SUBA_1	0.860
		SUBA_2	0.877
		SUBA_3	0.837
资源利用 行为意向	0.952	SUBI_1	0.944
		SUBI_2	0.902
		SUBI_3	0.940

从表 4-6 可以看出，若删除测度项 PURS_4，变量"感知利用风险"的信度将会从 0.804 提升到 0.836，因此有必要对此测度项进行调整，以使正式调查问卷更为合理。

表 4-7　OA 期刊资源提供行为预调查样本信度检验结果

变量	Cronbach's α 系数值	测度项	测度项删除后的 Cronbach's α 系数值
科研信仰	0.853	REB_1	0.815
		REB_2	0.730
		REB_3	0.836
感知成本	0.591	PCJ_1	0.025
		PCJ_2	0.134
		PCJ_3	0.974

续表

变量	Cronbach's α 系数值	测度项	测度项删除后的 Cronbach's α 系数值
感知风险	0.903	PRJ_1	0.885
		PRJ_2	0.870
		PRJ_3	0.866
		PRJ_4	0.898
		PRJ_5	0.902
		PRJ_6	0.888
感知有用性	0.841	PJU_1	0.798
		PJU_2	0.794
		PJU_3	0.802
		PJU_4	0.864
		PJU_5	0.794
		PJU_6	0.834
社群影响	0.879	SIJ_1	0.813
		SIJ_2	0.857
		SIJ_3	0.809
		SIJ_4	0.889
促进条件	0.876	FCJ_1	0.844
		FCJ_2	0.837
		FCJ_3	0.824
		FCJ_4	0.863
资源提供行为态度	0.837	CBA_1	0.687
		CBA_2	0.885
		CBA_3	0.739

续表

变量	Cronbach's α 系数值	测度项	测度项删除后的 Cronbach's α 系数值
资源提供行为意向	0.907	CBI_1	0.886
		CBI_2	0.824
		CBI_3	0.889

从表 4-7 可以看出，若删除测度项 PCJ_3、PJU_4、SIJ_4 和 CBA_2，变量"感知成本""感知有用性""社群影响""资源提供行为态度"的信度将会有不同程度的提升，因此有必要对上述测度项进行调整，以使正式调查问卷更为合理。

表 4-8　OA 期刊资源利用行为预调查样本信度检验结果

变量	Cronbach's α 系数值	测度项	测度项删除后的 Cronbach's α 系数值
感知任务/OA 期刊匹配度	0.926	PTJF_1	0.917
		PTJF_2	0.915
		PTJF_3	0.844
感知利用风险	0.769	PURJ_1	0.597
		PURJ_2	0.520
		PURJ_3	0.861
感知资源有用性	0.835	PJRU_1	0.831
		PJRU_2	0.778
		PJRU_3	0.693
社群影响	0.853	SIJL_1	—
		SIJL_2	—

续表

变量	Cronbach's α 系数值	测度项	测度项删除后的 Cronbach's α 系数值
促进条件	0.865	FCJL_1	0.816
		FCJL_2	0.782
		FCJL_3	0.793
		FCJL_4	0.902
资源利用行为态度	0.909	JUBA_1	0.934
		JUBA_2	0.846
		JUBA_3	0.814
资源利用行为意向	0.938	JUBI_1	0.928
		JUBI_2	0.877
		JUBI_3	0.923

从表 4-8 可以看出，若删除测度项 PURJ_3、FCJL_4 和 JUBA_1，变量"感知成本""感知利用风险""促进条件""资源提供行为态度"的信度将会有不同程度的提升，因此有必要对上述测度项进行调整，以使正式调查问卷更为合理。

三、效度检验

效度（validity）包括内容效度和建构效度，主要表示测量值与真实值的接近程度[①]。

内容效度指的是测量工具的测度项是否符合测量目的与要求，即测量内容的适合性和相符性[②]。此次调查问卷是以现有用户行为理论为基础，并结合文献调研和探索性访谈而设计的，在预调查之前也根据科研人员的反馈意见对测度项进行了完善，因此在一定程度上保证了变量测量的内容效度。

---

① 张文彤. SPSS 统计分析高级教程 [M]. 北京:高等教育出版社,2004:364.

② 黄涅熹. 整合 TTF 与 VAM 视角的 RFID 手机支付用户使用意愿研究 [D]. 杭州:浙江大学,2012.

建构效度包括收敛效度和区分效度，反映的是测度项所测到的概念与理论意图一致性程度。在预调查中一般采用探索性因子分析来同时进行收敛效度和区分效度的检验[①]。

KMO（Kaiser-Meyer-Olkin）检验和巴特莱特（Bartlett）球形检验是判断能否进行探索性因子分析的标准。对于 KMO 检验，其值越接近 1.00，则越适合进行因子分析，若 KMO 值在 0.50 以下，则不适合进行因子分析。一般当 KMO 值大于 0.70 时进行因子分析即是较为适合的。同时，巴特莱特统计值要显著异于 0 才适合进行因子分析。

进行因子分析时，根据如下准则对测度项进行筛选：

（1）当一个测度项自成一个因子时，应予以删除或更换，原因是一个测度项并没有内部一致性。

（2）当测度项在所属因子的负载小于 0.50 时，应予以删除或更换。

（3）每一个测度项在其所属因子的负载越接近 1.00 越好，但在其他因子的负载越接近 0 越好。因此，如果一个测度项在所有因子上的负载都小于 0.50，或者在两个及以上因子的负载大于或等于 0.50（跨因子），应予以删除或更换[②]。

根据以上建构效度评价方法，利用 SPSS 20.0，采用主成分分析法，通过最大方差法旋转因子，并以特征根的值大于 1 为标准选取因子。

（一）自存储资源提供行为测度项的效度检验

1. 自变量效度检验

由于 PCS_3 和 SIS_4 没有通过信度检验，因此在效度分析时将这两个测度项剔除。利用 SPSS 20.0，对自存储资源提供行为 6 个自变量的 22 个测度项进行了检验，得到 KMO 值为 0.825，近似卡方值达到了 1558.984，自由度（df）为 231，显著性（Sig.）小于 0.001，表明适合进行因子分析。

在因子分析中，旋转在 6 次迭代后收敛，共得到 5 个特征值大于 1 的因子，结果如表 4-9 所示。

---

① 孙元 . 基于任务—技术匹配理论视角的整合性技术接受模型发展研究 [D]. 杭州：浙江大学，2010.

② 查金祥 .B2C 电子商务顾客价值与顾客忠诚度的关系研究 [D]. 杭州：浙江大学，2006.

表 4-9　自存储资源提供行为自变量测度项的探索性因子分析

	因子				
	因子 1	因子 2	因子 3	因子 4	因子 5
REB_1	0.335	0.185	0.026	0.767	−0.228
REB_2	0.165	0.196	0.041	0.833	−0.031
REB_3	0.142	0.407	−0.129	0.770	0.035
PCS_1	0.075	−0.314	0.216	−0.103	0.880
PCS_2	0.111	−0.314	0.225	−0.079	0.871
PRS_1	−0.093	−0.052	0.765	−0.007	0.260
PRS_2	−0.083	0.053	0.811	0.000	0.050
PRS_3	0.084	−0.100	0.795	0.167	0.016
PRS_4	0.073	0.063	0.815	−0.213	0.070
PSU_1	0.148	0.756	0.090	0.026	−0.298
PSU_2	0.147	0.766	−0.032	0.080	−0.236
PSU_3	0.197	0.775	−0.057	0.139	−0.072
PSU_4	0.298	0.791	−0.030	0.178	−0.116
PSU_5	0.215	0.809	0.053	0.248	−0.081
PSU_6	0.006	0.808	−0.044	0.186	−0.016
SIS_1	0.805	0.247	0.003	0.051	−0.024
SIS_2	0.873	0.167	0.029	0.133	0.030
SIS_3	0.917	0.101	−0.033	0.091	−0.050
FCS_1	0.841	0.151	0.001	0.078	0.061
FCS_2	0.761	0.185	−0.004	0.171	−0.099
FCS_3	0.868	0.049	0.040	0.062	0.127
FCS_4	0.831	0.097	−0.062	0.180	0.083
累计解释总体方差量	74.976%				

2. 中间变量效度检验

对中间变量的 3 个测度项进行了检验，得到 KMO 值为 0.709，近似卡方值为 317.650，自由度（df）为 3，显著性（Sig.）小于 0.001，表明适合进行因子分析。

表 4-10　自存储资源提供行为态度因子分析结果

测度项	因子
	1
DBA_1	0.948
DBA_2	0.981
DBA_3	0.953
累计解释总体方差量	92.290%

3. 因变量效度检验

对因变量的 3 个测度项进行了检验，得到 KMO 值为 0.725，近似卡方值为 307.245，自由度（df）为 3，显著性（Sig.）小于 0.001，表明适合进行因子分析。

表 4-11　自存储资源提供行为意向因子分析结果

测度项	因子
	1
DBI_1	0.923
DBI_2	0.974
DBI_3	0.964
累计解释总体方差量	91.058%

（二）自存储资源利用行为测度项的效度检验

1. 自变量效度检验

由于 PURS_4 没有通过信度检验，因此在效度分析时将此测度项剔除。对自存储资源利用行为 5 个自变量的 15 个测度项进行了检验，得到 KMO 值为

0.789，近似卡方值则达到了 921.275，自由度（df）为 105，显著性（Sig.）小于 0.001，表明适合进行因子分析。

在因子分析中，旋转在 5 次迭代后收敛，共得到 4 个特征值大于 1 的因子，结果如表 4-12 所示。

表 4-12　自存储资源利用行为自变量测度项的探索性因子分析

测度项	因子			
	因子 1	因子 2	因子 3	因子 4
PTSF_1	0.241	0.351	0.731	−0.175
PTSF_2	0.252	0.349	0.817	−0.008
PTSF_3	0.183	0.255	0.865	−0.172
PURS_1	0.128	−0.130	−0.015	0.888
PURS_2	−0.018	−0.033	−0.052	0.921
PURS_3	0.047	−0.135	−0.209	0.761
PSRU_1	0.253	0.817	0.182	−0.095
PSRU_2	0.125	0.753	0.344	−0.162
PSRU_3	0.136	0.840	0.265	0.002
PSRU_4	0.159	0.812	0.165	−0.151
SISL_1	0.814	0.135	0.204	0.037
SISL_2	0.821	0.064	0.237	−0.018
FCSL_1	0.876	0.187	0.157	0.115
FCSL_2	0.759	0.275	0.124	0.149
FCSL_3	0.819	0.101	0.019	−0.057
累计解释总体方差量	76.619%			

2. 中间变量效度检验

对中间变量的 3 个测度项进行了检验，得到 KMO 值为 0.748，近似卡方值为 167.637，自由度（df）为 3，显著性（Sig.）小于 0.001，表明适合进行因子分析。

表 4-13 自存储资源利用行为态度因子分析结果

测度项	因子
	1
SUBA_1	0.913
SUBA_2	0.902
SUBA_3	0.927
累计解释总体方差量	83.551%

3. 因变量效度检验

对因变量的 3 个测度项进行了检验，得到 KMO 值为 0.748，近似卡方值为 282.074，自由度（df）为 3，显著性（Sig.）小于 0.001，表明适合进行因子分析。

表 4-14 自存储资源提供行为意向因子分析结果

测度项	因子
	1
SUBI_1	0.947
SUBI_2	0.972
SUBI_3	0.949
累计解释总体方差量	91.344%

（三）OA 期刊资源提供行为测度项的效度检验

1. 自变量效度检验

由于 PCJ_3、PJU_4 和 SIJ_4 没有通过信度检验，因此在效度分析时将这 3 个测度项剔除。对 OA 期刊资源提供行为 6 个自变量的 23 个测度项进行了检验，得到 KMO 值为 0.739，近似卡方值则达到了 1753.659，自由度（df）为 253，显著性（Sig.）小于 0.001，表明适合进行因子分析。

在因子分析中，旋转在 6 次迭代后收敛，共得到 6 个特征值大于 1 的因子，结果如表 4-15 所示。

表 4-15 OA 期刊资源提供行为自变量测度项的探索性因子分析

测度项	因子					
	因子 1	因子 2	因子 3	因子 4	因子 5	因子 6
REB_1	−0.052	0.127	0.085	0.158	0.838	−0.169
REB_2	−0.090	0.260	0.030	0.069	0.870	−0.103
REB_3	0.011	0.227	0.160	−0.095	0.826	−0.102
PCJ_1	0.115	−0.155	−0.054	−0.014	−0.175	0.934
PCJ_2	0.072	−0.208	−0.056	−0.010	−0.174	0.929
PRJ_1	0.828	−0.091	−0.020	0.183	−0.101	−0.091
PRJ_2	0.878	−0.016	0.150	0.214	0.017	−0.056
PRJ_3	0.893	−0.041	0.106	0.245	0.038	−0.050
PRJ_4	0.733	0.001	0.029	0.104	−0.080	0.085
PRJ_5	0.732	0.153	0.042	−0.210	−0.007	0.190
PRJ_6	0.809	0.089	0.086	−0.234	0.004	0.181
PJU_1	−0.021	0.854	0.223	−0.014	0.130	−0.170
PJU_2	0.023	0.809	0.309	−0.032	0.186	−0.197
PJU_3	0.011	0.803	−0.012	0.280	0.125	−0.108
PJU_5	0.004	0.710	0.105	0.237	0.279	0.116
PJU_6	0.050	0.619	−0.048	0.269	0.087	−0.107
SIJ_1	0.108	0.268	0.161	0.841	−0.067	0.041
SIJ_2	0.020	0.136	0.146	0.830	0.142	−0.034
SIJ_3	0.181	0.242	0.331	0.787	0.048	−0.033
FCJ_1	0.269	0.101	0.741	0.341	0.146	−0.068
FCJ_2	0.171	0.246	0.785	0.248	0.064	0.010
FCJ_3	−0.029	0.111	0.905	0.048	0.001	−0.061
FCJ_4	0.028	0.012	0.830	0.080	0.118	−0.014
累计解释总体方差量	77.205%					

2. 中间变量效度检验

对中间变量的 3 个测度项进行了检验，得到 KMO 值为 0.666，近似卡方值为 134.976，自由度（df）为 3，显著性（Sig.）小于 0.001，表明适合进行因子分析。

表 4-16　OA 期刊资源提供行为态度因子分析结果

测度项	因子
	1
CBA_1	0.922
CBA_2	0.790
CBA_3	0.897
累计解释总体方差量	76.016%

3. 因变量效度检验

对因变量的 3 个测度项进行了检验，得到 KMO 值为 0.731，近似卡方值为 192.003，自由度（df）为 3，显著性（Sig.）小于 0.001，表明适合进行因子分析。

表 4-17　OA 期刊资源提供行为意向因子分析结果

测度项	因子
	1
CBI_1	0.907
CBI_2	0.944
CBI_3	0.905
累计解释总体方差量	84.417%

（四）OA 期刊资源利用行为测度项的效度检验

1. 自变量效度检验

由于 PURJ_3 和 FCJL_4 没有通过信度检验，因此在效度分析时将这两个测度项剔除。对 OA 期刊资源利用行为 5 个自变量的 14 个测度项进行了检验，得到 KMO 值为 0.805，近似卡方值则达到了 924.633，自由度（df）为 120，显著性（Sig.）小于 0.001，表明适合进行因子分析。

在因子分析中，旋转在 5 次迭代后收敛，共得到 4 个特征值大于 1 的因子，结果如表 4-18 所示。

表 4-18 OA 期刊资源利用行为自变量测度项的探索性因子分析

测度项	因子			
	因子 1	因子 2	因子 3	因子 4
PTJF_1	0.177	0.889	0.162	−0.120
PTJF_2	0.292	0.827	0.242	−0.136
PTJF_3	0.214	0.913	0.205	−0.085
PURJ_1	0.083	−0.143	−0.108	0.915
PURJ_2	0.123	−0.110	−0.005	0.918
PJRU_1	0.502	0.116	0.676	−0.035
PJRU_2	0.004	0.227	0.903	−0.044
PJRU_3	0.353	0.296	0.779	−0.082
SIJL_1	0.797	0.161	0.133	0.141
SIJL_2	0.800	0.105	0.096	0.204
FCJL_1	0.872	0.186	0.053	0.062
FCJL_2	0.851	0.197	0.227	−0.107
FCJL_3	0.790	0.223	0.238	0.024
累计解释总体方差量	81.221%			

2. 中间变量效度检验

对中间变量的 3 个测度项进行了检验，得到 KMO 值为 0.715，近似卡方值为 213.527，自由度（df）为 3，显著性（Sig.）小于 0.001，表明适合进行因子分析。

表 4-19　OA 期刊资源利用行为态度因子分析结果

测度项	因子
	1
JUBA_1	0.876
JUBA_2	0.936
JUBA_3	0.950
累计解释总体方差量	84.895%

3. 因变量效度检验

对因变量的 3 个测度项进行了检验，得到 KMO 值为 0.740，近似卡方值为 258.259，自由度（df）为 3，显著性（Sig.）小于 0.001，表明适合进行因子分析。

表 4-20　OA 期刊资源利用行为意向因子分析结果

测度项	因子
	1
JUBI_1	0.932
JUBI_2	0.964
JUBI_3	0.937
累计解释总体方差量	89.165%

第三节　问卷调整与发放

一、问卷调整

从上述的信度和效度检验结果可以看出，调查问卷整体质量尚可，但部分测度项还存在着一定问题。具体来说，主要有如下几方面的问题：

（1）信度检验结果显示，若将测度项 PCS_3 "对我而言，将论文进行自存储是容易的"和 PCJ_3 "我需要支付较多的出版费用才能在 OA 期刊上发表论文"删除，"感知成本"变量的 Cronbach's α 系数会显著提高，因此在正式问卷中予以删除，并补充 PCS_3 "对我而言，将论文进行自存储的成本较高"和 PCJ_3 "对我而言，将论文投向 OA 期刊的成本较高"。

（2）信度检验结果表明，若删除 SIS_4、SIJ_4 和 FCJL_4，其所属变量的 Cronbach's α 系数都将得到提升，且"社群影响"和"促进条件"两个变量的测度项大多归属于同一个因子。分析其原因，一方面是测度项的表述存在着一定问题，两个变量的测度项都采取了相同的表述，容易引起被调查者的误解；另一方面是在两个的测度项中也涉及了所在单位和课题资助机构的影响。因此将"社群影响"的测度项进行了调整，以自存储资源提供行为为例，调整后的测度项包括 SIS_1 "同事或领导的建议对我的决定（是否将论文进行自存储的决定，下同）有较大影响"、SIS_2 "同行或朋友的建议对我的决定有较大影响"、SIS_3 "知名专家的建议对我的决定有较大影响"和 SIS_4 "学术界的宣传和倡导对我的决定有较大影响"等四个方面。

（3）信度检验结果表明，若删除 PURS_4 "在我的论文中引用自存储资源，会降低论文被录用的概率"和 PURJ_3 "在我的论文中引用 OA 期刊论文，会降低论文被录用的概率"，将会提高所属变量的 Cronbach's α 系数，因此在正式问卷中予以删除，补充 PURJ_3 "整体而言，与利用传统期刊论文相比，利用 OA 期刊论文会面临着更大的风险"。

（4）信度检验结果表明，若删除 PJU_4 "OA 期刊可以加快论文的发表速度"可以提升所属变量的 Cronbach's α 系数，因此在正式问卷中予以删除。

（5）信度检验结果表明，若删除 FCJL_4 "OA 期刊是否被知名引文索引收录（如 SCI、SSCI），将会对我的决定有较大影响"，将提升所属变量的 Cronbach's α 系数，因此在正式问卷中予以删除，并补充 FCJL_4 "OA 期刊是否具有较高的影响力将会对我的决定有较大影响"。同时，探索性因子分析的结果显示，PJRU_1 存在着跨因子现象，因此在正式问卷中删除 PJRU_1 测度项。

（6）在对测度项进行初步调整时，即有参与人指出中间变量和因变量的测度项区分度不够，容易使调查对象难以区分测度项之间的区别而选择同样的评价。而调查结果也印证了这一问题，大部分调查者对中间变量和因变量对应测度项的评价等级几乎一致，也有部分调查者反映难以区分 3 个测度项之间的区别。为此，笔者再次参考了相关文献并征询了访谈对象的意见，对中间变量和因变量进行了相应调整。如将自存储资源提供行为中间变量的测度项调整为DBA_1"将论文进行自存储是一个好主意"、DBA_2"将论文进行自存储很有必要"和 DBA_3"将论文进行自存储是一个明智的选择"，因变量的测度项调整为 DBI_1"我乐意将论文通过自存储免费开放"、DBI_2"今后我会将论文通过自存储免费开放"和 DBI_3"我可能会建议他人将论文通过自存储免费开放"。

此外，笔者根据问卷调整的结果对测度项排序进行了一定的优化。最终形成的测度项如表 4-21、4-22、4-23、4-24 所示。

表 4-21　自存储资源提供行为的最终测度项

变量名	测度项编号	测度项描述
科研信仰	REB_1	研究成果应该向用户免费开放
	REB_2	科研人员之间应该将研究成果相互共享
	REB_3	我内心支持开放存取的理念
感知成本	PCS_1	将论文进行自存储会浪费我的时间
	PCS_2	将论文进行自存储会浪费我的精力
	PCS_3	对我而言，将论文进行自存储的成本较高
感知风险	PRS_1	将发表之前的论文进行自存储会导致研究成果无法在期刊上发表
	PRS_2	将发表后的论文进行自存储会导致与期刊社之间发生版权纠纷
	PRS_3	将论文进行自存储会加大被剽窃/抄袭的可能性
	PRS_4	总体而言，将论文进行自存储会面临较大的风险

变量名	测度项编号	测度项描述
感知有用性	PSU_1	通过自存储可以使论文更容易被读者获取
	PSU_2	通过自存储可以使论文拥有更多的读者
	PSU_3	通过自存储可以提升论文的被引次数
	PSU_4	通过自存储可以有效地对论文进行长期保存
	PSU_5	将论文进行自存储可以使我与读者更方便地进行交流
	PSU_6	将论文进行自存储有助于提高我在同行中的知名度
社群影响	SIS_1	同事或领导的建议对我的决定（是否将论文进行自存储的决定，下同）有较大影响
	SIS_2	同行或朋友的建议对我的决定有较大影响
	SIS_3	知名专家的建议对我的决定有较大影响
	SIS_4	学术界的宣传和倡导对我的决定有较大影响
促进条件	FCS_1	我所在的单位是否制定了自存储激励政策，对我的决定有较大影响
	FCS_2	课题资助机构是否优先考虑承诺将论文进行自存储的申请，对我的决定有较大影响
	FCS_3	我所在的单位或学科的相关协会是否建立了自存储平台，对我的决定有较大影响
	FCS_4	我所在的单位是否有专人对科研人员的自存储进行管理、培训和协助，对我的决定有较大影响
资源存储行为态度	DBA_1	将论文进行自存储是一个好主意
	DBA_2	将论文进行自存储很有必要
	DBA_3	将论文进行自存储是一个明智的选择
资源提供行为意向	DBI_1	我乐意将论文通过自存储免费开放
	DBI_2	今后我会将论文通过自存储免费开放
	DBI_3	我可能会建议他人将论文通过自存储免费开放

表 4-22 自存储资源利用行为的最终测度项

变量名	测度项编号	测度项描述
感知任务/自存储匹配度	PTSF_1	利用自存储资源支持我完成科研任务是可行的
	PTSF_2	利用自存储资源支持我完成科研任务是有价值的
	PTSF_3	利用自存储资源支持我完成科研任务是合适的
感知利用风险	PURS_1	与期刊论文相比，自存储资源的质量缺乏足够的保障
	PURS_2	与引用期刊论文相比，引用自存储资源会加大引用错误数据/观点的风险
	PURS_3	总体而言，与利用期刊论文相比，利用自存储资源会面临更大的风险
感知资源有用性	PSRU_1	自存储资源能让我免费了解到前人的研究状况
	PSRU_2	自存储资源能让我了解到本领域内最新的研究成果
	PSRU_3	我能从自存储资源中找到一些难以从传统学术交流途径获取的灰色文献
	PSRU_4	自存储资源能让我的研究少走弯路，提高研究效率
	PSRU_5	自存储资源是现有学术资源体系的一种有效补充
社群影响	SISL_1	同事或领导的建议对我的决定（是否利用自存储资源的决定，下同）有较大影响
	SISL_2	同行或朋友的建议对我的决定有较大影响
	SISL_3	知名专家的建议对我的决定有较大影响
	SISL_4	学术界的宣传和倡导对我的决定有较大影响
促进条件	FCSL_1	图书馆是否对现有的自存储资源进行有效组织和揭示，对我的决定有较大影响
	FCSL_2	是否能方便快捷地找到自存储资源，对我的决定有较大影响
	FCSL_3	我所在的单位或相关协会是否已经建立了自存储平台，对我的决定有较大影响

变量名	测度项编号	测度项描述
资源利用行为态度	SUBA_1	将自存储资源作为一种信息源加以利用是一个好主意
	SUBA_2	将自存储资源作为一种信息源加以利用很有必要
	SUBA_3	将自存储资源作为一种信息源加以利用是一个明智的选择
资源利用行为意向	SUBI_1	我乐意将自存储资源作为一种信息源加以利用
	SUBI_2	今后我会将自存储资源作为一种信息源加以利用
	SUBI_3	我可能会建议他人将自存储资源作为一种信息源加以利用

表 4-23　OA 期刊资源提供行为的最终测度项

变量名	测度项编号	测度项描述
科研信仰	REB_1	研究成果应该向用户免费开放
	REB_2	科研人员之间应该将研究成果相互共享
	REB_3	我内心支持开放存取的理念
感知成本	PCJ_1	往 OA 期刊投稿会浪费我的时间
	PCJ_2	往 OA 期刊投稿会浪费我的精力
	PCJ_3	对我而言，将论文投向 OA 期刊的成本较高
感知风险	PRJ_1	我所在单位在考核科研业绩时，可能不认可发表在 OA 期刊上的论文
	PRJ_2	国内现有的学术评价机制可能不认可发表在 OA 期刊上的论文
	PRJ_3	发表在 OA 期刊上的论文可能在职称晋升、岗位聘任时不被认可
	PRJ_4	论文发表在 OA 期刊上可能不被同行认可
	PRJ_5	论文发表在 OA 期刊上，会加大被剽窃/抄袭的可能性
	PRJ_6	总体而言，将论文发表在 OA 期刊上会面临较大的风险

续表

变量名	测度项编号	测度项描述
感知有用性	PJU_1	论文发表在 OA 期刊上可以使其更容易被读者获取
	PJU_2	论文发表在 OA 期刊上可以使其拥有更多的读者
	PJU_3	论文发表在 OA 期刊上可以提升论文的被引次数
	PJU_4	论文发表在 OA 期刊上有助于论文的长期保存
	PJU_5	论文发表在 OA 期刊上有助于提高我在同行中的知名度
社群影响	SIJ_1	同事或领导的建议对我的决定（是否向 OA 期刊投稿，下同）有较大影响
	SIJ_2	同行或朋友的建议对我的决定有较大影响
	SIJ_3	知名专家的建议对我的决定有较大影响
	SIJ_4	学术界的宣传和倡导对我的决定有较大影响
促进条件	FCJ_1	我所在的单位是否制定了 OA 激励政策，对我的决定有较大影响
	FCJ_2	课题资助机构是否优先考虑承诺将课题研究成果发表在 OA 期刊上的申请，对我的决定有较大影响
	FCJ_3	OA 期刊是否具有较高的声誉，对我的决定有较大影响
	FCJ_4	OA 期刊是否被现有的引文索引收录（如 SCI、SSCI 收录），对我的决定有较大影响
资源提供行为态度	CBA_1	往 OA 期刊投稿是一个好主意
	CBA_2	往 OA 期刊投稿很有必要
	CBA_3	往 OA 期刊投稿是一个明智的选择
资源提供行为意向	CBI_1	我乐意往 OA 期刊投稿
	CBI_2	今后我会往 OA 期刊投稿
	CBI_3	我可能会建议他人往 OA 期刊投稿

表 4-24 OA 期刊资源利用行为的最终测度项

变量名	测度项编号	测度项描述
感知任务/OA 期刊匹配度	PTJF_1	利用 OA 期刊支持我完成科研任务是可行的
	PTJF_2	利用 OA 期刊支持我完成科研任务是有价值的
	PTJF_3	利用 OA 期刊支持我完成科研任务是合适的
感知利用风险	PURJ_1	与传统期刊论文相比，OA 期刊论文的质量缺乏足够的保障
	PURJ_2	与引用传统期刊论文相比，引用 OA 期刊论文会加大引用错误数据/观点的风险
	PURJ_3	总体而言，与利用传统期刊论文相比，利用 OA 期刊论文会面临较大的风险
感知资源有用性	PJRU_1	OA 期刊能让我了解到本领域内最新的研究成果
	PJRU_2	OA 期刊能让我的研究少走弯路，提高研究效率
	PJRU_3	OA 期刊是现有学术资源体系的一种有效补充
社群影响	SIJL_1	同事或领导的建议对我的决定（是否利用 OA 期刊论文，下同）有较大影响
	SIJL_2	同行或朋友的建议对我的决定有较大影响
	SIJL_3	知名专家的建议对我的决定有较大影响
	SIJL_4	学术界的宣传和倡导对我的决定有较大影响
促进条件	FCJL_1	图书馆是否对现有的 OA 期刊资源进行有效组织和揭示，对我的决定产生较大影响
	FCJL_2	是否能方便快捷地找到 OA 期刊资源，对我的决定产生较大影响
	FCJL_3	现在是否已有与我研究兴趣相关的 OA 期刊，对我的决定有较大影响
	FCJL_4	OA 期刊是否具有较高的影响力，对我的决定有较大影响

续表

变量名	测度项编号	测度项描述
资源利用 行为态度	JUBA_1	将 OA 期刊作为一种信息源加以利用是一个好主意
	JUBA_2	将 OA 期刊作为一种信息源加以利用很有必要
	JUBA_3	将 OA 期刊作为一种信息源加以利用是一个明智的选择
资源利用 行为意向	JUBI_1	我乐意将 OA 期刊作为一种信息源加以利用
	JUBI_2	今后我会将 OA 期刊作为一种信息源加以利用
	JUBI_3	我可能会建议他人将 OA 期刊作为一种信息源加以利用

二、正式问卷发放

正式问卷的调查对象是我国高等院校或研究机构中全部或部分从事科学研究工作、直接产出研究成果的人员，包括在读博士研究生和博士后，但不包括在读硕士研究生。在调查对象确定之后，样本数是正式调查需要考虑的重要问题。样本大小主要取决于研究模型变量的多少，Tabachnick 和 Fidell 提出了一个通用的样本量计算公式：样本量>50+8 × 自变量数量[①]。也有研究人员指出，对于社会科学调查而言，要保证统计分析的有效性，最小样本数应当是自变量数量的 15 倍[②]。所构建的模型中自变量数量最多为 6 个，按此公式，确定最小样本数为 98（50+8 × 6）和 90（15 × 6）。也就是说，只要样本数超过 100 即可满足要求。不过研究需要采用 AMOS 软件进行模型的检验与修正，有研究者指出，对于 SEM 而言，大于 200 以上的样本才可以称得上是一个中型的样

---

① TABACHNICK B G, FIDELL L S. Using multivariate statistics (5th Ed.)[M]. Needham heights: Allyn & bacon, 2006: 98.

② STEVENS J. Applied multivariate statistics for the social sciences (3rd Ed.)[M]. New York: Lawrence Erlbaum, 1996: 69.

本，若要追求稳定的 SEM 分析结果，样本数量最好在 200 以上 [①]。据此，笔者将最小样本数定为 200。

正式调查采用网络问卷与随机抽样调查法，在问卷星网站发布 2 份问卷，从如下途径获取科研人员的 E-mail 并发送名为"邀请您参加关于开放存取（Open Access）的问卷调查"的邀请邮件：① Web of Science 数据库。该数据库提供通讯作者的 E-mail，通过地址字段限定为"China"的检索式并辅之以人工鉴别方法，筛选出国内的科研人员发送邀请邮件，这是最为主要的 E-mail 获取方法。②部分中文期刊。有不少中文期刊（如《情报学报》《心理发展与教育》等）提供通讯作者的 E-mail，笔者据此发送邀请邮件。③部分学术网站。在科学网、人大经济论坛等学术网站给相关用户发送邀请邮件。④部分高校网站。通过部分高校（如南京大学、北京大学等）网站获取科研人员的 E-mail，发送邀请邮件。

正式调查历时 55 天，发送邀请邮件 9000 余封，回收问卷共 685 份，其中"科研人员的自存储参与行为"问卷 348 份，"科研人员的 OA 期刊参与行为"问卷 337 份。

由于通过网络进行问卷调查存在着一定的风险，因此笔者对回收的问卷进行了清理，对于重复提交、答案有悖逻辑以及明显没有认真填写（如绝大部分题项答案相同）的问卷进行了剔除，最后得到"科研人员的自存储参与行为"有效问卷 311 份，"科研人员的 OA 期刊参与行为"有效问卷 303 份。

---

① 吴明隆 . 结构方程模型——AMOS 的操作与应用 [M].2 版 . 重庆:重庆大学出版社，2010:5.

第五章 科研人员的自存储参与行为

第一节 科研人员的自存储参与行为研究样本描述

在样本的人口统计变量方面，就性别而言，男性 210 人，占 67.5%，女性 101 人，占 32.5%；在年龄方面，31—35 岁是最主要的构成部分，其次是 26—30 岁和 36—40 岁，即 26—40 岁的中青年是本次调研的最主要人群。与此相对应的是，副高职称和中级职称的比例相对较高。具体如表 5-1 所示：

表 5-1　科研人员的自存储参与行为问卷正式样本

样本基本情况	类型	频次	比例（%）
性别	男	210	67.5
	女	101	32.5
	合计	311	100.0
年龄	25 岁以下	7	2.3
	26—30 岁	58	18.6
	31—35 岁	115	37.0
	36—40 岁	56	18.0
	41—45 岁	32	10.3
	46—50 岁	23	7.4
	51—55 岁	11	3.5
	56—60 岁	4	1.3
	60 岁以上	5	1.6
	合计	311	100.0

样本基本情况	类型	频次	比例（%）
职称	正高级职称	64	20.6
	副高职称	112	36.0
	中级职称	87	28.0
	在读博士生	25	8.0
	博士后	8	2.6
	其他	15	4.8
	合计	311	100.0

在地区分布方面，由于在线调查突破了空间限制，样本地区分布较广，共有 26 个省（自治区、直辖市）的科研人员参与了调查，其中江苏、北京和浙江的人数为 65 人、39 人和 32 人，分别占比 20.9%、12.5% 和 10.3%。地区分布如表 5-2 所示：

表 5-2 科研人员的自存储参与行为问卷的正式样本地区分布

地区	数量	比例（%）
江苏	65	20.9
北京	39	12.5
浙江	32	10.3
辽宁	20	6.4
上海	20	6.4
湖北	19	6.1
山东	12	3.9
黑龙江	11	3.5
安徽	10	3.2
湖南	10	3.2
四川	8	2.6

续表

地区	数量	比例（%）
福建	8	2.6
河南	7	2.3
广东	7	2.3
河北	6	1.9
甘肃	6	1.9
江西	6	1.9
天津	6	1.9
陕西	4	1.3
云南	4	1.3
山西	3	0.9
吉林	2	0.7
重庆	2	0.7
内蒙古	1	0.3
广西	1	0.3
其他	2	0.7
合计	311	100.0

在学科方面，按照教育部一级学科目录和二级学科目录进行了归类整理，首先将学科分成了"自然科学"和"人文社会科学"两大类，结果为"自然科学"142 人，占比 45.7%，"人文社会科学"179 人，占比 54.3%，在此基础之上，进一步对学科分布进行了整理，如将"信息管理""图书馆学""情报学"统一为"图书馆、情报与档案管理"，将"工商管理""人力资源管理""公共管理""财务管理"统一为"工商管理"。结果表明"图书馆、情报与档案管理""工商管理""经济学""物理学""管理科学与工程"等学科的人数较多。

第二节 科研人员对自存储的认知和参与现状分析

本节采取频次分布等方法展开描述性分析，以明确我国科研人员对自存储的认知和参与现状。

一、对自存储的认知现状分析

OA 运动从 20 世纪 90 年代开始在欧美等发达国家兴起，距今已有 20 多年的发展历史，自存储作为 OA 运动的两条途径之一也受到了较多关注。尤其是进入新世纪后，随着机构知识库的发展，其相关问题更是成为业界的研究热点。此次调查表明，有 24.8%（77 人）的科研人员表示对自存储"完全不了解"，"有一定的了解"的比例为 70.1%（218 人），5.1%（16 人）的科研人员则选择了"有深入的了解"。

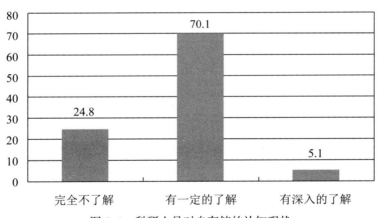

图 5-1 科研人员对自存储的认知现状

王应宽和李武分别在 2006 年和 2009 年进行了类似的调查，王应宽的调研表明科研人员对 OA "不知道"、"知道一点"和"很熟悉"的比例分别为 42.0%、52.5% 和 5.5%[①]；李武的调查发现 28.9% 的科研人员对 OA "完全不了解"，

---

① 王应宽. 中国科技学术期刊的开放存取出版研究 [D]. 北京:北京大学,2006.

"有一定的了解"和"有深入的了解"比例分别为63.3%和7.8%①。据此可以看出，对 OA 完全不了解的比例逐年下降，有一定了解的比例持续上升，且目前已有超过 75% 的科研人员对自存储有所了解，这表明对大多数科研人员而言，OA 已经不再是一个陌生的新事物。

二、参与自存储的现状分析

（一）自存储论文数量及途径

针对"您是否通过个人主页/博客、机构知识库/学科知识库免费公开过自己的学术论文？"的问题，39.2%（122 人）的科研人员表示"从来没有"，选择"1—3 篇"的比例为 32.8%。这表明虽然 OA 对于科研人员来说已经不是陌生的概念，但科研人员的参与程度有限。具体如 5-3 所示。

表 5-3 我国科研人员自存储论文的数量分布

自存储论文数量	人数	比例（%）
从来没有	122	39.2
1—3 篇	102	32.8
4—6 篇	34	10.9
7—9 篇	18	5.8
10 篇及以上	35	11.3
合计	311	100.0

在自存储的途径方面，随着机构知识库、学科知识库的发展，自存储途径不再只局限于传统的个人/研究团队主页。调查结果表明，有 64 人曾经通过机构知识库进行自存储，选择"中国科技论文在线"等学科知识库进行自存储的人数则达到了 88 人。此外，随着学术性交流平台影响力的扩大，不少科研人员选择科学网、人大经济论坛等学术性网站免费公开自己的研究成果。具体情况如表 5-4 所示。

---

① 李武 . 科研人员接受 OA 知识库的影响因素研究 [D]. 北京 : 北京大学 , 2009.

表 5-4　我国科研人员的自存储途径分布

自存储途径	人数	比例（%）
个人/研究团队主页	65	34.4
机构知识库	64	33.9
学科知识库	88	46.6
其他学术网站	59	31.2

（二）主要 OA 知识库的使用现状

就 OA 知识库而言，arXiv.org 是最为典型的代表，该库是全球建设最早也是影响力最大的综合性学科知识库，存储在其中的论文涉及物理学、计算机科学、数学等多个学科领域。"中国科技论文在线"、"奇迹文库"和"中国预印本服务系统"是国内最具代表性的 OA 知识库，且不少高校图书馆都已经为这些资源提供了链接入口。因此笔者以上述 4 个 OA 知识库为代表，调查科研人员对现有 OA 知识库的使用现状，结果如表 5-5 所示。

表 5-5　主要 OA 知识库的使用现状

OA 知识库名称	人数	比例（%）
中国科技论文在线	215	69.1
奇迹文库	24	7.7
中国预印本服务系统	63	20.3
arXiv.org	49	15.8
都没有浏览过	59	19.0

从表 5-5 可以看出，超过 80% 的科研人员至少浏览过 1 个 OA 知识库，其中"中国科技论文在线"的利用最为广泛，有近 70% 的科研人员曾经浏览过该学科知识库，其次是"中国预印本服务系统"和 arXiv.org。"中国科技论文在线"是目前国内运行情况最为理想的综合性 OA 知识库，不仅资源建设进展较为顺利，影响力也逐步扩大，利用的人数最多也就不难理解了。

三、科研人员对自存储认知和参与现状的分组分析

采用独立样本 t 检验和单因素方差分析法对相关数据进行分析，以明确性别、年龄、职称、地区和学科是否对科研人员的认知和参与现状产生影响。t 检验和方差分析是最常用的统计推断方法，独立样本 t 检验主要用于比较两个相互独立的样本之间平均数是否存在着差异，主要用于性别和学科等属于两个母群体的数据分析[①]。单因素方差分析主要用于检验完全随机设计的多个样本之间均数的区别，主要用于年龄、职称和地区等属于 3 个及 3 个以上母群体的数据分析。若单因素方差分析结果达到显著水平，则采用最小显著性差异（LSD）检验法进行两两群体比较。

（一）基于性别的分组分析

采用独立样本 t 检验法分析性别对我国科研人员自存储参与行为的影响，所得结果如表 5-6 所示：

表 5-6   性别与科研人员自存储参与行为的独立 t 检验结果

		方差齐性的 Levene 检验		均值齐性的 t 检验					差分的 95% 置信区间	
		F	p 值	t	df	p 值	均值差值	标准误差值	下限	上限
CYS_1	假设方差相等	28.972	<0.001	−1.378	309.000	0.169	−0.085	0.062	−0.207	0.036
	假设方差不相等			−1.580	278.343	0.115	−0.085	0.054	−0.191	0.021
CYS_2	假设方差相等	31.354	<0.001	6.503	309.000	<0.001	0.971	0.149	0.677	1.265
	假设方差不相等			7.504	281.936	<0.001***	0.971	0.129	0.716	1.226

---

① 张文彤,邝春伟 .SPSS 统计分析基础教程 [M].2 版 . 北京:高等教育出版社,2011.

		方差齐性的 Levene 检验		均值齐性的 t 检验					差分的 95% 置信区间	
		F	p 值	t	df	p 值	均值 差值	标准 误差值	下限	上限
CYS_3	假设方差 相等	67.331	<0.001	4.391	309	<0.001	0.203	0.046	0.112	0.294
	假设方差 不相等			3.892	148.794	<0.001***	0.203	0.052	0.100	0.306

***：$p < 0.001$；**：$p < 0.01$；*：$p < 0.05$

注：CYS_1：是否了解自存储，反映科研人员对自存储的认知度；CYS_2：通过个人主页/博客、机构知识库/学科知识库免费公开学术论文的数量，反映科研人员自存储资源的提供行为现状；CYS_3：是否浏览过 arXiv 和国内三大学科知识库，主要反映科研人员对 OA 知识库的实际使用行为。下同。

从表 5-6 可看出，不同性别的科研人员在是否了解自存储方面不存在显著差异，而在资源提供行为和实际使用行为方面存在着显著差异。进一步的分析发现，大部分女性科研人员从来没有进行过自存储，相比之下，男性科研人员的参与度明显更高，更多的男性科研人员已经有免费公开学术论文的经历，也相对更加熟悉 arXiv.org 等学科知识库。

（二）基于年龄的分组分析

将科研人员的年龄分成 4 个组，分别是 30 岁以下、31—40 岁、41—50 岁和 50 岁以上，并采用单因素方差分析法检验不同组之间均数差异的显著性意义。结果发现，不同年龄的科研人员在是否了解自存储和对典型 OA 知识库的实际使用行为方面不存在显著差异。随着 OA 概念的逐步普及，不同年龄段的科研人员都对 OA 运动有所了解，因此在认知情况和实际使用行为等方面不存在着显著差异也在情理之中，不过在自存储资源的提供行为方面，不同年龄段的科研人员存在着显著差异（见表 5-7）。具体而言，相比于 40 岁及以下（30 岁以下和 31—40 岁）的科研人员，40 岁以上（41—50 岁和 50 岁以上）的科研人员已经更多地通过多种途径免费公开其研究成果。

表 5-7　年龄与科研人员自存储参与行为的单因素方差分析结果

		平方和	df	均方	F	p 值
CYS_1	组间	1.422	3	0.474	1.827	0.142
	组内	79.614	307	0.259		
	总数	81.035	310			
CYS_2	组间	30.836	3	10.279	6.272	<0.001***
	组内	503.132	307	1.639		
	总数	533.968	310			
CYS_3	组间	0.262	3	0.087	0.563	0.640
	组内	47.545	307	0.155		
	总数	47.807	310			

***: $p<0.001$；**: $p<0.01$；*: $p<0.05$

（三）基于职称的分组分析

将科研人员的职称分成正高级职称、副高级职称、中级职称和无职称（包括在读博士生和博士后）4组[①]，采用单因素方差分析法检验不同组之间均数差异的显著性意义。通过分析发现，不同职称的科研人员在是否了解自存储和典型 OA 知识库的实际使用行为方面不存在显著差异，而在资源提供行为方面则存在着显著差异（见表 5-8）。这与基于年龄的分组分析结果保持一致，究其原因，应该是由职称与年龄一般呈现出相互对应的关系所致。LSD 两两比较的结果显示，第 1 组（正高职称）、第 2 组（副高职称）与第 3 组（中级职称）、第 4 组（无职称）之间存在着显著差异，进一步分析发现，高级职称科研人员比中级职称和无职称的科研人员自存储了更多数量的研究成果。由于中级职称和无职称的科研人员从事科研的年数相对较短，科研成果数量也相应较少，从而使得在资源提供行为方面与高级职称的科研人员存在着显著差异。

---

① 分析时排除了 15 份职称选项填写"其他"的问卷。

表 5-8 职称与科研人员自存储参与行为的单因素方差分析结果

		平方和	df	均方	F	p 值
CYS_1	组间	1.209	3	0.403	1.544	0.203
	组内	76.197	292	0.261		
	总数	77.405	295			
CYS_2	组间	35.407	3	11.802	7.051	<0.001***
	组内	488.741	292	1.674		
	总数	524.149	295			
CYS_3	组间	0.429	3	0.143	0.904	0.440
	组内	46.206	292	0.158		
	总数	46.635	295			

***: $p < 0.001$; **: $p < 0.01$; *: $p < 0.05$

（四）基于地区的分组分析

以我国行政区域划分为基础，将 31 个省、直辖市和自治区分成了华北地区、东北地区、华东地区、中南地区和西部地区（包括西南地区和西北地区）5 组[①]，并采用单因素方差分析法检验不同组之间均数差异的显著性意义。结果显示，不同地区的科研人员在对自存储的认知度、资源提供行为以及典型 OA 知识库的实际使用行为等 3 个方面都存在着显著差异（见表 5-9）。具体而言，华东地区和中南地区的科研人员对自存储的认知度最高，东北地区的科研人员认知度最低；在资源提供行为方面，华北地区和中南地区的科研人员表现最优，而华东地区的科研人员虽然认知度较高，但参与度却最低，不仅自存储论文数量最少，同时在 OA 知识库的实际使用行为方面表现也最不理想。

---

① 分析时排除了 2 份地区选项填写"其他"的问卷。

表5-9　地区与科研人员自存储参与行为的单因素方差分析结果

		平方和	df	均方	F	p 值
CYS_1	组间	5.698	4	1.424	5.754	<0.001***
	组内	75.260	304	0.248		
	总数	80.958	308			
CYS_2	组间	19.550	4	4.887	2.907	0.022*
	组内	511.033	304	1.681		
	总数	530.583	308			
CYS_3	组间	2.366	4	0.592	3.964	0.004**
	组内	45.369	304	0.149		
	总数	47.735	308			

***：p<0.001；**：p<0.01；*：p<0.05

（五）基于学科的分组分析

　　将科研人员所属学科分成自然科学和人文社会科学两组，并采用独立样本 t 检验方法比较两组均值差异的显著性。结果表明，自然科学和人文社会科学的科研人员在对自存储的认知度、资源提供行为和典型 OA 知识库的实际使用行为等 3 个方面都存在着显著差异（见表 5-10）。具体而言，人文社会科学的科研人员对自存储的认知度高于自然科学的科研人员，但在资源提供行为和典型 OA 知识库的实际使用行为方面，人文社会科学的科研人员表现明显不如自然科学的科研人员。事实上，OA 运动在不同学科领域的发展并不平衡，OA 运动是 20 世纪 90 年代在自然科学领域兴起并迅速发展起来，其取得的成绩也大部分来自于自然科学领域，相比之下，人文社会科学领域的 OA 运动还处在初步发展阶段[1]，因此，2 组样本在资源提供行为和典型 OA 知识库的实际使用行为等方面存在着显著差异应属正常。

　　科研人员对自存储的认知度和参与度在学科差异上可以总结为人文社会科学的科研人员认知度较高但参与度较低，自然科学的科研人员认知度相对较低

---

　　① 董文鸳.数字科研时代的引文分析——基于被引频次分析的实证研究 [J]. 大学图书馆学报,2007（2）:36-39,106.

但参与度更高。究其原因，是因为在自然科学领域通过个人主页等途径公开论文已是普遍现象，但不少科研人员并不知道这种行为便是"自存储"，因此导致了上述分析结果的出现。

表 5-10 学科与科研人员自存储参与行为的独立 t 检验结果

		方差齐性的 Levene 检验		均值齐性的 t 检验					差分的 95% 置信区间	
		F	p 值	t	df	p 值	均值差值	标准误差值	下限	上限
CYS_1	假设方差相等	89.316	<0.001	−5.530	309	<0.001	−0.307	0.056	−0.417	−0.198
	假设方差不相等			−5.389	249.737	<0.001***	−0.307	0.057	−0.419	−0.195
CYS_2	假设方差相等	9.615	<0.002	3.297	309	0.001	0.484	0.147	0.195	0.774
	假设方差不相等			3.252	278.225	0.001**	0.484	0.149	0.191	0.778
CYS_3	假设方差相等	50.659	<0.001	3.331	309	0.001	0.146	0.044	0.060	0.233
	假设方差不相等			3.410	299.685	0.001**	0.146	0.043	0.062	0.231

***：$p<0.001$；**：$p<0.01$；*：$p<0.05$

第三节 自存储资源提供行为模型检验

SEM 可用于分析显变量与潜在变量之间的关系以及潜在变量之间的复杂关系[1]，为了探究各变量之间的关系，验证前文提出的自存储资源提供行为概

---

[1] 苏君华. 面向搜索引擎的技术接受模型研究 [D]. 南京：南京大学，2011.

念模型，笔者在本节将采用SEM分析方法，并使用AMOS 20.0作为分析工具。

一、自存储资源提供行为正式样本信度分析

自存储资源提供行为正式样本中各变量的Cronbach's α系数如表5-11所示。

表5-11 自存储资源提供行为正式样本信度分析结果

变量	Cronbach's α 系数值	测度项	测度项删除后的 Cronbach's α 系数值
科研信仰	0.861	REB_1	0.837
		REB_2	0.804
		REB_3	0.777
感知成本	0.873	PCS_1	0.735
		PCS_2	0.733
		PCS_3	0.971
感知风险	0.879	PRS_1	0.851
		PRS_2	0.865
		PRS_3	0.841
		PRS_4	0.821
感知有用性	0.879	PSU_1	0.856
		PSU_2	0.854
		PSU_3	0.855
		PSU_4	0.864
		PSU_5	0.862
		PSU_6	0.858

续表

变量	Cronbach's α 系数值	测度项	测度项删除后的 Cronbach's α 系数值
社群影响	0.885	SIS_1	0.845
		SIS_2	0.853
		SIS_3	0.857
		SIS_4	0.854
促进条件	0.844	FCS_1	0.806
		FCS_2	0.818
		FCS_3	0.801
		FCS_4	0.781
资源提供行为态度	0.928	DBA_1	0.907
		DBA_2	0.883
		DBA_3	0.896
资源提供行为意向	0.900	DBI_1	0.870
		DBI_2	0.817
		DBI_3	0.881

由表 5-11 可知，若删除测度项 PCS_3，"感知成本"变量的 Cronbach's α 系数值可从 0.873 上升到 0.971，因此在后续分析中将删除 PCS_3。其他的各变量的 Cronbach's α 系数全部大于 0.80，且如果删除某个测度项，变量的 Cronbach's α 系数值均会降低，这表明正式样本数据具有良好的一致性和稳定性，样本信度通过检验，可以进行下一步的统计分析。

二、自存储资源提供行为正式样本正态分布检验

由于后续的 SEM 分析要求变量满足正态分布或近似正态分布，因此有必要对样本数据进行正态分布检验。偏度（skewness）和峰度（kurtosis）是反映样本数据非正态程度的指标，正态分布一般要求偏度绝对值小于 3、峰度绝对值小于 8[①]。利用 AMOS 20.0 得到正式样本数据的正态分布，如表 5-12 所示。

表 5-12　自存储资源提供行为正式样本正态分布检验结果

变量	测度项	偏度绝对值	峰度绝对值
科研信仰	REB_1	1.021	1.420
	REB_2	1.127	1.878
	REB_3	1.253	2.611
感知成本	PCS_1	0.823	0.293
	PCS_2	0.791	0.015
感知风险	PRS_1	0.358	0.305
	PRS_2	0.242	0.351
	PRS_3	0.379	0.436
	PRS_4	0.274	0.515
感知有用性	PSU_1	0.970	2.303
	PSU_2	0.691	0.767
	PSU_3	0.314	0.224
	PSU_4	0.482	0.170
	PSU_5	0.242	0.196
	PSU_6	0.159	0.148
社群影响	SIS_1	0.628	0.275
	SIS_2	0.385	0.267
	SIS_3	0.406	0.423
	SIS_4	0.642	0.514

---

① 黄涅熹. 整合 TTF 与 VAM 视角的 RFID 手机支付用户使用意愿研究 [D]. 杭州：浙江大学, 2012.

续表

变量	测度项	偏度绝对值	峰度绝对值
促进条件	FCS_1	0.597	0.436
	FCS_2	0.255	0.107
	FCS_3	0.322	0.199
	FCS_4	0.565	0.723
资源提供行为态度	DBA_1	0.597	0.512
	DBA_2	0.344	0.277
	DBA_3	0.155	0.434
资源提供行为意向	DBI_1	0.502	0.686
	DBI_2	0.131	0.428
	DBI_3	0.031	0.633

从表 5-12 可以看出，正式样本数据符合正态分布，可进行下一步的统计分析。

三、自存储资源提供行为模型的验证性因子分析

在对样本数据进行 SEM 分析之前，需要先进行验证性因子分析（Confirmatory Factor Analysis，CFA），以确定模型的信度和效度是否可以通过检验。CFA 包括因子拟合指标检验、内部一致性检验和建构效度等方面。

（一）因子拟合指标检验

利用 AMOS 20.0 对自存储资源提供行为模型进行了检验，结果如图 5-2 所示。

从图 5-2 可以看出，各显变量和相应潜在变量之间均有较强的正向相关关系，显著性概率也均通过了检验。同时，8 个潜在变量之间所有相关关系也全部通过了显著性检验。测量模型的拟合指标值如表 5-13 所示。

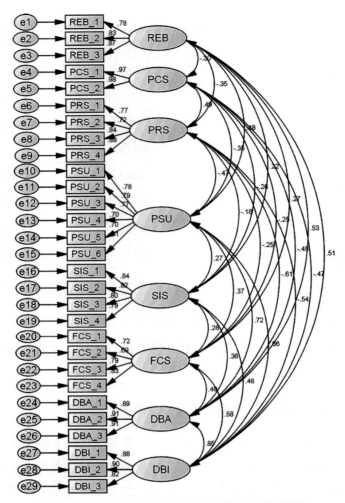

图 5-2　自存储资源提供行为测量模型的检验结果

表 5-13　自存储资源提供行为模型拟合指标 [1]

统计检验量	适配的标准或临界值	检验结果数据	模型适配判断
卡方值 χ^2	—	650.095	—
自由度 df	—	349.000	—

① 吴明隆.结构方程模型——AMOS 的操作与应用 [M].2 版.重庆:重庆大学出版社，2010:40-52.

续表

统计检验量	适配的标准或临界值	检验结果数据	模型适配判断
卡方值/自由度 χ^2/df	<3.00	1.863	符合
渐进残差均方和平方根 RMSEA 值	<0.08	0.053	符合
规范拟合指数 NFI 值	>0.90	0.903	符合
比较拟合指数 CFI 值	>0.90	0.952	符合
非正态拟合指数 TLI 值	>0.90	0.945	符合
修正拟合指数 IFI 值	>0.90	0.953	符合

从上述结果可以看出，各显变量和相应潜在变量之间均存在着显著的正向相关关系，各潜在变量之间也都存在着显著的相关关系，且各拟合指标值都达到了适配的标准，说明测量模型通过了因子拟合指标检验。

（二）内部一致性检验

内部一致性检验主要用于判断样本数据内在质量是否符合要求，一般通过因子载荷（Factor Loading）、组合信度（Composite Reliability，CR）和平均方差萃取量（Average Variance Extracted，AVE）等指标进行检验。其中因子载荷反映的是显变量与潜在变量的相关关系，一般要求在 0.50 以上；CR 是模型内在质量的判别准则之一，若潜在变量的 CR 值在 0.60 以上，表示模型的内在质量理想；AVE 可以直接显示被潜在变量所解释的变异量中有多少是来自测量误差，AVE 越大，显变量被潜在变量解释的变异量百分比越大，相对的测量误差就越小，一般判别标准是要求 AVE 的值大于 0.50[①]。自存储资源提供行为模型的因子载荷、CR 值和 AVE 值如表 5-14 所示。

---

① 吴明隆.结构方程模型——AMOS 的操作与应用 [M].2 版.重庆:重庆大学出版社，2010:55.

表 5-14   自存储资源提供行为模型内部一致性检验结果

变量	测度项	因子载荷	CR	AVE
科研信仰	REB_1	0.783	0.8652	0.6818
	REB_2	0.826		
	REB_3	0.866		
感知成本	PCS_1	0.967	0.9711	0.9438
	PCS_2	0.976		
感知风险	PRS_1	0.773	0.8806	0.6497
	PRS_2	0.717		
	PRS_3	0.838		
	PRS_4	0.886		
感知有用性	PSU_1	0.781	0.8804	0.5516
	PSU_2	0.793		
	PSU_3	0.765		
	PSU_4	0.696		
	PSU_5	0.703		
	PSU_6	0.712		
社群影响	SIS_1	0.837	0.8855	0.6592
	SIS_2	0.818		
	SIS_3	0.799		
	SIS_4	0.793		
促进条件	FCS_1	0.724	0.8442	0.5765
	FCS_2	0.694		
	FCS_3	0.786		
	FCS_4	0.826		

续表

变量	测度项	因子载荷	CR	AVE
资源提供 行为态度	DBA_1	0.892	0.9288	0.8130
	DBA_2	0.906		
	DBA_3	0.907		
资源提供 行为意向	DBI_1	0.879	0.9015	0.7533
	DBI_2	0.900		
	DBI_3	0.823		

从表 5-14 可以看出，所有潜在变量的 CR 值均大于 0.80，且在 $p<0.001$ 的水平下显著，AVE 值均大于 0.50，均已通过检验。

（三）建构效度

建构效度包括收敛效度（convergent validity）与区别效度（discriminan validity）。其中，收敛效度主要反映以一个潜在变量发展出的多个测度项最后是否会收敛于一个因素中，区别效度则用于判别测度项与其他变量的测度项之间的区别程度。良好的收敛效度要求每个变量的 AVE 值均大于 0.50，良好的区别效度则要求潜在变量的 AVE 值均大于该变量和其他变量相关系数的平方[①]。通过计算，自存储资源提供行为模型中各潜在变量的收敛效度和区别效度如表 5-15 所示：

表 5-15　自存储资源提供行为模型潜在变量建构效度分析结果

	REB	PCS	PRS	PSU	SIS	FCS	DBA	DBI
REB	0.6818							
PCS	0.0906	0.9438						
PRS	0.1232	0.2401	0.6497					
PSU	0.2314	0.1211	0.2162	0.5516				
SIS	0.0488	0.0697	0.0342	0.0756	0.6592			

---

① 黄涅熹．整合 TTF 与 VAM 视角的 RFID 手机支付用户使用意愿研究［D］．杭州：浙江大学，2012.

续表

	REB	PCS	PRS	PSU	SIS	FCS	DBA	DBI
FCS	0.0718	0.0615	0.0645	0.1399	0.0778	0.5765		
DBA	0.2798	0.1998	0.3709	0.5184	0.1289	0.2352	0.8130	
DBI	0.2642	0.2200	0.2873	0.4356	0.2352	0.3318	0.7276	0.7533

注：表中对角线上数据为各变量的 AVE 值，其余为变量之间相关系数的平方值。下同。

从表 5-15 可以看出，模型具有较好的收敛效度和区别效度。

综上所述，自存储资源提供行为模型的各项指标都已经通过了检验，说明模型具有良好的内部一致性和建构效度，模型适配度较高。

四、自存储资源提供行为模型的结构方程分析

（一）模型构建

根据第三章中所提出的假设模型，利用 AMOS 20.0 构建了自存储资源提供行为模型，其中科研信仰（REB）、社群影响（SIS）和促进条件（FCS）是外衍变量（exogenous variables），感知成本（PCS）、感知风险（PRS）、感知有用性（PSU）、资源提供行为态度（DBA）和资源提供行为意向（DBI）是内衍变量（endogenous variables）。由于完整的结构方程全模型较为复杂，因此对模型进行了简化（见图 5-3）。

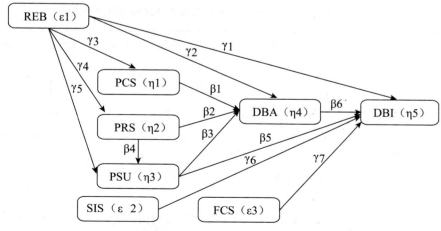

图 5-3 简化的自存储资源提供行为结构方程全模型

（二）模型拟合与评价

利用正式样本数据，通过 AMOS 20.0 进行全模型的拟合，结果如表 5-16 所示。

表 5-16　自存储资源提供行为结构方程全模型拟合指标值

统计检验量	适配的标准或临界值	检验结果数据	模型适配判断
χ^2	—	767.395	—
df	—	361.000	—
χ^2/df	<3.00	2.126	符合
RMSEA	<0.08	0.060	符合
NFI	>0.90	0.886	基本符合
CFI	>0.90	0.936	符合
TLI	>0.90	0.928	符合
IFI	>0.90	0.936	符合

笔者利用 AMOS 20.0 得到最终模型，如图 5-4 所示。

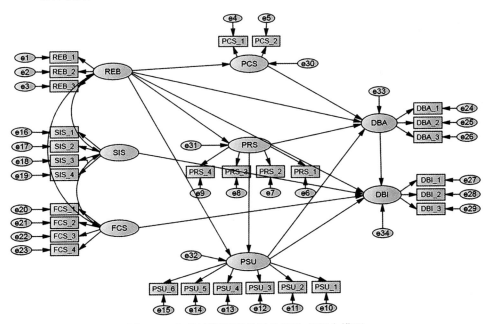

图 5-4　自存储资源提供行为结构方程全模型

各潜在变量之间的路径系数如表 5-17 所示。

表 5-17　自存储资源提供行为结构方程全模型的路径系数

路径系数	自变量→因变量	标准化回归系数	标准误	t 值	p 值
γ1	REB → DBI	0.063	0.053	1.200	0.230
γ2	REB → DBA	0.191	0.056	3.404	<0.001
γ3	REB → PCS	−0.357	0.092	−6.127	<0.001
γ4	REB → PRS	−0.384	0.077	−5.952	<0.001
γ5	REB → PSU	0.388	0.055	5.981	<0.001
γ6	SIS → DBI	0.197	0.041	4.739	<0.001
γ7	FCS → DBI	0.210	0.041	4.856	<0.001
β1	PCS → DBA	−0.093	0.027	−2.193	0.028
β2	PRS → DBA	−0.289	0.044	−5.599	<0.001
β3	PSU → DBA	0.466	0.071	7.782	<0.001
β4	PRS → PSU	−0.318	0.045	−5.006	<0.001
β5	PSU → DBI	0.066	0.072	1.093	0.274
β6	DBA → DBI	0.659	0.068	9.784	<0.001

　　一般而言，解释的总变异量达到 30% 即可认为模型达到了较好的解释性[①]，前因变量对自存储资源提供行为意向的解释量为 77.4%，说明模型对科研人员的自存储资源提供行为意向具有较高的解释力（图 5-5）。

---

　　①　仲秋雁, 王彦杰, 裘江南. 众包社区用户持续参与行为实证研究 [J]. 大连理工大学学报（社会科学版）, 2011（1）: 1-6.

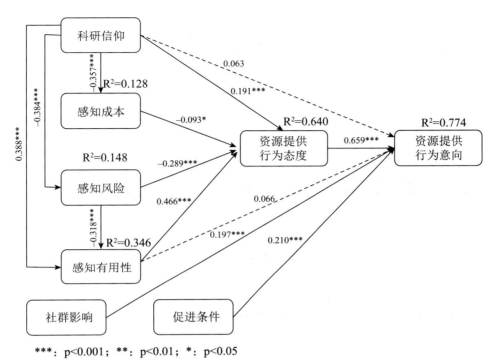

***：p<0.001；**：p<0.01；*：p<0.05

图5-5 自存储资源提供行为模型的结构方程分析结果

根据图5-5，假设验证结果如表5-18所示。

表5-18 自存储资源提供行为模型的假设验证结果

假设	假设内容	验证结果
HT1a	资源提供行为态度对自存储资源提供行为意向有正向影响	支持
HT2a	科研信仰对自存储资源提供行为意向有正向影响	不支持
HT3a	科研信仰对资源提供行为态度有正向影响	支持
HT4a	科研信仰对感知成本有负向影响	支持
HT5a	科研信仰对感知风险有负向影响	支持
HT6a	科研信仰对感知有用性有正向影响	支持
HT7a	感知成本对资源提供行为态度有负向影响	支持
HT8a	感知风险对资源提供行为态度有负向影响	支持

续表

假设	假设内容	验证结果
HT9a	感知风险对感知有用性有负向影响	支持
HT10a	感知有用性对自存储资源提供行为意向有正向影响	不支持
HT11a	感知有用性对资源提供行为态度有正向影响	支持
HT12a	社群影响对自存储资源提供行为意向有正向影响	支持
HT13a	促进条件对自存储资源提供行为意向有正向影响	支持

第四节　自存储资源利用行为模型检验

一、自存储资源利用行为正式样本信度分析

自存储资源利用行为正式样本中各变量的Cronbach's α系数如表5-19所示。

表5-19　自存储资源利用行为正式样本信度分析结果

变量	Cronbach's α 系数值	测度项	测度项删除后的 Cronbach's α 系数值
感知任务/自存储匹配度	0.859	PTSF_1	0.798
		PTSF_2	0.829
		PTSF_3	0.778
感知利用风险	0.875	PURS_1	0.858
		PURS_2	0.837
		PURS_3	0.773
感知资源有用性	0.887	PSRU_1	0.867
		PSRU_2	0.854
		PSRU_3	0.860
		PSRU_4	0.858
		PSRU_5	0.871

续表

变量	Cronbach's α 系数值	测度项	测度项删除后的 Cronbach's α 系数值
社群影响	0.840	SISL_1	0.792
		SISL_2	0.789
		SISL_3	0.800
		SISL_4	0.807
促进条件	0.823	FCSL_1	0.753
		FCSL_2	0.770
		FCSL_3	0.745
资源利用行为态度	0.932	SUBA_1	0.914
		SUBA_2	0.878
		SUBA_3	0.909
资源利用行为意向	0.926	SUBI_1	0.882
		SUBI_2	0.885
		SUBI_3	0.911

由上表可知，各变量的 Cronbach's α 系数值全部大于 0.80，且删除任一测度项都将导致潜在变量的 Cronbach's α 系数值降低，这表明正式样本数据具有良好的一致性和稳定性，样本信度通过检验，可以进行下一步的统计分析。

二、自存储资源利用行为正式样本正态分布检验

利用 AMOS 20.0 得到正式样本数据的正态分布如表 5-20 所示。

表 5-20　自存储资源利用行为正式样本正态分布检验结果

变量	测度项	偏度绝对值	峰度绝对值
感知任务/自存储匹配度	PTSF_1	0.473	0.159
	PTSF_2	0.362	0.557
	PTSF_3	0.623	1.380

续表

变量	测度项	偏度绝对值	峰度绝对值
感知利用风险	PURS_1	0.773	0.322
	PURS_2	0.432	0.351
	PURS_3	0.648	0.280
感知资源有用性	PSRU_1	0.697	1.822
	PSRU_2	0.451	0.385
	PSRU_3	0.554	0.235
	PSRU_4	0.228	0.001
	PSRU_5	0.585	0.574
社群影响	SISL_1	0.326	0.010
	SISL_2	0.421	0.229
	SISL_3	0.373	0.143
	SISL_4	0.502	0.287
促进条件	FCSL_1	0.494	0.246
	FCSL_2	0.409	0.186
	FCSL_3	0.389	0.007
资源利用行为态度	SUBA_1	0.803	1.985
	SUBA_2	0.528	0.824
	SUBA_3	0.661	1.288
资源利用行为意向	SUBI_1	0.829	2.109
	SUBI_2	0.606	1.006
	SUBI_3	0.371	0.599

从表 5-20 可以看出，正式样本各测度项的偏度和峰度均符合要求，表明样本数据符合正态分布，可满足后续分析的要求。

三、自存储资源利用行为模型的验证性因子分析

（一）因子拟合指标检验

利用 AMOS 20.0 对自存储资源利用行为模型进行检验，结果如图 5-6 所示。

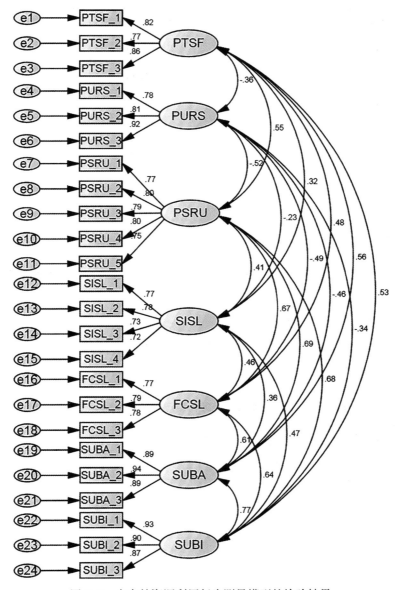

图 5-6　自存储资源利用行为测量模型的检验结果

从图 5-6 可以看出，各显变量和相应潜在变量之间的正向相关关系均大于 0.70，也都通过了显著性检验。同时，7 个潜在变量之间的相关关系均通过了显著性检验。测量模型的拟合指标值如表 5-21 所示。

表 5-21　自存储资源利用行为模型拟合指标

统计检验量	适配的标准或临界值	检验结果数据	模型适配判断
χ^2 值	—	422.560	—
自由度 df	—	231.000	—
χ^2/df	<3.00	1.829	符合
RMSEA	<0.08	0.052	符合
NFI	>0.90	0.921	符合
CFI	>0.90	0.962	符合
TLI	>0.90	0.955	符合
IFI	>0.90	0.962	符合

从上表可以看出，各拟合指标值都达到了适配的标准，说明测量模型通过了因子拟合指标检验。

（二）内部一致性检验

利用 AMOS 所得自存储资源利用行为模型的因子载荷、CR 值和 AVE 值如表 5-22 所示。

表 5-22　自存储资源利用行为模型内部一致性检验结果

变量	测度项	因子载荷	CR	AVE
感知任务/自存储匹配度	PTSF_1	0.823		
	PTSF_2	0.772	0.8605	0.6733
	PTSF_3	0.864		

变量	测度项	因子载荷	CR	AVE
感知利用风险	PURS_1	0.779	0.8782	0.7073
	PURS_2	0.812		
	PURS_3	0.925		
感知资源有用性	PSRU_1	0.766	0.8877	0.6126
	PSRU_2	0.803		
	PSRU_3	0.791		
	PSRU_4	0.803		
	PSRU_5	0.749		
社群影响	SISL_1	0.772	0.8508	0.5879
	SISL_2	0.784		
	SISL_3	0.733		
	SISL_4	0.724		
促进条件	FCSL_1	0.773	0.8230	0.6079
	FCSL_2	0.789		
	FCSL_3	0.777		
资源利用行为态度	SUBA_1	0.886	0.9334	0.8238
	SUBA_2	0.941		
	SUBA_3	0.895		
资源利用行为意向	SUBI_1	0.930	0.9261	0.8071
	SUBI_2	0.897		
	SUBI_3	0.867		

从表 5-22 可以看出，所有潜在变量的 CR 值均大于 0.80，且在 $p<0.001$ 的水平下显著，AVE 值均大于 0.50，均已通过检验。

（三）建构效度

通过计算，自存储资源利用行为模型中各潜在变量的收敛效度和区别效度如表 5-23 所示。

表 5-23　自存储资源利用行为模型潜在变量建构效度分析结果

测度项	PTSF	PURS	PSRU	SISL	FCSL	SUBA	SUBI
PTSF	0.6733						
PURS	0.1260	0.7073					
PSRU	0.3058	0.2704	0.6126				
SISL	0.1011	0.0543	0.1689	0.5879			
FCSL	0.2285	0.2352	0.4543	0.2153	0.6079		
SUBA	0.3170	0.2125	0.4720	0.1318	0.3697	0.8238	
SUBI	0.2788	0.1129	0.4610	0.2218	0.4109	0.5868	0.8071

从表 5-23 可以看出，模型具有较好的收敛效度和区别效度。

综上所述，自存储资源利用行为模型的各项指标都已经通过了检验，说明模型具有良好的内部一致性和建构效度，模型适配度较高。

四、自存储资源利用行为模型的结构方程分析

（一）模型构建

根据前文所提出的假设模型，利用 AMOS 20.0 构建了自存储资源利用行为模型，其中感知任务/自存储匹配度（PTSF）、社群影响（SISL）和促进条件（FCSL）是外衍变量，感知利用风险（PURS）、感知资源有用性（PSRU）、资源利用行为态度（SUBA）和资源利用行为意向（SUBI）是内衍变量。由于完整的结构方程全模型较为复杂，因此对模型进行了简化（见图 5-7）。

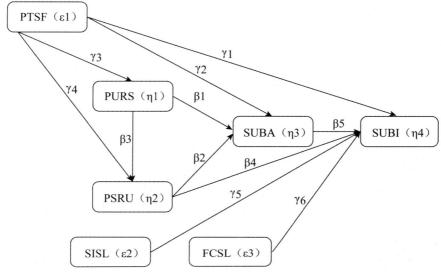

图 5-7　简化的自存储资源利用行为结构方程全模型

（二）模型拟合与评价

利用正式样本数据，通过 AMOS 20.0 进行全模型的拟合，结果如表 5-24 所示。

表 5-24　自存储资源利用行为结构方程全模型拟合指标值

统计检验量	适配的标准或临界值	检验结果数据	模型适配判断
χ^2	—	524.001	—
df	—	238.000	—
χ^2/df	<3.00	2.202	是
RMSEA	<0.08	0.062	是
NFI	>0.90	0.902	是
CFI	>0.90	0.943	是
TLI	>0.90	0.934	是
IFI	>0.90	0.944	是

笔者利用 AMOS 20.0 得到的最终模型如图 5-8 所示。

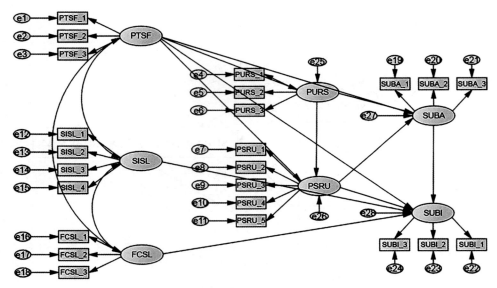

图 5-8　自存储资源利用行为结构方程全模型

各潜在变量之间的路径系数如表 5-25 所示。

表 5-25　自存储资源利用行为结构方程全模型的路径系数

路径系数	自变量→因变量	标准化回归系数	标准误	t 值	p 值
γ1	PTSF → SUBI	0.034	0.074	0.500	0.617
γ2	PTSF → SUBA	0.280	0.060	4.462	<0.001
γ3	PTSF → PURS	−0.384	0.086	−6.164	<0.001
γ4	PTSF → PSRU	0.466	0.068	7.414	<0.001
γ5	SISL → SUBI	0.155	0.057	3.054	0.002
γ6	FCSL → SUBI	0.161	0.060	2.712	0.007
β1	PURS → SUBA	−0.108	0.038	−1.959	0.051
β2	PSRU → SUBA	0.464	0.063	6.578	<0.001
β3	PURS → PSRU	−0.336	0.046	−5.726	<0.001
β4	PSRU → SUBI	0.168	0.066	2.576	0.010
β5	SUBA → SUBI	0.517	0.073	7.935	<0.001

前因变量对自存储资源利用行为意向的解释量为 64.2%，说明模型对科研人员的自存储资源利用行为意向具有较高的解释力（图 5-9）。

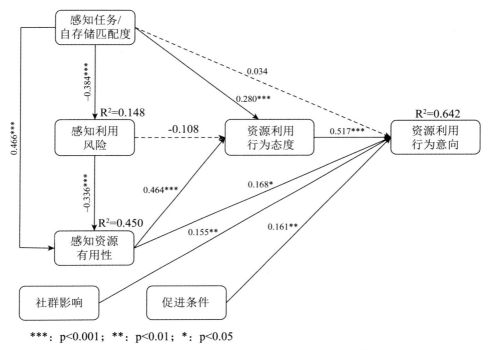

***：p<0.001；**：p<0.01；*：p<0.05

图 5-9　自存储资源利用行为模型的结构方程分析结果

根据图 5-9，假设验证结果如表 5-26 所示。

表 5-26　自存储资源利用行为模型的假设验证结果

假设	假设内容	验证结果
HL1a	资源利用行为态度对自存储资源利用行为意向有正向影响	支持
HL2a	感知任务/自存储匹配度对自存储资源利用行为意向有正向影响	不支持
HL3a	感知任务/自存储匹配度对资源利用行为态度有正向影响	支持
HL4a	感知任务/自存储匹配度对感知利用风险有负向影响	支持
HL5a	感知任务/自存储匹配度对感知资源有用性有正向影响	支持
HL6a	感知利用风险对资源利用行为态度有负向影响	不支持

续表

假设	假设内容	验证结果
HL7a	感知利用风险对感知资源有用性有负向影响	支持
HL8a	感知资源有用性对资源利用行为态度有正向影响	支持
HL9a	感知资源有用性对自存储资源利用行为意向有正向影响	支持
HL10a	社群影响对自存储资源利用行为意向有正向影响	支持
HL11a	促进条件对自存储资源利用行为意向有正向影响	支持

第六章 科研人员的 OA 期刊参与行为

第一节 科研人员的 OA 期刊参与行为研究样本描述

303 位调查者中，有 184 位为男性，占比 60.7%，女性 119 人，占比 39.3；在年龄分布上，31—35 岁的人数最多（88 人），在职称方面则以副高职称的人数最多（96 人）。具体情况如表 6-1 所示：

表 6-1 科研人员的 OA 期刊参与行为问卷正式样本

样本基本情况	类型	频次	比例（％）
性别	男	184	60.7
	女	119	39.3
	合计	303	100.0
年龄	25 岁以下	6	2.0
	26—30 岁	74	24.4
	31—35 岁	88	29.0
	36—40 岁	56	18.5
	41—45 岁	37	12.2
	46—50 岁	23	7.6
	51—55 岁	11	3.6
	56—60 岁	8	2.6
	60 岁以上	0	0.0
	合计	303	100.0

续表

样本基本情况	类型	频次	比例（%）
职称	正高级职称	70	23.1
	副高职称	96	31.7
	中级职称	78	25.7
	在读博士生	38	12.5
	博士后	9	3.0
	其他	12	4.0
	合计	303	100.0

在地区分布方面，共有 27 个省（直辖市、自治区）的科研人员参与了调查，其中江苏、北京和浙江的人数为 47 人、46 人和 30 人，分别占比 15.5%、15.2% 和 9.9%。地区分布如表 6-2 所示。

表 6-2　科研人员的 OA 期刊参与行为问卷的正式样本地区分布

地区	数量	比例（%）
江苏	47	15.5
北京	46	15.2
浙江	30	9.9
上海	21	6.9
广东	20	6.6
陕西	16	5.3
山东	12	4.0
湖北	10	3.3
湖南	9	3.0
黑龙江	8	2.6
江西	8	2.6
辽宁	8	2.6

地区	数量	比例（%）
安徽	7	2.3
河南	7	2.3
辽宁	7	2.3
天津	6	2.0
福建	6	2.0
吉林	5	1.7
重庆	5	1.7
甘肃	4	1.3
河北	3	1.0
山西	3	1.0
云南	3	1.0
广西	3	1.0
贵州	3	1.0
新疆	1	0.3
其他	5	1.7
合计	303	100.0

　　在学科方面，笔者按照教育部一级学科目录和二级学科目录进行了归类整理，将学科分成了"自然科学"和"人文社会科学"两大类，结果为"自然科学"177 人，占比 58.4%，"人文社会科学"126 人，占比 41.6%。在此基础之上，进一步对学科分布进行了整理，如将"信息管理""图书馆学""情报学"统一为"图书馆、情报与档案管理"，将"化工""化学""有机化学"统一为"化学"。结果表明"图书馆、情报与档案管理""医学""化学""生物学"等学科的人数较多。

第二节　科研人员对 OA 期刊的认知和参与现状分析

本节采取频次分布等方法展开描述性分析，以明确我国科研人员对 OA 期刊的认知和参与现状。

一、对 OA 期刊的认知现状分析

针对"您是否了解 OA 期刊？"的问题，有 11.9%（36 人）的科研人员表示对 OA 期刊"完全不了解"，"有一定的了解"的比例为 74.9%（227 人），13.2%（40 人）的科研人员则选择了"有深入的了解"，这表明有接近 90% 的科研人员对 OA 期刊有所了解，OA 期刊在科研人员中已经达到了较高的普及度。具体情况如图 6-1 所示。

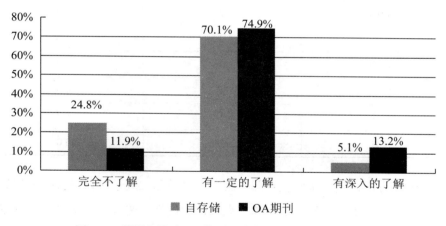

图 6-1　科研人员对 OA 期刊及自存储认知度的比较分析

从图 6-1 可以看出，科研人员对 OA 期刊的了解程度要略高于对自存储的了解程度。究其原因，应该是由于国内自存储的发展历史较短、影响力有限所致。

二、投稿及发表现状分析

针对"您是否曾经向 OA 期刊投稿？"的问题，有 56.8%（172 人）的科研人员表示"从来没有"，选择"1 篇"的比例为 19.8%（60 人）。这表明虽然

OA 期刊已经被广大科研人员所了解，但真正参与其中的科研人员仍属少数，大部分科研人员并未向 OA 期刊投稿。具体情况如 6-3 所示。

表 6-3　我国科研人员往 OA 期刊投稿数量分布

投稿数量	人数	比例（％）
从来没有	172	56.8
1 篇	60	19.8
2—3 篇	40	13.2
4—5 篇	18	5.9
5 篇以上	13	4.3
总计	303	100.0

在论文发表方面，有 60.1%（182）的科研人员表示从未在 OA 期刊上发表论文，发表了 1 篇论文的科研人员为 65 人，占比 21.5%。具体情况如表 6-4 所示。

表 6-4　我国科研人员在 OA 期刊上发表论文数量分布

发表论文数量	人数	比例（％）
从来没有	182	60.1
1 篇	65	21.5
2—3 篇	30	9.9
4—5 篇	15	5.0
5 篇以上	11	3.6
总计	303	100.0

三、科研人员对 OA 期刊认知和参与现状的分组分析

笔者采用独立样本 t 检验和单因素方差分析法对相关数据进行分析，以明确性别、年龄、职称、地区和学科是否对科研人员的认知和参与现状产生影响。独立样本 t 检验主要用于性别和学科等属于两个母群体的数据分析，单因

素方差分析法主要用于年龄、职称和地区等属于 3 个母群体及以上的数据分析。若单因素方差分析结果达到显著水平，则采用最小显著性差异（LSD）检验法进行两两群体比较。

（一）基于性别的分组分析

笔者采用独立样本 t 检验法分析性别对我国科研人员的认知和参与行为的影响，所得结果如表 6-5 所示。

表 6-5　性别与科研人员 OA 期刊参与行为的独立 t 检验结果

| | | 方差齐性的 Levene 检验 | | 均值齐性的 t 检验 | | | | | 差分的 95% 置信区间 | |
		F	p 值	t	df	p 值	均值差值	标准误差值	下限	上限
CYJ_1	假设方差相等	11.750	0.001	1.308	301.000	0.192	0.077	0.059	−0.039	0.193
	假设方差不相等			1.411	299.523	0.159	0.077	0.055	−0.030	0.185
CYJ_2	假设方差相等	9.393	0.002	3.544	301.000	<0.001	0.465	0.131	0.207	0.723
	假设方差不相等			3.765	294.434	<0.001***	0.465	0.124	0.222	0.708
CYJ_3	假设方差相等	12.246	0.001	3.480	301.000	0.001	0.430	0.123	0.187	0.673
	假设方差不相等			3.724	297.329	<0.001***	0.430	0.115	0.203	0.657

***: $p<0.001$；**: $p<0.01$；*: $p<0.05$

注：CYJ_1：是否了解 OA 期刊，反映科研人员对 OA 期刊的认知度；CYJ_2：向 OA 期刊投稿的数量，反映科研人员的参与度；CYJ_3：OA 期刊上发表的论文数量，反映科研人员的参与度。下同。

从表 6-5 中可以看出，不同性别的科研人员在参与度方面存在着显著差异，但在对 OA 期刊的认知度方面不存在显著差异。进一步分析发现，在

CYJ_2 和 CYJ_3 上男性科研人员的均值明显高于女性科研人员，说明男性科研人员的参与度相对更高，也即是男性科研人员更多地向 OA 期刊投稿并成功发表。出现上述状况并不意外，因为在我国科研领域，男性科研人员明显多于女性科研人员，且随着岗位和职称的提高，男性科研人员所占比例呈明显的上升趋势。不仅如此，在科研成果和影响力方面，男性科研人员也明显占优。有研究表明，在科研产出较少的人群中，女性所占比例较大，这是由于女性科研人员在刊物上发表论文的困难比男性大，且被引用的概率相对更低，而在成果和影响力方面的差异又会反过来影响女性科研人员资金、资源和奖励的获得，从而使其处于更加不利的地位，形成"马太效应"[①]。在科研生产力方面的性别差异使得在科研人员的 OA 期刊参与度呈现出显著的性别差异。

（二）基于年龄的分组分析

笔者将科研人员的年龄分成 4 个组，分别是 30 岁以下、31—40 岁、41—50 岁和 50 岁以上，并采用单因素方差分析法检验不同组之间均数差异的显著性意义。结果发现，不同年龄的科研人员在认知度和参与度方面均不存在显著差异（见表 6-6）。这应该是一个意料之外、情理之中的结果。一般认为，年龄较大的人更倾向于保守而导致对新生事物的接受度相对更低，但由于科研人员身处学术圈，无论年龄较年轻还是较年长，都面临着科研考评、研究课题等多方面的压力，都需要不断了解学术前沿、更新知识，以完成论文撰写与发表的任务；同时网络的普及又给不同年龄段的科研人员了解 OA 期刊和参与当中提供了均等的机会，从而使得不同年龄段的科研人员在认知度和参与度方面均不存在显著差异。

表 6-6　年龄与科研人员 OA 期刊参与行为的单因素方差分析结果

		平方和	df	均方	F	p 值
CYJ_1	组间	0.740	3	0.247	0.981	0.402
	组内	75.207	299	0.252		
	总数	75.947	302			

---

① 章梅芳,刘兵.我国科技发展中性别问题的现状和对策 [J].哈尔滨工业大学学报(社会科学版),2006,8（3）:6-11.

续表

		平方和	df	均方	F	p 值
CYJ_2	组间	6.670	3	2.223	1.733	0.160
	组内	383.607	299	1.283		
	总数	390.277	302			
CYJ_3	组间	4.856	3	1.619	1.423	0.236
	组内	340.002	299	1.137		
	总数	344.858	302			

***: $p < 0.001$；**: $p < 0.01$；*: $p < 0.05$

（三）基于职称的分组分析

笔者将科研人员的职称分成正高职称、副高职称、中级职称和无职称（包括在读博士生和博士后）4 组[①]，采用单因素方差分析法检验不同组之间均数差异的显著性意义。通过分析发现，不同职称的科研人员在认知度和参与度方面均存在着显著差异（见表6-7）。这一结果与基于年龄的分组分析结果刚好相反，一般而言职称与年龄会呈现出相互对应的关系，分组分析的结果理应保持一致。针对上述问题，采用LSD法对4组样本进行两两比较，结果显示第1组（正高职称）与其他3组存在着显著差异，而其他3组之间均不存在显著差异。进一步的统计发现，有31位45岁以下的科研人员取得了正高职称，而能评上正高职称的年轻科研人员一般都具有较强的科研能力和科研生产力，因此具有正高职称的科研人员与其他科研人员之间存在显著差异也是一个可以接受的结果。

表 6-7　职称与科研人员 OA 期刊参与行为的单因素方差分析结果

		平方和	df	均方	F	p 值
CYJ_1	组间	1.897	3	0.632	2.711	0.045*
	组内	66.935	287	0.233		
	总数	68.832	290			

---

① 分析时排除了 12 份职称选项填写"其他"的问卷。

续表

		平方和	df	均方	F	p 值
CYJ_2	组间	22.883	3	7.628	6.143	<0.001***
	组内	356.341	287	1.242		
	总数	379.223	290			
CYJ_3	组间	20.773	3	6.924	6.230	<0.001***
	组内	318.979	287	1.111		
	总数	339.753	290			

***：p<0.001；**：p<0.01；*：p<0.05

（四）基于地区的分组分析

笔者以我国行政区域划分为基础，将 31 个省（直辖市、自治区）分成了华北地区、东北地区、华东地区、中南地区和西部地区（包括西南地区和西北地区）5 组[①]，并采用单因素方差分析法检验不同组之间均数差异的显著性意义。结果显示，不同地区的科研人员在认知度和参与度方面均存在着显著差异（见表 6-8）。具体而言，华北地区的科研人员对 OA 期刊的认知度最高，西部地区的科研人员认知度最低；在参与度方面，华东地区的科研人员表现最不理想。

表 6-8　地区与科研人员 OA 期刊参与行为的单因素方差分析结果

		平方和	df	均方	F	p 值
CYJ_1	组间	2.493	4	0.623	2.555	0.039*
	组内	71.454	293	0.244		
	总数	73.946	297			
CYJ_2	组间	13.418	4	3.354	2.656	0.033*
	组内	370.059	293	1.263		
	总数	383.477	297			

---

① 分析时排除了 5 份地区选项填写"其他"的问卷。

续表

		平方和	df	均方	F	p 值
CYJ_3	组间	17.135	4	4.284	3.912	0.004**
	组内	320.878	293	1.095		
	总数	338.013	297			

***：p<0.001；**：p<0.01；*：p<0.05

（五）基于学科的分组分析

笔者将科研人员所属学科分成自然科学和人文社会科学两组，并采用独立样本 t 检验方法比较两组均值差异的显著性。结果表明，自然科学和人文社会科学的科研人员对 OA 期刊的认知度并不存在显著差异，但在参与度方面存在着显著差异（见表 6-9）。由于目前自然科学领域的 OA 期刊数量相对更多，大量期刊（如 *PLOS One* 等）已经被 Web of Science 收录且具备了较高的学术影响力，相比之下，人文社会科学的 OA 期刊不仅数量相对较少，且大多都没有被 Web of Science 收录。另外，自然科学领域的科研人员发表英文文章的现象非常普遍，人文社会科学的科研人员则大多将论文发表在国内中文期刊上，而国内人文社会科学领域的 OA 期刊数量非常有限。上述原因导致科研人员的 OA 期刊参与度存在学科差异。

表 6-9　学科与科研人员 OA 期刊参与行为的独立 t 检验结果

		方差齐性的 Levene 检验		均值齐性的 t 检验						
		F	p 值	t	df	p 值	均值差值	标准误差值	差分的 95% 置信区间	
									下限	上限
CYJ_1	假设方差相等	4.517	0.034	-0.542	301	0.588	-0.032	0.059	-0.147	0.083
	假设方差不相等			-0.568	299.924	0.570	-0.032	0.056	-0.142	0.078

续表

		方差齐性的 Levene 检验		均值齐性的 t 检验					差分的 95% 置信区间	
		F	p 值	t	df	p 值	均值差值	标准误差值	下限	上限
CYJ_2	假设方差相等	83.010	<0.001	8.045	301	<0.001	0.969	0.120	0.732	1.206
	假设方差不相等			8.942	269.052	<0.001***	0.969	0.108	0.755	1.182
CYJ_3	假设方差相等	58.551	<0.001	7.468	301	<0.001	0.856	0.115	0.630	1.081
	假设方差不相等			8.306	268.230	<0.001***	0.856	0.103	0.653	1.059

***：$p<0.001$；**：$p<0.01$；*：$p<0.05$

第三节　OA 期刊资源提供行为模型的检验

本节以 AMOS 20.0 作为分析工具，并采用 SEM 方法进行分析，以验证前文提出的 OA 期刊资源提供行为概念模型。

一、OA 期刊资源提供行为正式样本信度分析

OA 期刊资源提供行为正式样本中各变量的 Cronbach's α 系数如表 6-10 所示：

表 6-10　OA 期刊资源提供行为正式样本信度分析结果

变量	Cronbach's α 系数值	测度项	测度项删除后的 Cronbach's α 系数值
科研信仰	0.806	REB_1	0.746
		REB_2	0.763
		REB_3	0.693
感知成本	0.667	PCJ_1	0.364
		PCJ_2	0.297
		PCJ_3	0.945
感知风险	0.889	PRJ_1	0.852
		PRJ_2	0.866
		PRJ_3	0.863
		PRJ_4	0.881
		PRJ_5	0.882
		PRJ_6	0.873
感知有用性	0.887	PJU_1	0.850
		PJU_2	0.860
		PJU_3	0.865
		PJU_4	0.866
		PJU_5	0.869
社群影响	0.837	SIJ_1	0.809
		SIJ_2	0.785
		SIJ_3	0.784
		SIJ_4	0.798
促进条件	0.828	FCJ_1	0.764
		FCJ_2	0.791
		FCJ_3	0.807
		FCJ_4	0.769

续表

变量	Cronbach's α 系数值	测度项	测度项删除后的 Cronbach's α 系数值
资源提供 行为态度	0.876	CBA_1	0.814
		CBA_2	0.859
		CBA_3	0.799
资源提供 行为意向	0.884	CBI_1	0.866
		CBI_2	0.815
		CBI_3	0.826

由表 6-10 可知，若删除测度项 PCJ_3，"感知成本"变量的 Cronbach's α 系数值从 0.667 上升到 0.945，因此在后续分析中将删除 PCJ_3。其他的各变量的 Cronbach's α 系数全部大于 0.80，表明正式样本数据具有良好的一致性和稳定性，样本信度通过检验，可以进行下一步的统计分析。

二、OA 期刊资源提供行为正式样本正态分布检验

笔者利用 AMOS 20.0 得到正式样本数据的正态分布，如表 6-11 所示。

表 6-11　OA 期刊提供资源行为正式样本正态分布检验结果

变量	测度项	偏度绝对值	峰度绝对值
科研信仰	REB_1	0.556	0.287
	REB_2	0.567	0.492
	REB_3	0.576	0.399
感知成本	PCJ_1	0.760	0.033
	PCJ_2	0.649	0.294
感知风险	PRJ_1	0.366	1.017
	PRJ_2	0.247	0.894
	PRJ_3	0.205	0.922
	PRJ_4	0.375	0.505
	PRJ_5	0.322	0.730
	PRJ_6	0.427	0.503

续表

变量	测度项	偏度绝对值	峰度绝对值
感知有用性	PJU_1	1.117	0.981
	PJU_2	0.809	0.459
	PJU_3	0.496	0.041
	PJU_4	0.408	0.179
	PJU_5	0.279	0.073
社群影响	SIJ_1	0.314	0.575
	SIJ_2	0.278	0.350
	SIJ_3	0.295	0.370
	SIJ_4	0.474	0.184
促进条件	FCJ_1	0.854	0.659
	FCJ_2	0.400	0.202
	FCJ_3	0.348	0.198
	FCJ_4	0.863	0.661
资源提供行为态度	CBA_1	0.505	0.139
	CBA_2	0.409	0.680
	CBA_3	0.231	0.096
资源提供行为意向	CBI_1	0.405	0.243
	CBI_2	0.772	1.157
	CBI_3	0.743	0.972

从表 6-11 可以看出，正式样本各测度项的偏度和峰度均符合要求，说明样本数据符合正态分布。

三、OA 期刊资源提供行为模型的验证性因子分析

（一）因子拟合指标检验

笔者利用 AMOS 20.0 对 OA 期刊资源提供行为模型进行了因子拟合指标

检验，结果如图 6-2 所示。

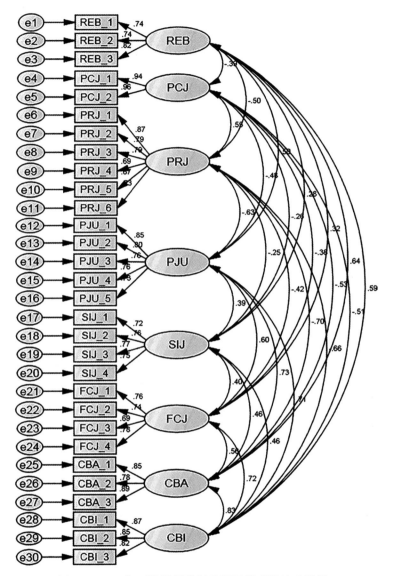

图 6-2　OA 期刊资源提供行为测量模型的检验结果

从图 6-2 可以看出，各显变量和相应潜在变量之间及各潜在变量之间均存在相关关系，且显著性概率通过了检验。测量模型的拟合指标值如表 6-12 所示。

表 6-12　OA 期刊资源提供行为模型拟合指标

统计检验量	适配的标准或临界值	检验结果数据	模型适配判断
χ^2	—	523.736	—
df	—	377.000	—
χ^2/df	<3.00	1.389	是
RMSEA	<0.08	0.036	是
NFI	>0.90	0.912	是
CFI	>0.90	0.973	是
TLI	>0.90	0.969	是
IFI	>0.90	0.974	是

从上述结果可以看出，各拟合指标值都达到了适配的标准，说明测量模型通过了因子拟合指标检验。

（二）内部一致性检验

笔者利用 AMOS 20.0 所得 OA 期刊资源提供行为模型的因子载荷、CR 值和 AVE 值，如表 6-13 所示。

表 6-13　OA 期刊资源提供行为模型内部一致性检验结果

变量	测度项	因子载荷	CR	AVE
科研信仰	REB_1	0.741	0.8090	0.5860
	REB_2	0.738		
	REB_3	0.815		
感知成本	PCJ_1	0.936	0.9451	0.8960
	PCJ_2	0.957		
感知风险	PRJ_1	0.871	0.8909	0.5784
	PRJ_2	0.788		
	PRJ_3	0.794		
	PRJ_4	0.688		
	PRJ_5	0.674		
	PRJ_6	0.730		

续表

变量	测度项	因子载荷	CR	AVE
感知有用性	PJU_1	0.853	0.8868	0.6111
	PJU_2	0.797		
	PJU_3	0.755		
	PJU_4	0.765		
	PJU_5	0.733		
社群影响	SIJ_1	0.718	0.8388	0.5655
	SIJ_2	0.763		
	SIJ_3	0.771		
	SIJ_4	0.755		
促进条件	FCJ_1	0.761	0.8298	0.5498
	FCJ_2	0.739		
	FCJ_3	0.687		
	FCJ_4	0.776		
资源提供 行为态度	CBA_1	0.849	0.8773	0.7050
	CBA_2	0.776		
	CBA_3	0.890		
资源提供 行为意向	CBI_1	0.870	0.8829	0.7156
	CBI_2	0.847		
	CBI_3	0.820		

从表 6-13 可以看出，所有潜在变量的 CR 值均大于 0.80，且在 $p < 0.001$ 的水平下显著，AVE 值均大于 0.50，均已通过检验。

（三）建构效度

笔者通过计算得到 OA 期刊资源提供行为模型中各潜在变量的收敛效度和区别效度，如表 6-14 所示。

表 6-14　OA 期刊资源提供行为模型潜在变量建构效度分析结果

	REB	PCJ	PRJ	PJU	SIJ	FCJ	CBA	CBI
REB	0.5860							
PCJ	0.1513	0.8960						
PRJ	0.2450	0.3058	0.5784					
PJU	0.2450	0.2285	0.3956	0.6111				
SIJ	0.0801	0.0655	0.0630	0.1482	0.5655			
FCJ	0.1018	0.1467	0.1798	0.3612	0.1584	0.5498		
CBA	0.4134	0.2777	0.4886	0.5300	0.2079	0.3181	0.7050	
CBI	0.3516	0.2632	0.4303	0.5055	0.2125	0.5213	0.6839	0.7156

从表 6-14 可以看出，模型具有较好的收敛效度和区别效度。

综上所述，OA 期刊资源提供行为模型的各项指标都已经通过了检验，说明模型具有良好的内部一致性和建构效度，模型适配度较高。

四、OA 期刊资源提供行为模型的结构方程分析

（一）模型构建

根据前文提出的假设模型，利用 AMOS 20.0 构建了 OA 期刊资源提供行为模型，其中科研信仰（REB）、社群影响（SIJ）和促进条件（FCJ）是外衍变量，感知成本（PCJ）、感知风险（PRJ）、感知有用性（PJU）、资源提供行为态度（CBA）和资源提供行为意向（CBI）是内衍变量。简化后所得模型如图 6-3 所示。

（二）模型拟合与评价

笔者利用正式样本数据，通过 AMOS 20.0 进行全模型的拟合，结果如表 6-15 所示。

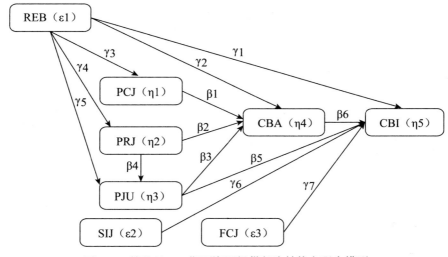

图 6-3　简化的 OA 期刊资源提供行为结构方程全模型

表 6-15　OA 期刊提供资源行为结构方程全模型拟合指标值

统计检验量	适配的标准或临界值	检验结果数据	模型适配判断
χ^2	—	666.061	—
df	—	389.000	—
χ^2/df	<3.00	1.712	符合
RMSEA	<0.08	0.049	符合
NFI	>0.90	0.888	基本符合
CFI	>0.90	0.950	符合
TLI	>0.90	0.944	符合
IFI	>0.90	0.950	符合

笔者利用 AMOS 20.0 得到最终模型，如图 6-4 所示。

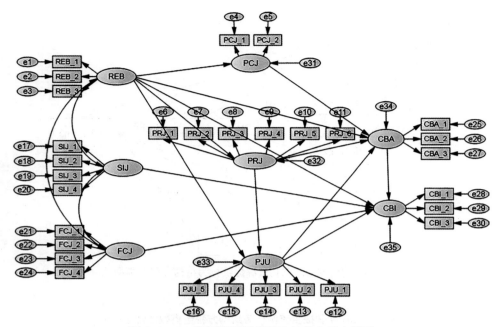

图 6-4 OA 期刊资源提供行为结构方程全模型

各潜在变量之间的路径系数如表 6-16 所示。

表 6-16 OA 期刊提供资源行为结构方程全模型的路径系数

路径系数	自变量→因变量	标准化回归系数	标准误	t 值	p 值
γ1	REB → CBI	0.121	0.101	1.402	0.161
γ2	REB → CBA	0.379	0.098	4.694	<0.001
γ3	REB → PCJ	−0.515	0.103	−7.611	<0.001
γ4	REB → PRJ	−0.605	0.124	−8.701	<0.001
γ5	REB → PJU	0.373	0.099	4.870	<0.001
γ6	SIJ → CBI	0.049	0.049	1.051	0.293
γ7	FCJ → CBI	0.350	0.057	6.404	<0.001
β1	PCJ → CBA	−0.064	0.040	−1.277	0.202
β2	PRJ → CBA	−0.254	0.043	−4.028	<0.001
β3	PJU → CBA	0.309	0.061	4.710	<0.001

续表

路径系数	自变量→因变量	标准化回归系数	标准误	t 值	p 值
β4	PRJ → PJU	−0.405	0.052	−5.680	<0.001
β5	PJU → CBI	0.094	0.058	1.469	0.142
β6	CBA → CBI	0.495	0.085	5.580	<0.001

前因变量对 OA 期刊资源提供行为意向的解释量为 78.6%，说明模型对科研人员的 OA 期刊资源提供行为意向具有较高的解释力（图 6-5）。

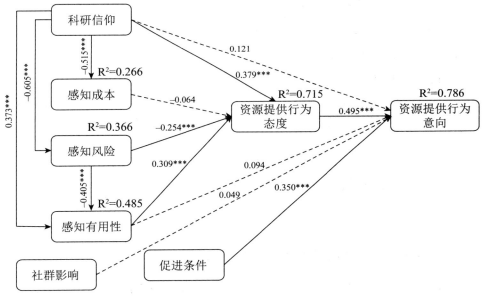

***：p<0.001；**：p<0.01；*：p<0.05

图 6-5　OA 期刊资源提供行为模型的结构方程分析结果

根据图 6-5，假设验证结果，如表 6-17 所示。

表 6-17　OA 期刊资源提供行为模型的假设验证结果

假设	假设内容	验证结果
HT1b	资源提供行为态度对 OA 期刊资源提供行为意向有正向影响	支持
HT2b	科研信仰对 OA 期刊资源提供行为意向有正向影响	不支持

续表

假设	假设内容	验证结果
HT3b	科研信仰对资源提供行为态度有正向影响	支持
HT4b	科研信仰对感知成本有负向影响	支持
HT5b	科研信仰对感知风险有负向影响	支持
HT6b	科研信仰对感知有用性有正向影响	支持
HT7b	感知成本对资源提供行为态度有负向影响	不支持
HT8b	感知风险对资源提供行为态度有负向影响	支持
HT9b	感知风险对感知有用性有负向影响	支持
HT10b	感知有用性对 OA 期刊资源提供行为意向有正向影响	不支持
HT11b	感知有用性对资源提供行为态度有正向影响	支持
HT12b	社群影响对 OA 期刊资源提供行为意向有正向影响	不支持
HT13b	促进条件对 OA 期刊资源提供行为意向有正向影响	支持

第四节　OA 期刊资源利用行为模型的检验

一、OA 期刊资源利用行为正式样本信度分析

OA 期刊资源利用行为正式样本中各变量的 Cronbach's α 系数如表 6-18
所示。

表 6-18　OA 期刊资源利用行为正式样本信度分析结果

变量	Cronbach's α 系数值	测度项	测度项删除后的 Cronbach's α 系数值
感知任务/OA 期刊匹配度	0.918	PTJF_1	0.888
		PTJF_2	0.877
		PTJF_3	0.881

续表

变量	Cronbach's α 系数值	测度项	测度项删除后的 Cronbach's α 系数值
感知利用风险	0.929	PURJ_1	0.919
		PURJ_2	0.886
		PURJ_3	0.885
感知资源有用性	0.786	PJRU_1	0.703
		PJRU_2	0.700
		PJRU_3	0.728
社群影响	0.892	SIJL_1	0.860
		SIJL_2	0.858
		SIJL_3	0.862
		SIJL_4	0.864
促进条件	0.888	FCJL_1	0.863
		FCJL_2	0.858
		FCJL_3	0.853
		FCJL_4	0.852
资源利用 行为态度	0.897	JUBA_1	0.839
		JUBA_2	0.867
		JUBA_3	0.851
资源利用 行为意向	0.891	JUBI_1	0.877
		JUBI_2	0.823
		JUBI_3	0.833

由表 6-18 可知，各变量的 Cronbach's α 系数全部大于 0.70，表明正式样本数据具有良好的一致性和稳定性，样本信度通过检验，可以进行下一步的统计分析。

二、OA 期刊资源利用行为正式样本正态分布检验

笔者利用 AMOS 20.0 得到正式样本数据的正态分布，如表 6-19 所示。

表 6-19　OA 期刊资源利用行为正式样本正态分布检验结果

变量	测度项	偏度绝对值	峰度绝对值
感知任务/OA 期刊匹配度	PTJF_1	0.752	0.770
	PTJF_2	0.958	2.083
	PTJF_3	0.838	1.611
感知利用风险	PURJ_1	0.268	0.723
	PURJ_2	0.003	0.785
	PURJ_3	0.222	0.743
感知资源有用性	PJRU_1	0.713	1.011
	PJRU_2	0.311	0.410
	PJRU_3	0.604	0.454
社群影响	SIJL_1	0.274	0.042
	SIJL_2	0.512	0.269
	SIJL_3	0.497	0.281
	SIJL_4	0.724	1.109
促进条件	FCJL_1	0.689	0.407
	FCJL_2	0.589	0.328
	FCJL_3	0.813	1.380
	FCJL_4	0.944	1.072
资源利用行为态度	JUBA_1	1.120	2.301
	JUBA_2	0.852	1.661
	JUBA_3	1.093	2.195
资源利用行为意向	JUBI_1	0.985	2.417
	JUBI_2	0.942	2.634
	JUBI_3	0.782	1.592

从表 6-19 可以看出，正式样本各测度项的偏度和峰度均符合要求，表明样本数据符合正态分布，可满足后续分析的要求。

三、OA 期刊资源利用行为模型的验证性因子分析

（一）因子拟合指标检验

笔者利用 AMOS 20.0 对 OA 期刊资源利用行为模型进行了因子拟合指标检验，结果如图 6-6 所示。

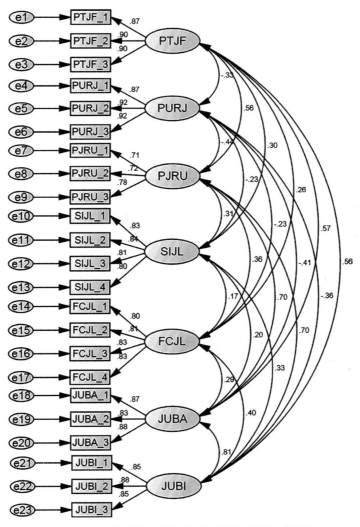

图 6-6　OA 期刊资源利用行为测量模型的检验结果

从图 6-6 可以看出，各显变量和相应潜在变量之间均有较强的正向相关关系，各显著性概率也都通过了检验。同时，7 个潜在变量之间所有相关关系也全部通过了显著性检验。测量模型的拟合指标值如表 6-20 所示。

表 6-20　OA 期刊资源利用行为模型拟合指标

统计检验量	适配的标准或临界值	检验结果数据	模型适配判断
χ^2	—	400.042	—
df	—	209.000	—
χ^2/df	<3.00	1.914	是
RMSEA	<0.08	0.055	是
NFI	>0.90	0.922	是
CFI	>0.90	0.961	是
TLI	>0.90	0.953	是
IFI	>0.90	0.961	是

从上述结果可以看出，各拟合指标值都达到了适配的标准，说明测量模型通过了因子拟合指标检验。

（二）内部一致性检验

笔者利用 AMOS 20.0 得到 OA 期刊资源利用行为模型的因子载荷、CR 值和 AVE 值，如表 6-21 所示。

表 6-21　OA 期刊资源利用行为模型内部一致性检验结果

变量	测度项	因子载荷	CR	AVE
感知任务/OA 期刊匹配度	PTJF_1	0.865		
	PTJF_2	0.900	0.9186	0.7900
	PTJF_3	0.901		

续表

变量	测度项	因子载荷	CR	AVE
感知利用风险	PURJ_1	0.865	0.9293	0.8143
	PURJ_2	0.923		
	PURJ_3	0.918		
感知资源有用性	PJRU_1	0.715	0.7838	0.5476
	PJRU_2	0.720		
	PJRU_3	0.783		
社群影响	SIJL_1	0.830	0.8927	0.6755
	SIJL_2	0.841		
	SIJL_3	0.812		
	SIJL_4	0.804		
促进条件	FCJL_1	0.795	0.8891	0.6673
	FCJL_2	0.810		
	FCJL_3	0.829		
	FCJL_4	0.833		
资源提供行为态度	JUBA_1	0.871	0.8976	0.7452
	JUBA_2	0.835		
	JUBA_3	0.883		
资源提供行为意向	JUBI_1	0.845	0.8925	0.7347
	JUBI_2	0.879		
	JUBI_3	0.847		

从表 6-21 可以看出，所有潜在变量的 CR 值均大于 0.80，且在 $p<0.001$ 水平下显著，AVE 值均大于 0.50，均已通过检验。

（三）建构效度

笔者通过计算得到 OA 期刊资源利用行为模型中各潜在变量的收敛效度和区别效度，如表 6-22 所示：

表 6-22 OA 期刊资源利用行为模型潜在变量建构效度分析结果

	PTJF	PURJ	PJRU	SIJL	FCJL	JUBA	JUBI
PTJF	0.7900						
PURJ	0.1116	0.8143					
PJRU	0.3114	0.1954	0.5476				
SIJL	0.0876	0.0506	0.0949	0.6755			
FCJL	0.0671	0.0548	0.1296	0.0292	0.6673		
JUBA	0.3306	0.1689	0.4956	0.0380	0.0864	0.7452	
JUBI	0.3125	0.1325	0.4858	0.1096	0.1592	0.6512	0.7347

从表 6-22 可以看出，模型具有较好的收敛效度和区别效度。

综上所述，OA 期刊资源利用行为模型的各项指标都已经通过了检验，说明模型具有良好的内部一致性和建构效度，模型适配度较高。

四、OA 期刊资源利用行为模型的结构方程分析

（一）模型构建

根据前文提出的假设模型，笔者利用 AMOS 20.0 构建了 OA 期刊资源利用行为模型，其中感知任务/OA 期刊匹配度（PTJF）、社群影响（SIJL）和促进条件（FCJL）是外衍变量，感知利用风险（PURJ）、感知资源有用性（PJRU）、资源利用行为态度（JUBA）和资源利用行为意向（JUBI）是内衍变量。由于完整的结构方程全模型较为复杂，笔者对模型进行了简化（见图 6-7）。

（二）模型拟合与评价

笔者利用正式样本数据，通过 AMOS 20.0 进行全模型的拟合，结果如表 6-23 所示。

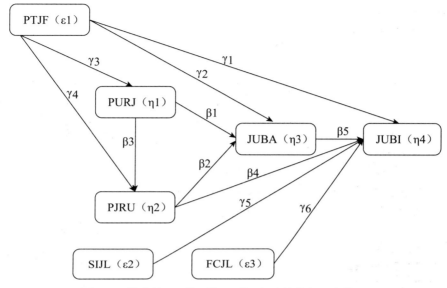

图 6-7　简化的 OA 期刊资源利用行为结构方程全模型

表 6-23　OA 期刊资源利用行为结构方程全模型拟合指标值

统计检验量	适配的标准或临界值	检验结果数据	模型适配判断
χ^2 值	—	425.904	—
df	—	216.000	—
χ^2/df	<3.00	1.972	是
RMSEA	<0.08	0.057	是
NFI	>0.90	0.917	是
CFI	>0.90	0.957	是
TLI	>0.90	0.950	是
IFI	>0.90	0.957	是

笔者利用 AMOS 20.0 得到最终模型，如图 6-8 所示。

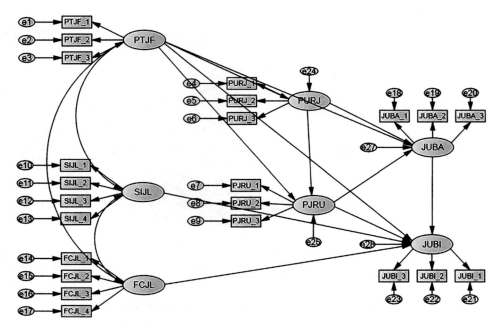

图 6-8　OA 期刊资源利用行为结构方程全模型

各潜在变量之间的路径系数如表 6-24 所示。

表 6-24　OA 期刊资源利用行为结构方程全模型的路径系数

路径系数	自变量→因变量	标准化回归系数	标准误	t 值	p 值
γ1	PTJF → JUBI	0.049	0.049	0.846	0.398
γ2	PTJF → JUBA	0.253	0.056	3.971	<0.001
γ3	PTJF → PURJ	−0.340	0.079	−5.667	<0.001
γ4	PTJF → PJRU	0.470	0.053	7.157	<0.001
γ5	SIJL → JUBI	0.130	0.039	2.926	0.003
γ6	FCJL → JUBI	0.145	0.042	3.286	<0.001
β1	PURJ → JUBA	−0.092	0.037	−1.664	0.096
β2	PJRU → JUBA	0.520	0.086	6.564	<0.001
β3	PURJ → PJRU	−0.279	0.038	−4.489	<0.001
β4	PJRU → JUBI	0.158	0.077	2.104	0.035
β5	JUBA → JUBI	0.615	0.072	8.107	<0.001

前因变量对 OA 期刊资源利用行为意向的解释量为 70.9%，说明模型对科研人员的 OA 期刊资源利用行为意向具有较高的解释力。

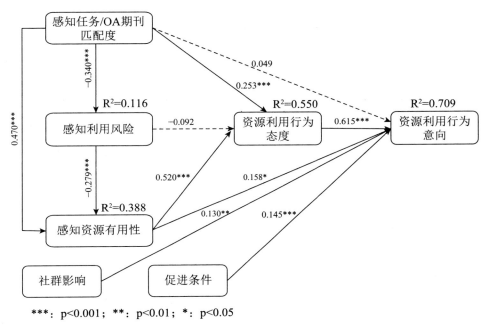

***：p<0.001；**：p<0.01；*：p<0.05

图 6-9　OA 期刊资源利用行为模型的结构方程分析结果

根据图 6-9 可得到假设验证结果，如表 6-25 所示。

表 6-25　OA 期刊资源利用行为模型的假设验证结果

假设	假设内容	验证结果
HL1b	资源利用行为态度对期刊 OA 资源利用行为意向有正向影响	支持
HL2b	感知任务/OA 期刊匹配度对 OA 资源利用行为意向有正向影响	不支持
HL3b	感知任务/OA 期刊匹配度对资源利用行为态度有正向影响	支持
HL4b	感知任务/OA 期刊匹配度对感知利用风险有负向影响	支持
HL5b	感知任务/OA 期刊匹配度对感知资源有用性有正向影响	支持
HL6b	感知利用风险对资源利用行为态度有负向影响	不支持
HL7b	感知利用风险对感知资源有用性有负向影响	支持

续表

假设	假设内容	验证结果
HL8b	感知资源有用性对资源利用行为态度有正向影响	支持
HL9b	感知资源有用性对资源利用行为意向有正向影响	支持
HL10b	社群影响对 OA 期刊资源利用行为意向有正向影响	支持
HL11b	促进条件对 OA 期刊资源利用行为意向有正向影响	支持

第七章　科研人员 OA 参与行为的影响因素分析

前文已经通过理论模型的构建、问卷设计与调查、描述性统计分析、独立样本 t 检验、单因素方差分析以及 SEM 等方法回答了如下问题：①我国科研人员对 OA 的认知度和参与度如何？②我国科研人员对 OA 的认知度和参与度是否受性别、年龄、职称、地区及学科等因素的影响？③影响科研人员 OA 参与行为的因素有哪些，其影响程度和影响路径如何？

通过 SEM 分析，笔者发现科研信仰、感知成本、感知有用性、感知风险、社群影响和促进条件等自变量对科研人员的 OA 资源提供行为意向有显著影响，感知任务/OA 匹配度、感知利用风险、感知资源有用性、社群影响和促进条件对科研人员的 OA 资源利用行为意向有显著影响。同时，笔者在调查问卷的结尾部分设置了一道题干为"如果您对推动或阻碍我国自存储运动/OA 期刊发展有任何看法的话，请在此处留下您宝贵的意见"的开放性问题，以明确科研人员主要关心的问题，进一步探寻科研人员 OA 参与行为的影响因素。由于此题并非必答题，不少调查者都没有作答，笔者经过数据清理后，有关自存储和 OA 期刊的开放性问题分别得到 57 份和 62 份有实质内容的回答，这也为影响因素分析及后续的发展策略提供了可靠依据。

第一节　OA 资源提供行为的影响因素分析

一、"科研信仰"影响因素分析

从上文研究中可看出，虽然"科研信仰"不会对"提供行为意向"直接产生显著影响（p>0.05），但会对其他变量产生显著影响。在自存储方面，

"科研信仰"对"提供行为态度"（0.191，p<0.001）、"感知成本"（-0.357，p<0.01）、"感知风险"（-0.384，p<0.001）和"感知有用性"（0.388，p<0.001）有显著的直接影响；在 OA 期刊方面，"科研信仰"对"提供行为态度"（0.379，p<0.001）、"感知成本"（-0.515，p<0.001）、"感知风险"（-0.605，p<0.001）和"感知有用性"（0.373，p<0.001）有显著的直接影响。

大量研究表明，虽然因基金拼争和职位晋升等原因而导致科研成果发表目的"异化"的现象广泛存在[①]，但不可否认的是，科研人员发表研究成果的一个主要目的是希望尽可能广泛地传播研究成果，促进科学研究发展并推动社会进步[②]。如武夷山指出科研成果发表的主要目的包括交流研究成果、丰富知识体系和争取科学发现优先权等三个方面[③]；爱思唯尔作者工作组（Elsevier Author Workshop）则认为科研工作者发表论文的主要目的是为了与科学界分享科学发现，以增加新的知识和见解，另外还包括为了提出新的、原创性的科研成果或方法，为了阐释已发表的结果以及为了回顾所在领域的发展或者总结某个主题的研究[④]；Haynes 等指出发表科研成果的目的是促进科学发展、建立科学记录、共享知识、科学发现优先权的证明、推动研究的深入、晋升的需要和获取经费支持[⑤]。

在传统学术交流体制下，学术信息交流所需时间过长，严重影响了学术信息交流的时效；同时学术出版被大型商业出版商所垄断，使得科研人员既不能快速、免费地获取同行研究成果，也不能有效地推动自身研究成果的传播与共

---

① 任胜利. 为什么要发表？［EB/OL］.［2020-03-15］. http://blog.sciencenet.cn/home.php?mod=space&uid=38899&do=blog&id=42441.

② CHARBONNEAU D H，MCGLONE J. Faculty experiences with the National Institutes of Health(NIH) public access policy，compliance issues，and copyright practices[J]. Journal of the medical library association，2013，101(1)：21-25.

③ 武夷山. 我对科学出版若干问题的看法［EB/OL］.［2020-03-15］. http://blog.sciencenet.cn/home.php?mod=space&uid=1557&do=blog&id=39978.

④ Elsevier Author Workshop. 如何撰写世界一流论文［R/OL］.［2020-03-15］. http://wenku.baidu.com/view/efb365db6f1aff00bed51ea4. html.

⑤ 转引自：任胜利. 为什么要发表？［EB/OL］.［2020-03-15］. http://blog.sciencenet.cn/home.php?mod=space&uid=38899&do=blog&id=42441.

享^①。而 OA 正是一种推动学术信息资源自由交流与共享的传播机制，它具有快速、无成本传播、良好索引和可免费获取等优点，不管是进行自存储还是将论文发表在 OA 期刊，其成果都可以被网络用户免费利用^②。OA 的"自由、开放、共享"理念，与科研人员发表研究成果以推动知识交流与共享、促进科学发展的目的不谋而合，不少研究成果也表明，科研人员支持 OA 理念是其愿意以作者身份参与 OA 运动的主要原因^③。因此，"科研信仰"对"资源提供行为态度"和"感知有用性"有显著影响在情理之中。

此外，若科研人员越坚持"支持 OA 的理念，研究成果应向用户免费开放和共享"的科研信仰，那么便越不会认可"进行自存储/向 OA 期刊投稿是浪费时间和精力"的说法，同时也会减少其对参与 OA 可能带来一些现实风险的担忧。因此"科研信仰"与"感知成本"和"感知风险"有显著的反向关系也就不难理解了。

需要注意的是，"科研信仰"对"资源提供行为意向"的效应均是通过"资源提供行为态度"而形成的间接效应，也就是说，科研人员对于自由学术交流和知识共享的科研信仰并不会直接使其产生资源提供行为意向，而是使其对 OA 运动形成积极的态度，并在态度的影响下产生行为意向。

二、"感知成本"影响因素分析

在"感知成本"方面，发现"感知成本"对自存储资源提供行为态度有显著影响（-0.093，$p<0.05$），但对 OA 期刊资源提供行为态度没有显著影响

---

① 李继娟. 基于学术信息交流的图书馆服务功能拓展 [R/OL]. [2020-03-15]. http://www.netlib.edu.cn/2012/ppt/2fen/lijijuan.ppt.

② 包冬梅，崔屏. 开放数字网络环境下学术交流体系的发展与共融 [J]. 数字图书馆论坛，2012（6）:1-7;BOUKACEM-ZEGHMOURI C，DILLAERTS H，LAFOUGE T，et al.French publishing attitudes in the open access era:the case of mathematics，biology，and computer science[J].Learned publishing，2018，31(4):345-354.

③ KIM J.Motivations of faculty self-archiving in institutional repositories[J].The journal of academic librarianship，2011，37(3):246-254;FRY J，SPEZI V，PROBETS S，et al.Towards an understanding of the relationship between disciplinary research cultures and open access repository behaviors[J].Journal of the association for information science and technology，2016，67(11):2710-2724;范晓磊. 基于扎根理论的机构知识库资源共享影响因素研究 [J]. 图书馆工作与研究，2019（4）:41-48.

（-0.064，p>0.05）。

目前学术界已经认可 arXiv.org 等少数自存储平台在学术交流中的作用，即科研人员只要将预印本存储在 arXiv.org 上，便能以此作为"科学发现优先权"的依据[①]。但总体而言，由于现有的科研考核机制并不考虑论文是否进行自存储，科研人员的研究成果要得到科研机构或者基金资助机构的认可，其必须是已经在期刊上发表的论文或已出版的著作，即使科研人员将论文进行了自存储，也还需要完成"投稿—录用—发表"过程才能得到现有学术评价机制的认可，因此不少科研人员认为自存储并不是其必须完成的任务[②]。同时，由于自存储均需要通过网络平台进行，一旦自存储平台界面不够友好、操作较为复杂，便会增加科研人员自存储所耗费的时间和精力成本，从而对其资源提供行为产生消极影响。如克兰菲尔德大学的教师虽然承认进行自存储有益处，但大多不清楚如何进行存储，且认为将论文存储至该校机构知识库是分外之事，因此希望图书馆能代其进行存储[③]；何燕的调查也表明科研人员担心自存储会浪费自己的时间是其不愿意参与的主要原因之一[④]。因此感知成本与自存储资源提供行为态度之间为何存在显著的负相关关系也就不难理解了。

在 OA 期刊方面，由于论文发表流程一般都需要经过作者网上注册、在线提交、修改、录用至最终发表等阶段，且 OA 期刊和传统期刊之间几乎无区别，因此感知成本不会对其行为态度产生显著影响也在情理之中。需要指出的是，虽然 OA 期刊出版费用的测度项 PCJ_3 在预调查时因信度检验没通过而导致在正式问卷中被删除，但开放性问题的结果表明，出版费用会对科研人员往 OA 期刊投稿产生负面影响。如有调查者表示"OA 期刊投稿成本太高，投稿 OA 期刊往往是不得已而为之的事情，我认为版面费是制约 OA 期刊发展的瓶颈，希望能有改善"（女/高级职称/材料科学）、"希望 OA 期刊降低作者（尤

---

① 张智雄,黄金霞,王颖,等.国际预印本平台的主要发展态势研究[J].数字图书馆论坛,2017（10）:2-7.

② 曾艳.从用户自存储角度看高校机构知识库建设的困惑与出路[J].图书馆工作与研究,2016（10）:46-51.

③ WATSON S. Authors' attitudes to, and awareness and use of, a university institutional repository[J]. Serials, 2007, 20(3):225-230.

④ 何燕.我国科研人员潜在自存储行为影响因素研究——以中国科学院科研人员为例[J].图书馆,2008（3）:32-35.

其是年轻作者）的发表费用"（男/中级职称/数学）。

三、"感知风险"影响因素分析

上文实证结果表明，"感知风险"对"资源提供行为态度"和"感知有用性"存在着显著影响。在自存储方面，"感知风险"对"资源提供行为态度"（−0.289，p<0.001）和"感知有用性"（−0.318，p<0.001）有显著的直接影响；在 OA 期刊方面，"感知风险"对"资源提供行为态度"（−0.254，p<0.001）和"感知有用性"（−0.405，p<0.001）有显著的直接影响。

被期刊社拒稿、版权纠纷和遭遇剽窃是科研人员进行自存储将面临的主要风险。科研人员将未发表的预印本进行自存储时，首先面临的风险就是论文在投稿时有可能被期刊社拒稿[①]。现有少数期刊社强调"首次发表权"，实行"Ingelfinger 原则"（Ingelfinger Rule），要求作者投稿时能授予其对论文的首次出版权，也就是论文在期刊发表之前没有在其他地方公开过。如《中国法学》规定凡已在公开出版物、互联网上发表的文章，该刊一律不予采用。这就使得科研人员因为担心论文被拒绝发表而不敢进行自存储。有研究指出，阻碍科研人员自存储的最主要因素是担心自存储后论文不能在期刊上发表的风险[②]。当然，如果是已经发表的后印本，则不会存在上述问题。

虽然科研人员自存储后印本不会有被期刊社拒绝录用的担忧，但却存在着有可能与期刊社版权冲突的风险。由于后印本基本与期刊社出版版本相同，若用户获得了后印本，也就相当于获得了纸质期刊中相应的文献，使其可能成为订购纸质期刊/商业数据库的一种替代方式，从而影响期刊社/数据库运营商的商业利益。特别是自存储论文依托网络进行传播，其流通速度快、传播范围广且受众多，更加重了自存储对相关利益方的影响[③]。因此，在传统版权制度下，出版商在版权协议中总是要求作者尽可能多地向其转让版权，以便出版商能

---

①　LAAKSO M. Green open access policies of scholarly journal publishers: a study of what, when, and where self-archiving is allowed[J]. Scientometrics, 2014, 99(2): 475-494.

②　PICKTON M, MCKNIGHT C. Research students and the loughborough institutional repository[J]. Journal of librarianship and information science, 2006, 38(4): 203-219.

③　秦珂. 开放存取自存档（self-archiving）的版权问题分析 [J]. 图书与情报, 2008（1）: 103-105, 114.

更好地运用版权策略去占领、拓展、巩固和垄断出版市场。甚至有的出版商在出版合同中强调,论文发表后出版商有以印刷、电子等目前已知的及将来可能出现的任何媒体或新技术为载体对作品进行传播的权利,而如果作者不同意该条款,则合同不生效,文章不予发表①。当然,随着 OA 运动的影响力日益增加,不少期刊出版社或主动或被迫地调整了版权政策,如爱思唯尔(Elsevier)在 2004 年的自由化版权政策中将作者自存储的范围由预印本扩大到了后印本,同时将 6 种物理学期刊转变成复合型 OA 期刊(Hybid OA Journals)②;Springer 推出的"开放存取选项"(Open Choice)政策授予了作者选择 OA/非 OA 的权利,即论文被接受后,作者可从"OA 出版 + 支付出版费用"和"非 OA 出版 + 免出版费用"中进行选择③。但对科研人员而言,部分出版商版权政策的调整并不意味着风险的消除,由于科研人员不可能了解每一个出版商的具体版权政策,也很难确定论文发表后作者能对论文进行何种处理,同时出版商的版权政策也经常调整,为保险起见,科研人员一般都倾向于不进行自存储④。调查所得的 57 条开放性问题意见中也有 10 条表达了对版权的担忧,如"个人认为目前自存储的主要问题在版权,尤其是涉及国外版权的问题。自存储可以在一定范围内实现,如理论物理、数学等基础研究,涉及应用类研究则比较困难,主要还是版权、专利等利益问题的冲突"(男/中级职称/物理学)和"版权收益与期刊发行存在冲突,引用是否合规?这一点还需要法律制度的保障和支持"(男/中级职称/计算机科学)。

遭遇剽窃也是自存储所面临的一个主要风险。近年来,由于科研制度、学术规范以及科研人员自律缺失等多方面原因,我国科研活动中各种学术不端行为呈泛滥之势。在此大环境下,如何保护自身研究成果的知识产权成为科研人

① 秦珂.信息资源开放存取环境中的版权政策的特点探析[J].情报杂志,2007(10):111-113.

② 黄如花,胡文琴.开放存取资源长期保存政策的调查与分析[J].图书与情报,2009(5):70-74.

③ 秦珂.开放存取背景下国际期刊版权政策的调整[J].情报科学,2007(10):1466-1471.

④ MERELO R,RODRÍGUEZ-GAIRÍN J M,ABAD M F. Journal author rights and self-archiving:the case of Spanish journals[J].Learned publishing,2014,27(2):107-119;李昆明,喻丽.高校机构知识库自存储研究[J].河北科技图苑,2015(6):74-76.

员不得不面对的问题，为求自保科研人员倾向于不将论文进行自存储，因为论文自存储后即向所有网络用户免费开放，在方便用户免费获取、推动科学知识自由交流的同时也不可避免地为学术不端行为打开了便利之门，个别科研人员只需从网上下载论文后复制、粘贴或稍作修改便完成了剽窃/抄袭行为。倘若作者自存储的是发表之前的预印本，那么发生知识产权纠纷时就很难确定究竟谁是剽窃者。调查所得的 57 条开放性问题意见中有 16 条与此风险有关，如"国内抄袭太严重，我只把英文论文放在可存储的英文网站，中文论文放在网上有被抄袭过，因此不敢再放了"（男/副高职称/经济学）、"本人觉得目前影响我国自存储运动发展的一个很重要的原因是中国学术界的'不轨'行为，即往往引用了别人的研究成果，但是却在自己的研究成果中很少标注或选择性地标注出来，这使得很多研究者忌惮于将未公开发表的成果（甚至是中间过程的演示报告、技术文档或成果摘要）进行自存储"（女/中级职称/计算机科学）和"加大对自存储运动的知识产权保护，维护作者的合法知识产权"（女/副高职称/图书、情报与档案管理）。

在 OA 期刊方面，OA 期刊上发表的论文是否可以得到同行、科研机构等方面的认可是科研人员担心的问题。虽然近年来涌现了诸如 *PLoS ONE* 等知名 OA 期刊，但整体而言，由于 OA 期刊的发展历史较短，不少 OA 期刊都还处于初步发展阶段，不仅在刊期、出版时间等方面经常发生变动，在论文质量和影响力方面也与传统期刊存在着不少差距[①]。具体而言，其表现在大部分 OA 期刊并没有被 Web of Science 所收录。据统计，目前被 DOAJ 收录的 OA 期刊接近 9000 份，而被 Web of Science 收录的仅 1100 余份。在目前的考核体系下，评价科研成果水平的标准首先为期刊是否被 Web of Science、EI 以及 CSSCI 所收录，在此基础上进一步看期刊的影响因子，而论文所发表的期刊影响因子的高低一定程度上与科研人员的工资、奖金、福利乃至科研生命联系在一起[②]，

① BOUKACEM-ZEGHMOURI C,DILLAERTS H,LAFOUGE T,et al. French publishing attitudes in the open access era:the case of mathematics,biology,and computer science[J]. Learned publishing,2018,31(4):345-354.

② 李麟. 我国科研人员对科技信息开放获取的态度——以中国科学院科研人员为例 [J]. 图书情报工作,2006（7）:34-38,50;ROWLEY J,JOHNSON F,SBAFFI L,et al. Academics' behaviors and attitudes towards open access publishing in scholarly journals[J].Journal of the association for information science and technology,2017,68(5):1201-1211.

因此在不少科研人员眼中，OA 期刊比传统期刊"低一等"。为了避免在科研绩效考核、课题申请以及职称评审时面临不被认可的风险，不少科研人员都将 OA 期刊作为第二选择，先将论文投向 SCI/SSCI 收录的期刊，若被退稿再考虑 OA 期刊。调查所得的 62 条开放性问题意见中有 18 条与此风险有关，如"现存许多 OA 期刊的文章质量参差不齐，质量在下滑，很多期刊以营利为目的，很让人担心。就我个人而言，虽然我投过 OA 期刊，但更倾向于传统 SCI 期刊"（男/中级职称/农业科学）、"我不认为一种没有任何保障、没有约束力的期刊会有什么真实的作用。我觉得 OA 与严肃的学术研究是相违背的。OA 的发展，对我国的学术发展不会有太多的积极意义，只会增加越来越多的虚假信息。我国学术期刊的发展，还得多多向国外权威期刊学习，多出高质量、有影响力的文章"（男/在读博士生/城市规划）。

此外，科研人员对 OA 期刊的不了解也加重其对 OA 期刊质量和影响力的担忧。目前正规的 OA 期刊均采用了同行评审制度，论文必须通过同行评议才有可能被期刊社接收，DOAJ 也规定只收录采用了同行评审制度的 OA 期刊，但不少科研人员并不了解这一点。有研究表明，科研人员不愿意往 OA 期刊投稿的一个原因是认为 OA 期刊没有采用同行评审制度[1]。不仅如此，OA 期刊的"作者付费出版"模式也给了不法出版机构可乘之机，大量非法期刊打着 OA 期刊的招牌大肆敛财，更加深了科研人员对 OA 期刊质量和影响力的担忧[2]。

四、"感知有用性"影响因素分析

从上文研究可以看出，"感知有用性"对"资源提供行为态度"有显著的直接影响，但对"资源提供行为意向"则不会直接产生显著影响。在自存储方面，"感知有用性"对"资源提供行为态度"的影响强度为 0.466（p<0.001），在 OA 期刊方面其影响强度则为 0.309（p<0.001）。

---

[1] XIA J F. A longitudinal study of scholars attitudes and behaviors toward open-access journal publishing[J]. Journal of the American society for information science and technology，2010，61(3)：615-624；LWOGA E T，QUESTIER F. Open access behaviours and perceptions of health sciences faculty and roles of information professionals[J]. Health information and libraries journal，2015，32(1)：37-49.

[2] 李文睿. 国外 OA 学术期刊论文发表费调查及对我国的启示 [D]. 郑州：郑州大学，2017.

毫无疑问，科研人员进行学术出版的一个重要目的是其职业发展，也就是科研人员希望论文发表后可以在尽可能大的范围内传播、可以有较高的被引频次以及有助于提升自己在学术圈中的知名度[①]。OA 作为一种学术信息交流的自由理念和出版机制，可以有效地扩大研究成果的传播范围。与传统学术交流模式不同的是，在 OA 环境下的学术信息交流与共享，模糊了传统的"科学交流"学说中正式交流和非正式交流之间的界限，以数字载体为基础的非正式交流过程的地位得到了大幅度提升，OA 期刊和自存储平台都成为学术交流的有效途径。除此之外，科研人员还可以通过个人主页、学术博客、学术论坛等途径传播其研究成果[②]。同时，OA 最为核心的理念便是"用户免费获取"，通过 OA，研究成果可以无障碍地进行传播，任何科研人员都可以在任何时间、任何地点，不受经济状况的影响，平等免费地获取和使用研究成果[③]。因此，OA 可以使研究成果被更多用户更容易地获取是其重要的"有用性"之一，并对科研人员的 OA 资源提供行为产生显著影响。

OA 的另一重要"有用性"是可以提升论文的被引频次。论文被引频次的重要性毋庸置疑，它是期刊评价、学术成果评价、科研人员评价以及职称晋升时最为重要的依据之一，如何提升论文的被引频次也成为科研人员非常关注的话题。OA 为提升研究成果的被引频次创造了条件。有研究表明，科研人员引用文献时会受到可获得性的影响，科研人员引用文献一般以占有、方便为标准[④]。由于 OA 具有基于网络免费开放的特征，使得 OA 论文的传播范围和可获

① NICHOLAS D，HUNTINGTON P，ROWLANDS I.Open access journal publishing：the views of some of the world's senior authors[J].Journal of Documentation，2005，61(4)：497-519；李武.科研人员接受 OA 知识库的影响因素研究 [D].北京：北京大学，2009；NELSON G M，EGGETT D L.Citations，mandates，and money：author motivations to publish in chemistry hybrid open access journals[J].Journal of the association for information science and technology，2017，68(10)：2501-2510.

② 黄如花，冯晴.论开放存取出版对科学信息交流和利用的影响 [J].出版科学，2008（3）：75-78.

③ 李武，刘兹恒.一种全新的学术出版模式：开放存取出版模式探析 [J].中国图书馆学报，2004（6）：66-69.

④ 朱庆华.信息分析：基础、方法及应用 [M].北京：科学出版社，2004.

得性大幅度提升，从而推动被引频次提高[①]。Lawrence 首次提出自存储论文比非自存储论文具有更高的被引率，他以 119 924 篇计算机科学领域的会议文献为样本，发现自存储论文的篇均被引率为 7.03，非自存储论文为 2.74，自存储论文具有显著的引用优势[②]；Harnad 和 Brody 以 1991—2003 年间上百万篇文献为研究对象，分析自存储所带来的引用优势，发现各学科自存储论文的占比在 5%—36% 之间，引用优势分布在 136%—298% 之间[③]；王欣和董洪光对国内物理学期刊 arXiv 自存储论文的引用优势进行了分析，发现引用优势高达 400%[④]。而针对 OA 期刊是否能提升论文的被引频次，ISI 在 2004 年公布的 OA 期刊引证分析报告显示，OA 期刊与非 OA 期刊在影响因子方面不存在差异[⑤]；Sotudeh 和 Estakhr 的研究则发现，复合型期刊上的 OA 论文具有持续性的引用优势[⑥]。需要指出的是，传统期刊的发展已经进入成熟阶段，而 OA 期刊刚经历 20 多年的发展，因此 OA 期刊与传统期刊的比较本身即是一种不在同一量级上的对比。但即便如此，OA 期刊的被引与非 OA 期刊已经不存在显著差异，且在一些学科领域涌现了一定数量的高影响力期刊，这也在一定程度表明 OA 期刊有助于提升论文的被引频次。

OA 的"有用性"还表现在有助于论文的长期保存，虽然网络资源存在着一定的不确定性，其可追溯性往往不够理想，但相比于科研人员自行存储资源，有组织和经费保障的自存储平台或 OA 期刊网站更加有利于论文的长期保

① 刘菊红,于建荣.自存档文章引用优势案例分析研究[J].图书情报工作,2008,52(11):106-110;ZHANG L,WATSON E.The prevalence of green and grey open access:where do physical science researchers archive their publications?[J].Scientometrics,2018,117(3):2021-2035.

② LAWRENCE S. Online or invisible?[J]. Nature,2001,411:521.

③ HARNAD S,BRODY T. Comparing the impact of open access(OA) vs. non-OA articles in the same journals[J/OL]. D-Lib magazine,2004,10(6)[2020-03-25]. http://www. dlib. org/dlib/june04/harnad/06harnad. html.

④ 王欣,董洪光. 国内物理学期刊 arXiv 自存档论文的引用优势研究——以 Frontiers of Physics 期刊为例[J]. 图书情报工作,2011(22):144-148.

⑤ MCVEIGH M E. Open access journals in the ISI citation database:analysis of impact factors and citation patterns[R/OL]. [2020-03-25]. http://www. thomsonisi. com/media/presnetrep/essayspdf/openaccesscitations2. pdf.

⑥ SOTUDEH H,ESTAKHR Z. Sustainability of open access citation advantage:the case of Elsevier's author-pays hybrid open access journals[J]. Scientometrics,2018,115(1):563-576.

存。如 2003 年成立的图书馆学情报学领域首个国际性 OA 学科知识库 E-LIS（E-prints in Library and Information Science）便是使用 Epringts3 软件和 Preserv 项目联合开发的各种功能支持数字对象的长期保存，而 Preserv 项目的目标就是使 E-LIS 中的数字资源可以长期存取 ①。英国诺丁汉大学的 Nottingham Eprints 机构知识库也制定了较为全面的数字资源长期保存政策，对数字资源保存的长期性、完整性和可利用性均明确了具体的政策，不仅包括元数据的保存和资源可持续利用的支持技术，也包括与其他机构合作保存的政策和针对机构知识库关闭风险的应对政策 ②。OA 期刊网站同样为论文的长期保存与利用提供了便利条件，如 *D-Lib Magazine* 提供了从 1995 年创刊以来所有论文的全文 ③。此外，OA 还有助于提升科研人员在同行中的知名度。由于 OA 论文传播范围更广、传播速度更快，其显示度得到了有效提升，从而对提升科研人员的影响力和知名度产生积极影响 ④。尤其是对自存储而言，科研人员可以借助自存储平台与同行展开多种形式的交流，从而能够相对较快地提升自己在同行中的知名度和声望。目前影响力较大的学术论坛"科学网"就是一个典型的代表，不少学者在该网站博客上就学术界热点问题发表自己的观点、展示自己最新的研究成果并对其他科研人员的论点和论文展开评价，以提升自己的知名度。

五、"社群影响"影响因素分析

前文研究结果显示，"社群影响"对自存储资源的提供行为意向产生显著的直接影响（0.197，p<0.001），但不会对 OA 期刊资源的提供行为意向产生显著影响（p>0.05）。

在现有科研评价机制下，如果相应机构没有制定强制政策，那么自存储并不属于科研人员必须完成的任务，更多的是科研人员的一种自发行为，也就是

---

① 杜伟，李庆芬 .E-LIS 学科库的建设及其启示 [J]. 图书馆建设，2011（4）:23-25，30.

② 黄如花，胡文琴 . 开放存取资源长期保存政策的调查与分析 [J]. 图书与情报，2009（5）:70-74.

③ D-Lib Magazine[EB/OL]. [2020-03-25][2020-03-25]. http://www. dlib. org.

④ OKEJI C C，EZE M E，CHIBUEZE N M. Awareness and use of self archiving options among academic librarians in Nigerian universities[J]. Global knowledge，memory and communication，2019，68(1/2):2-16.

说，科研人员如果认可自存储便有可能去参与其中，相反则很有可能拒绝参与。由于论文被科研人员进行自存储后还可以在期刊上发表，或者论文在期刊上发表后还可以进行自存储，因此自存储并不会对科研人员绩效考核产生明显负面影响。在这种背景下，科研人员的自存储行为容易受到人际关系的影响，一旦科研人员身边的大多数同事、朋友均将自己的论文进行自存储，甚至建议自己也将论文进行自存储以提高影响力时，科研人员便很有可能去尝试进行自存储[①]。与此类似的是，在学术共同体中，知名专家握有较强的话语权，若知名专家建议科研人员，尤其是年轻科研人员进行自存储，科研人员一般出于对知名专家的信任而将自己的论文进行自存储。学术界的宣传和倡导则更容易产生影响。以物理学为例，由于该学科已经形成了较好的自存储氛围且有 arXiv.org 这一知名平台的存在，使得物理学领域的很多科研人员都认可自存储并通过这种新兴的渠道进行学术交流[②]。预调查也发现有科研人员表示，他们参与自存储，是在效仿国外同行的做法。由此可见，"社群影响"对自存储资源的提供行为意向有显著正向影响。

让人比较意外的是，科研人员的 OA 期刊资源提供行为意向并不会受到"社群影响"的显著影响。不过对比自存储和 OA 期刊这两条实现 OA 的途径，可以发现，与自存储不同的是，论文在 OA 期刊上发表后一般不能再在其他学术期刊上发表，因此科研人员在选择投稿对象时，首先要考虑的是怎么才能提升自己的科研绩效，而期刊是否会被 Web of Science/EI/CSSCI 收录、影响因子如何、界内声誉如何等都是与科研绩效密切相关的问题，期刊是否 OA 可能是科研人员考虑的一个问题，但肯定不会是最为重要的问题。此外，从事科研时间较长的科研人员对期刊一般都有自己的评价、投稿习惯和偏向等，受同事、朋友以及其他人际关系影响的可能性更小。因此，"社群影响"与 OA 资源提供行为意向之间不存在显著影响关系也是可以接受的结果。

---

① 李武. 科研人员接受 OA 知识库的影响因素实证研究 [J]. 中国图书馆学报,2010（3）:57-66；ABRIZAH A,HILMI M,KASSIM N A.Resource-sharing through an inter-institutional repository motivations and resistance of library and information science scholars[J].The electronic library,2015,33(4):730-748.

② 张智雄,黄金霞,王颖,等. 国际预印本平台的主要发展态势研究 [J]. 数字图书馆论坛,2017（10）:2-7.

六、"促进条件"影响因素分析

前文研究结果显示，"促进条件"对"资源提供行为意向"产生显著的直接影响，在自存储方面其影响强度为 0.210（p<0.001），在 OA 期刊方面的影响强度则为 0.350（p<0.001）。

大量研究表明，管理政策是影响科研人员 OA 资源提供行为意向的一个重要因素。对于 OA 运动的发展，管理政策的制定是不可或缺的基础，是行动方向和原则。一般来说，自存储政策的内容包括了资源类型、资源收集政策、权利管理、版权管理、隐私保护以及数字资源的长期保存等多个方面[①]。激励政策是管理政策的一个重要组成部分，一旦科研人员所在机构制定了 OA 激励政策，将会对科研人员的 OA 资源提供行为产生较为明显的影响。目前不少科研机构都采取了强制性存取这一类似于反向激励的管理政策，如 2008 年，哈佛大学人文学院全体师生一致通过名为《OA 自存储政策：哈佛大学人文学院》（ *OA Self-Archiving Policy:Harvard University Faculty of Arts and Sciences* ）的 OA 政策，要求该学院全体教师在与出版商签署版权协议时，保留其将经同行评议后的预印本存入学术机构知识库的权利[②]。这一政策也被众多大学效仿，美国、加拿大、澳大利亚、英国以及北欧地区等国的科研机构相继制定了类似的强制存储政策。而强制存储政策会对科研人员的行为产生显著影响也得到不少研究的证实，如 Xia 等在对现有强制存储政策及其效果进行了评述后指出，制定强制政策是推动科研人员参与自存储的重要措施[③]。

争取课题资助是科研人员获取科研经费、促进科研发展以及晋升职称所需的重要条件。近年来一些课题资助机构也制定了相应政策要求科研人员参与 OA，如英国研究委员会（Research Councils UK，RCUK）要求所有接受其资助的科研人员，必须将其最终出版的期刊论文或会议论文在各研究委员会

---

①　LO C-C,HUANG H-C.A study on relevant policies for institutional repositories[J]. Journal of educational media and library sciences,2005,43(2):191-214;郎庆华 . 机构知识库政策体系构建研究 [J]. 情报理论与实践,2014（7）:23-28.

②　杜海洲 . 国际有关开放存取政策及其对我国的启示 [J]. 现代情报,2010（8）:113-118,122.

③　XIA J F,GILCHRIST S B,SMITH N,et al. A review of open access self-archiving mandate policies[J]. Portal:libraries and the academy,2012,12(1):85-102.

分会指定的机构知识库中存储电子版，在可能的情况下，要求科研人员自存储的内容还包括相关论文的数目数据以及论文在所发表的出版商网站上的链接①。2009 年，美国总统奥巴马签署了《2009 年综合拨款法案》（*The Omnibus Appropriations Act of 2009*），宣布美国国家卫生研究院（National Institutes of Health，NIH）的强制性公共存取政策永久生效。

对于自存储而言，成熟的自存储平台也是较为重要的促进条件之一。一般而言，自存储平台越易于操作和使用，科研人员的使用意愿会更加强烈（当然自存储平台并不仅仅停留在易于操作的层面，重点应当是平台是否具有较大的影响力②）。因为论文是科研人员辛勤研究的产物，科研人员一定不会希望将论文放在一个少有人问津的平台，所以一旦自存储平台在界内形成强大的影响力，将会吸引更多的科研人员参与其中。比如自存储之所以能在物理学领域得到广泛实践，arXiv.org 这一平台功不可没。开放性问题中一位调查者的意见是"自存储在国内的影响力有限，中国科技论文在线还需要引进高水平的论文和科研成果"（男/副高职称/矿业工程），也证实了自存储平台对科研人员的影响。此外，Key Perspective Ltd. 的调查表明，自存储需要花费科研人员的时间并且在存储过程中可能面临技术困难是阻碍科研人员参与自存储的重要因素③，而 Xia 等的调研则发现不少机构知识库里的资源多数是由图书馆员或者学校管理人员代为存储④。本研究的实证结果也表明，是否有人对科研人员的自存储进行管理、培训和协助，会在一定程度上影响科研人员的参与行为。

对于 OA 期刊而言，除了管理政策的推动作用以外，OA 期刊本身的声誉和影响力也将会是一个影响科研人员参与的因素。不少调研都表明，科研人员在投稿时，不仅考虑期刊的影响因子，也会考虑到刊物在学术界中的影响力，而科研人员不愿意往 OA 期刊投稿的一个重要原因是大量 OA 期刊的学术影响

---

① 何燕. 国内外自存储政策分析 [J]. 图书馆理论与实践，2009（7）：20-24，33.

② 曾艳. 从用户自存储角度看高校机构知识库建设的困惑与出路 [J]. 图书馆工作与研究，2016（10）：46-51.

③ SWAN A，BROWN S. Open access self-archiving：an author study[R/OL]. [2020-02-25]. http://www. jisc. ac. uk/uploaded_documents/Open%20Access%20Self%20Archiving-an%20author%20study. pdf.

④ XIA J F. Assessment of self-archiving in institutional repositories：across disciplines[J]. Journal of academic librarianship，2007，33(6)：647-654.

力和声誉不如传统期刊[①]。倘若OA期刊能够提升自己的学术影响力和声誉，将会对科研人员的参与产生积极影响。

第二节　OA 资源利用行为的影响因素分析

一、"感知任务/OA 匹配度"影响因素分析

前文研究结果显示，"感知任务/OA 匹配度"不对"资源利用行为意向"产生显著的直接影响，但对其他变量产生显著的直接影响。具体而言，在自存储方面，"感知任务/自存储匹配度"对"资源利用行为态度"（0.280，$p<0.001$）、"感知利用风险"（−0.384，$p<0.001$）、"感知资源有用性"（0.466，$p<0.001$）有显著的直接影响；在 OA 期刊方面，"感知任务/OA 期刊匹配度"对"资源利用行为态度"（0.253，$p<0.001$）、"感知利用风险"（−0.340，$p<0.001$）和"感知资源有用性"（0.470，$p<0.001$）有显著的直接影响。

将 TTF 与 TAM 以及 UTAUT 等模型进行整合的研究已有很多，且大多证实了 TTF 可有效弥补 TAM 模型的不足[②]。与此类似的，"感知任务/OA 匹配度"与"资源利用行为意向"之间的关系也得到了证实。长期以来，图书馆所提供的学术信息资源与科研人员的信息需求之间存在着较大的鸿沟，科研人员的信息需求难以得到有效的满足，这造成了学术信息获取与学术信息需求失衡的状态[③]。而OA运动的发展为满足科研人员的信息需要创造了良好的条件，尤其是对发展中国家的科研人员而言，通过自存储平台和 OA 期刊网站便可以免费获取与自身研究兴趣相关的信息资源。并且随着 OA 运动的普及，OA 期刊的数

---

① 祝琳琳,周莹.开放获取期刊用户使用意愿分析[J].图书馆学研究,2016（2）:57-63.

② DISHAW M T,STRONG D M.Extending the technology acceptance model with task-technology fit constructs[J].Information & management,1999,36(1):9-21;曾学鹍.TTF 模型的研究进展综述[J].现代图书情报技术,2008(5):27-32;YUAN S,LIU Y,YAO R,et al.An investigation of users' continuance intention towards mobile banking in China[J].Information development,2016,32(1):20-34.

③ 邓君.机构知识库建设模式与运行机制研究[D].长春:吉林大学,2008.

量持续增多，质量也不断提升，自存储平台的影响力逐步扩大，平台中数字资源也日渐丰富，这些都提升了科研人员找到符合自身研究需要的 OA 资源的可能性，从而使科研人员对利用 OA 资源的态度变得更为积极，并在积极的态度下产生利用意向。因此，"感知任务/OA 匹配度"与"资源利用行为态度"之间存在着显著的正向关系在情理之中。

此外，科研人员在利用 OA 资源的过程中，如果认为 OA 资源与自身研究主题相关且对研究具有一定价值，那么其对 OA 资源质量和引用风险的担忧便会随之而减少。因此，"感知任务/OA 匹配度"对"感知利用风险"产生着显著的负向影响实属正常。同样的道理，若科研人员认为 OA 资源与自身研究主题的相关性越高、对自身研究的参考价值越大，那么其对 OA 资源有用性的认知也会随之而增加。

二、"感知利用风险"影响因素分析

"感知利用风险"对"资源利用行为态度"没有显著的直接影响（p>0.05），但对"感知资源有用性"有显著的负向影响。具体而言，在自存储方面的影响强度为 −0.336（p<0.001），在 OA 期刊方面的影响强度为 −0.279（p<0.001）。

"感知利用风险"与"感知资源有用性"之间存在的显著的反向关系比较容易让人理解，因为不管是自存储资源还是 OA 期刊，一旦科研人员认为其质量缺乏足够的保障，引用 OA 资源会加大引用错误观点的可能性或者引用面临着较大风险时，自然就不会认为其"有用性"较高。

比较意外的是，"感知利用风险"对"资源利用行为态度"只有显著的间接影响，而没有显著的直接影响。由于目前大多数自存储平台均没有采用同行评议，使得自存储论文质量缺乏令人信服的保障，从而导致科研人员在利用时有所顾虑。但科研人员一般都有一定的知识积累，对于各种参考资源的价值和可用性都有一定的自我判断能力，对于 OA 资源也是如此。即使科研人员认为整体上利用 OA 资源可能会比利用传统学术资源面临更大的风险，但对于具体的某篇文献，科研人员如果认为其符合自身研究需要，便很有可能加以利用。因此从这个层面上来看，"感知利用风险"和"资源利用行为态度"之间没有显著的直接关系似乎也是有道理的。

三、"感知资源有用性"影响因素分析

前文研究结果显示,"感知资源有用性"对"资源利用行为态度"和"资源利用行为意向"产生显著的正向影响。具体而言,在自存储方面,"感知资源有用性"对"资源利用行为态度"的影响强度为 0.464（p<0.001）,对"资源利用行为意向"的影响强度为 0.168（p<0.05）；在 OA 期刊方面,"感知资源有用性"对"资源利用行为态度"的影响强度为 0.520（p<0.001）,对"资源利用行为意向"的影响强度为 0.158（p<0.05）。

正如 Google Scholar 的标语"站在巨人的肩膀上"一样,科研人员的研究活动都必须以前人的研究为基础,搜集和阅读文献是科研活动中必不可少的部分。OA 运动的发展为科研人员获取学术资源带来了积极影响,它能使广大科研人员免费、快速地获取和掌握世界范围内的最新相关研究成果及学术发展动态。一方面,OA 模式为科研人员提供了一个及时获取科研成果的平台,使科研人员能够更快速地获取最前沿的学术动态,满足其方便、快捷获取学术资源的要求；另一方面,OA 模式降低了科研人员获取学术资源的成本,由于 OA 倡导的是一种开放与共享的理念,科研人员免费获取学术资源是其最主要的特征和价值所在[①]。同时,随着时间的推移,OA 运动的影响力越来越大,自存储平台和 OA 期刊的数量与日俱增,为科研人员提供的资源支持能力也越来越强,甚至有国内学者认为 OA 资源正成为主流学术信息资源[②]。因此,"感知资源有用性"与"资源利用行为态度"和"资源利用行为意向"之间存在着显著的正向关系实属正常。

四、"社群影响"影响因素分析

前文研究结果显示,"社群影响"对"资源利用行为意向"产生显著的正向影响,具体而言,在自存储方面影响强度为 0.155（p<0.01）,在 OA 期刊方面影响强度则为 0.130（p<0.05）。

---

① 曾元祥,方卿.论开放存取对学术交流的影响（一）——基于科研人员视角的分析 [J].信息资源管理学报,2011（3）:53-56.

② 张晓林.开放获取学术信息资源:逼近"主流化"转折点 [J].图书情报工作,2012（9）:42-27.

OA 作为一种新生事物，最初大多数科研人员都对其不是特别了解，对于 OA 资源价值和作用的认识也不够深入，因此在利用 OA 资源时难免有一些犹豫。国内有关研究也显示，网络引文并不是科研人员最为主要的信息源，但整体呈现出逐年上升的趋势。如邱均平与杨思洛对 2005—2007 年国内图书馆学情报学期刊论文的网络引文进行了计量分析，发现三年间网络引文分别占图书馆学和情报学总引文的 16.24% 和 14.73%，而在利用的网络资源类型中，HTML 类型引文最多，其次是 PDF 格式和动态网页 [①]。随着 OA 运动的快速发展，出版界、学术界也有不少机构和学者在大力倡导 OA。如 2012 年 10 月，参加"国外图书馆学研究与本土化"学术研讨会的图书情报学理论界、教育界与实践界代表与《图书情报工作》杂志社及其他图书情报学期刊共同发布《中国图书馆学情报学期刊开放获取出版苏州宣言》，以积极推动图书馆学情报学的 OA 出版 [②]。在多方的共同努力下，越来越多的人开始认可并接受 OA 理念。因此，"社群影响"对"资源利用行为意向"产生显著的正向影响也在情理之中。

五、"促进条件"影响因素分析

"促进条件"对"资源利用行为意向"产生显著的正向影响，在自存储方面其影响强度为 0.161（p<0.01），在 OA 期刊方面其影响强度 0.145（p<0.001）。

资源的可获得性是影响科研人员学术资源利用的一个重要因素。相比于图书馆购买的商业数据库，OA 资源的分布相对零散，也相对缺乏系统性。虽然现在已有 DOAJ 和 OpenDOAR 等专门的目录网站，但不少科研人员对此并不了解。图书馆是专门收集信息并提供信息服务的部门，也是科研人员查找资料时的一个主要途径，若图书馆能对现在 OA 资源进行有效组织、揭示与管理，将有利于科研人员的资源获取与利用。与此类似的是，若国内能建成具有较大影响力的自存储平台或者 OA 期刊门户网站，也将会为科研人员获取 OA 资源创造良好的条件。除此之外，能否通过搜索引擎方便快捷地找到 OA 资源也是

① 邱均平,杨思洛.基于网络引文的网上学术资源利用规律研究——以图书馆学与情报学为例 [J].情报学报,2010（3）:497-505.

② 图书情报工作.中国图书馆学情报学期刊开放获取出版苏州宣言 [EB/OL].[2020-03-02]. http://159.226.100.150:8085/lis/CN/column/item173.shtml.

一个重要的影响因素。在网络普及的今天，大部分科研人员都会通过搜索引擎，尤其是学术型搜索引擎（如 Google Scholar 等）进行学术资源的搜索与获取，因此能否通过网络检索工具快速、准确地找到 OA 资源，也会对科研人员的利用行为意向产生影响。因此，"促进条件"对"资源利用行为意向"有显著的影响也就不难理解了。

第八章　我国 OA 运动发展策略

根据前面几章的实证研究与影响因素分析，本章将提出若干具有针对性的策略，以推动我国 OA 运动的发展。

一、广泛宣传与倡导 OA 理念

虽然 OA 概念在科研人员当中已经有所普及，但仍然有相当一部分的科研人员对 OA 缺乏了解或一知半解。改善科研人员对 OA 认识不够的问题关键在于加强 OA 理念宣传，提高社会认知度。实证研究也发现，"社群影响"对于科研人员的资源提供行为意向和资源利用行为意向有着显著影响。因此，要推进我国 OA 运动的发展，需要广泛宣传 OA 理念。

事实上，目前国内外不少学者/学术机构正在进行 OA 运动的宣传、推广与倡导工作，其中中国科学院无疑是国内宣传与倡导 OA 最为积极的机构和重要的推动力量。早在 2004 年，中国科学院院长路甬祥和国家自然科学基金委员会陈宜瑜主任便代表中国科学院和基金委签署《柏林宣言》；2010 年 10 月，由中国科学院和德国马普学会共同举办的第八届开放存取柏林国际会议在中国科学院国家科学图书馆举行；2012 年 10 月，China OA Week（中国开放存取推介周）在中国科学院国家科学图书馆举行，推介周分为"OA Repository Day"（OA 知识库日）、"China IR Day"（中国机构知识库日）和"China OA Publishing Day"（中国 OA 出版日），并邀请国际知名 OA 期刊 *PLoS ONE* 主编介绍大型 OA 期刊的运营模式和论文影响力评价模式[①]；2017 年 10 月，中国科学院、中国科学院国家科学图书馆和国家科技图书馆，加入全球 OA2020 倡

---

① 中国科学院国家科学图书馆 .China OA Week 中国开放获取周通知 [EB/OL]. [2020-03-05]. http://www.las.ac.cn/subpage/Information_Content.jsp?InformationID=5670.

议；2018 年 5 月 15 日，中国国家自然科学基金委和中国科学院发布声明，要求由这两个机构提供研究资金的项目研究成果在发表后 12 个月内无限制访问。上述努力无疑为对推动国内 OA 运动的发展起到了积极作用。但需要指出的是，我国 OA 运动的发展，需要更多学术机构和科研人员共同宣传、倡导与参与。

具体而言，推动 OA 运动的发展可以考虑采用如下宣传策略：

（1）采取自上而下与自下而上相结合的宣传方法。所谓自上而下的宣传，主要指的是针对高层领导开展宣传。在 OA 的发展中，领导决策层的作用非常重要，机构知识库/学科知识库的建设与维护、OA 激励政策的制定与实施、OA 期刊的创办等都离不开领导的支持。为此，需要针对学术机构/管理部门的决策层开展宣传。自下而上的宣传，主要是针对广大科研人员而言。科研人员是推动 OA 运动发展最为主要的生力军，应针对科研人员大力宣传 OA 运动的作用与意义，尤其是宣传其对提高论文被引频次、扩大科研人员影响力等方面的影响，从而吸引科研人员的参与。

（2）丰富宣传与倡导手段。除了可以采用召开学术会议、发布 OA 倡导宣言等宣传手段，还可以采取以下多种方式进行宣传工作：①各学术机构可以在图书馆等地设置宣传展台，通过宣传单、宣传海报、OA 主要资源列表等材料介绍和推广 OA 理念。②通过学术机构网站、图书馆网站以及各级学院网站发布与 OA 相关的新闻及公告，并提供主要 OA 资源的网络链接[①]。③积极争取被 OpenDOAR 和 DOAJ 等知名目录网站收录。目前 OpenDOAR 收录了四十多个国内 OA 知识库，但绝大部分均是中国科学院各研究院所建立的机构知识库，国内大部分高校所建立的机构知识库、中国科技论文在线、中国预印本服务系统等 OA 知识库全部都不在此网站的收录范围内。而国内被 DOAJ 所收录的 OA 期刊数量也不多，不仅与美国、英国等国家相距甚远，而且与香港地区和台湾地区的差距也较为明显。因此国内的各 OA 知识库与 OA 期刊需要积极向上述知名网站申请收录资格，以扩大自身影响力。同时，还应与 Google Scholar、Scopus、Scirus 以及 OAIster 等学术搜索引擎和数据库开展合作。④

---

① 徐春,张静.“双一流”建设背景下高校图书馆机构知识库建设现状及发展对策 [J].图书馆学研究,2019（3）:31-38,77.

若建立 OA 知识库，相关负责人还应该在建设过程中赴各院系进行宣传与系统操作演示，这样在争取得到科研人员支持的同时，还可以提升 OA 资源的利用率。

（3）针对不同人群采取不同的宣传方式。考虑到性别、年龄、职称、地区和学科对科研人员的参与行为现状有着不同程度的影响，应该针对不同人群开展不同的宣传方式。以学科为例，自然科学学科的科研人员的 OA 参与度较高，但认知度相对较低，甚至存在着部分科研人员已经将自己的研究成果通过自存储平台/个人主页等途径免费公开，但并不清楚这是自存储。因此针对自然科学学科的科研人员，应该以宣传 OA 的基本理念与知识、提供更多的 OA 期刊和自存储信息等为重点。相反，社会科学学科的科研人员对 OA 的认知度较高，但参与度相对较低。针对这类科研人员，则应该用事实和数据说话，将 OA 所能带来的益处真实地展示出来，以吸引科研人员的参与。

二、切实加强 OA 资源的质量控制

学术资源质量是 OA 的生命线，质量高低决定其发展前景[①]。科研人员对于 OA 资源质量和影响力的担忧，已经成为一个阻碍 OA 发展的重要因素。本研究结果也表明，"感知风险"与科研人员的资源提供行为意向之间存在着显著的负向影响，而"感知有用性"和"感知资源有用性"与资源提供行为意向和资源利用行为意向有着显著的正向影响。

在自存储方面，可以采取如下措施加强对学术资源的质量控制：

（1）加强对提交资源的质量评审。目前国内外大多数 OA 知识库都没有采用严格的质量控制机制，而只是对论文的外在形式进行了一定的限定。如此宽松的控制手段显然不能真正保证自存储资源的质量，也无法适应当前自存储发展的需要。因此进一步严格自存储资源的质量控制成为大势所趋。在当前形势下，自存储尚不具备与传统期刊类似的同行评审制度，因此可以考虑将质量控制的对象由论文转移到论文提交者[②]。arXiv.org 的做法无疑为国内自存储平台提供了良好的"范本"。arXiv.org 发展之初并没有采用质量控制机制，而随着

---

① 万文娟. 学术资源开放存取的现状、障碍及策略研究 [J]. 图书馆,2011（5）:90-92.

② 刘静羽,张智雄,黄金霞,等. 预印本服务中的质量控制方法研究 [J]. 数字图书馆论坛,2017（10）:15-19.

影响力的扩大，它对论文提交者的身份进行了一定限制，要求作者提供一个带有".edu"后缀的 E-mail 地址才可以提交资源。后随着预印本提交数量的快速增加，arXiv.org 于 2004 年引入了认证制度（endorsement），规定已经获得验证的学者在提交论文的时候可以免除认证程序，第一次提交论文到 arXiv.org 的作者需要与合格的 arXiv.org 认证人联系以获得其为学术团体活跃成员的证明，方可完成提交[①]。因此笔者认为国内自存储平台也可以采取作者认证制度，以加强对论文的质量控制。

（2）注重后印本的自存储。虽然预印本可以加快学术传播速度，但在目前学术环境短时间内难以发生根本性变革、各种学术不端行为依然较多的大背景下，期望科研人员将预印本进行自存储的美好愿望似乎显得不够实际。因此，现阶段可以采取"退而求其次"的策略，将后印本的自存储作为工作重点，首先保证资源的免费开放，而不过分追求学术交流与传播的速度。由于后印本已经过同行评审且得到了期刊社的认可，其质量一般都较有保障，同时又可避免被剽窃/抄袭的风险，使得科研人员能够较为放心地存储和利用。

（3）针对预印本提供专门的服务。首先应为作者提供必要的证明，自存储平台应考虑为每一篇提交的论文提供一个唯一的编号；同时对预印本提交的时间进行严格记录并在需要时为作者提供时间证明，这既保护了作者的首发权，也是对作者资源提供行为的一种规范与约束。其次，应允许科研人员在论文发表之后将预印本替换为后印本，或者后印本与预印本共存。

在 OA 期刊方面，可以采取如下质量控制措施：

（1）规范 OA 期刊出版，保持出版的稳定性。虽然与传统期刊相比，OA 期刊具有出版更为灵活的优势，但也存在着质量良莠不齐现象明显、出版周期波动性大、出版频率低的期刊数量较多、非研究性论文比例偏高、论文格式规范程度参差不齐等问题。如有研究者发现图书馆学情报学领域 OA 期刊中有 60% 的论文没有关键词、近 30% 的论文没有摘要、3% 的论文没有参考文献，且部分论文参考文献内容不完整、缺乏统一的描述格式，此外还有部分论文无法下载全文[②]。因此，为提高 OA 期刊的质量，首先要规范 OA 期刊的出版。具

---

① 刘银娣. 电子印本仓储——arXiv 运营情况研究 [J]. 出版科学,2009（3）:78-82.

② 贾君枝,李亚芳. 国外图书情报学领域开放存取期刊的发展 [J]. 情报科学,2012（3）: 430-435.

体应做到：保持较为稳定的出版周期，保证每期论文数量较为固定，保证研究性论文为 OA 期刊最为主要的文献类型，确保论文保持正规、统一的格式。

（2）严格执行同行评审制度。由于科研人员认为 OA 期刊的同行评审不如传统期刊严格，甚至部分科研人员认为 OA 没有采用同行评审制度，因此 OA 期刊应该采用严格的同行评审制度以保证论文质量，并在期刊网站的显著位置对此进行说明，以打消科研人员的疑虑。更为重要的是，OA 期刊还应该将同行评审制度与出版费用激励政策相结合，根据同行评审的结果确定收取的出版费用。具体来说，可以对于只是达到出版要求的论文收取正常的出版费用，对于质量较高的论文减免部分甚至全部的出版费用，而对于质量特别高的论文则不仅减免出版费用，还可以支付一定的稿酬。虽然根据同行评议结果确定出版费用的做法在短期可能会给 OA 期刊运行经费带来一定的影响，但从长远看，此举无疑可以有效提高期刊质量，为期刊的可持续发展创造条件。

（3）加强行业自律。OA 期刊"作者付费、读者免费"的出版模式为非法期刊社提供了可乘之机，国内外均已出现打着 OA 期刊旗号大肆收取出版费用的非法期刊社，这给正处在发展中的 OA 期刊出版模式带来不小的负面影响。为应对鱼龙混杂的局面，OA 期刊本身也应该加强行业自律，如成立 OA 期刊联盟、对 OA 期刊联盟成员实行准入制度等，将出版不够规范、期刊质量较差的期刊排除在外，以推动 OA 期刊出版的健康发展。

此外，还需要建立合适的监督体系，采用反剽窃技术和同行监督等方式对 OA 期刊论文进行监督，一旦发现论文有抄袭/剽窃情况，便采取相应的惩罚措施。具体措施可以借鉴传统期刊的做法，如撤销论文、通报其所在机构以及一定时间内不再接收该作者的任何论文等。

三、妥善解决 OA 发展中的版权问题

版权问题是困扰 OA 发展的一个主要因素，尤其是对于自存储而言，科研人员对版权纠纷的担忧是阻碍其发展的最为主要的因素之一。本研究也发现"感知风险"对科研人员的 OA 资源提供行为态度产生显著的负向影响。因此，推动我国 OA 运动的发展，需要妥善解决相关版权问题。具体而言，可以采取如下措施：

（1）在满足期刊社合理要求的前提下保留作者更多的权利。在传统出版体

系中，期刊出版机构占据着核心位置，科研人员不愿意参与自存储的一个重要原因正是因为担心自存储与期刊社的版权政策相冲突[①]。因此，自存储平台与期刊社开展合作，在满足其合理要求的前提下再探讨可行的版权解决方案将是一个不错的选择[②]。首先应满足期刊社的"首发权"。首发权是反映期刊能否刊载最新研究成果、能否及时反映学术前沿、能否引领学术潮流的重要标志，也是评价期刊学术质量和影响力的重要指标之一。由于首发权与科研人员的自存储并没有内在的利益冲突[③]，因此应予以满足。这就要求科研人员如果存储的是后印本，便应该在论文出版后过一段时间再进行自存储，并在自存储平台中标明出版论文的期刊名、出版年、卷、期、页码等信息。其次，自存储平台不应享有版权，如果存储的是预印本，则允许科研人员继续向期刊社投稿。最后，应与传统出版机构进行沟通与谈判，以减少期刊社对 OA 的版权限定。如可以采取机构知识库/学科知识库联盟的形式与传统出版机构进行谈判，为作者争取更多的权利[④]。可喜的是，随着 OA 运动影响的扩大，不少期刊或主动或被动地调整了版权政策[⑤]。如 *The Lancet* 虽然要求作者必须签订版权转让协议，但并非转让所有权利，作者依然保留了部分版权；Springer 于 2004 年推出 "Open Choice" 政策，允许被录用论文的作者选择支付发表费用使论文实现免费开放或者选择传统的订购模式发表论文[⑥]；《图书情报工作》于 2012 年宣布实行选择性复合 OA 出版，要求得到国家级科研经费支持的研究论文在发表后的 3 个月内实现 OA，其他论文则在发表后的 12 个月实现 OA，并允许论

---

① 董文鸳.我国机构知识库建设研究[D].保定:河北大学,2012;ABRIZAH A,HILMI M, KASSIM N A.Resource-sharing through an inter-institutional repository motivations and resistance of library and information science scholars[J].The electronic library,2015,33(4):730-748.

② 傅蓉.开放存取的版权问题[J].图书馆理论与实践,2006（5）:40-41.

③ 秦珂.开放存取自存档（self-archiving）的版权问题分析[J].图书与情报,2008（1）: 103-105,114.

④ 刘钟美,张新鹤.开放获取环境下我国科研人员对知识产权制度的认知与态度[J]. 图书情报工作,2016（16）:50-60,49.

⑤ 秦珂.开放存取背景下国际期刊版权政策的调整[J].情报科学,2007（10）:1466- 1471;陈雪飞,张智雄,黄金霞.国际学术出版机构预印本政策分析[J].数字图书馆论坛,2017 （10）:8-14.

⑥ Springer. Springer open choice-Your way to open access[EB/OL].[2020-03-05]. http:// www. springer. com/open+access/open+choice?SGWID=0-40359-0-0-0.

文作者按照相关规定进行自存储①。各期刊社对版权限制的减少也为解决 OA 发展中的版权纠纷创造了条件。

（2）开展版权政策导航网站建设。虽然不少期刊出版机构放宽了版权限制，但由于不同出版机构和期刊社都有各自的版权政策，科研人员对版权政策的了解大多模棱两可。如李武的调查发现有 36% 的科研人员对预印本进行自存储后是否影响论文被期刊录用的情况不清楚，40% 的科研人员对自存储后印本是否会与期刊社发生版权纠纷的情况表示不清楚②。因此有必要建立期刊版权政策导航网站，把国内外主要期刊的版权政策进行分类汇总，让科研人员能够了解这些期刊社的版权政策，从而在一定程度上打消科研人员选择 OA 时的顾虑。英国 SHERPA（Securing a Hybrid Environment for Research Preservation and Access）项目的实践为我们提供了借鉴。该项目与 RoMEO 项目合作，将 RoMEO 调查所得到的出版商版权政策通过专门的网站向用户免费开放，用户通过该网站既可以详细了解到学术期刊的版权政策，也可以明确出版机构是否允许用户进行自存储以及其允许用户自存储预印本还是后印本。为了使用户能够更清楚地了解各期刊社的版权政策，该网站选用不同颜色表示版权的开放程度，如绿色表示同时允许存储预印本和后印本，蓝色表示允许存储后印本，黄色表示允许存储预印本，白色则表示期刊社没有明确提出支持自存储③。笔者认为国内也需要开展类似的工作，具体而言，可以采取分期建设的方法，首先可以考虑将 CSSCI 和 CSCD 所收录期刊的版权政策进行收集并公开，然后再考虑诸如 Elsevier、Springer 等国外大型出版集团的版权政策。当然，由于各期刊社和出版机构的版权政策并非固定不变，信息的维护与更新也是版权政策导航网站建设的一个重点问题。

与自存储相比，OA 期刊虽然也面临着一定的版权问题，但相对更加简单④。目前国际上采用最多的是知识共享许可协议（Creative Commons

① 图书情报工作.《图书情报工作》开放获取出版政策声明 [EB/OL].［2020–03–05］. http://159.226.100.150：8085/lis/CN/column/item176.shtml.

② 李武. 科研人员接受 OA 知识库的影响因素研究 [D]. 北京：北京大学，2009.

③ 孙静. 开放存取知识产权问题研究 [J]. 数字图书馆论坛，2006（9）：54–60.

④ 马海群，王英. 开放存取期刊中的版权问题分析及解决策略 [J]. 国家图书馆学刊，2010（2）：49–54.

License），该协议提供作者署名（attribution）、非商业使用（noncommercial）、禁止演绎（no derivative works）和相同方式共享（share alike）等四种授权方式，作者根据自己的授权意愿进行自由组合，可构成六种 CC 许可协议：署名—非商业使用—禁止演绎、署名—非商业性使用—相同方式共享、署名—非商业性使用、署名—禁止演绎、署名—相同方式共享、署名[①]。现在已有中国大陆版协议，国内 OA 期刊可采用 CC 中国大陆版许可协议，以破解版权难题。

四、充分发挥图书馆在 OA 运动中的作用

作为一个信息服务机构，图书馆在 OA 运动中的作用已经得到 OA 实践的充分证实。本书的实证分析也表明，"促进条件"对科研人员的 OA 资源提供行为和 OA 资源利用行为有着显著的正向影响。但与国外同行相比，国内图书馆的参与度略显不够，因此有必要进一步发挥图书馆在 OA 运动中的作用。具体而言，可以从以下几个方面着手：

（1）承担机构知识库建设的主要任务。国外的实践表明，机构知识库的建设任务主要由各学术机构的图书馆完成。国内知名的机构知识库，如厦门大学机构典藏库以及中国科学院的一系列机构知识库，也都是由图书馆负责建设。不过整体而言，国内机构知识库数量非常有限，绝大多数高校都没有机构知识库，科研人员的自存储主要通过个人主页或其他学术网站等途径进行，造成这一状况的一个重要原因是高校图书馆的 OA 参与度不够。因此，为推动我国 OA 运动的发展，需要图书馆主动承担更多的责任。图书馆的领导应该主动向校级领导层陈述 OA 对学校发展带来的作用与意义，并争取学校对机构知识库建设的资金、人力与管理政策等方面的支持，组建专业团队，选择合适的平台，开展机构知识库的建设[②]。同时，在机构知识库建成后，图书馆还应该提供与此相关的多项服务：①提供代提交服务。考虑到将论文存储至机构知识库中需要花费一定的时间与精力，"感知成本"也被证实对自存储资源提供行为态度存在着一定的负向影响，因此可以采取由图书馆指定专人代科研人员进行

---

① 陈东韵,黄如花.开放存取信息资源的知识产权保护现状[J].图书情报工作,2008（12）:17-19,58.

② 肖可以,杨锦荣,滕亚军.基于高校图书馆机构知识库构建要素分析研究[J].图书馆学研究,2014（2）:37-41.

存储的方法，以推动机构知识库的资源建设。②及时提供资源利用信息。图书馆可将论文在机构知识库中的浏览次数、下载次数等利用信息通过 E-mail 定期发送给作者，以此激发科研人员的参与。

（2）加强对 OA 资源的组织与揭示。OA 资源分布相对分散和科研人员对 OA 资源不够了解是阻碍科研人员利用 OA 资源的主要因素，而图书馆对 OA 资源的组织与揭示可有效解决上述问题，为科研人员利用 OA 资源提供便利。目前，国内已有不少图书馆对 OA 资源进行了开发与利用，如麦淑平对国内"211 工程"院校图书馆开发利用 OA 资源的现状进行了调研，发现有近一半的图书馆已经在其网站上揭示了 OA 资源库，但组织方式以建立资源导航为主，少有图书馆将 OA 资源与自身馆藏进行整合利用或建设新的 OA 资源库，图书馆对 OA 资源的组织工作尚处于较为浅层的阶段[1]。京津冀地区高校图书馆对 OA 资源的组织与揭示也存在着类似的问题[2]。为此，图书馆还应该将 OA 资源与图书馆馆藏资源进行深度整合，为用户提供更优质的 OA 资源服务。目前国外不少图书馆采取将 OA 资源与数据库资源、电子资源等相结合的方式，把 OA 资源逐步纳入到图书馆馆藏信息资源中。国内图书馆也可以采取类似的做法，将 OA 资源与图书馆现有数字资源进行整合，或者可以利用集成检索平台，实现 OA 资源与图书馆购买的数字资源的统一检索并保持动态更新，为用户提供更为优质的服务[3]。除此之外，图书馆还可以将利用 OPAC 揭示 OA 资源[4]，使用户通过 OPAC 查找馆藏文献时，也可以检索到 OA 资源等虚拟馆藏资源，从而提升 OA 资源的利用率[5]。

---

① 麦淑平. 我国"211 工程"院校图书馆开放存取资源开发利用调查 [J]. 图书馆杂志，2011（3）:53-58.

② 黄雪梅，张世怡，潘璐，等. 高校图书馆开放获取资源揭示内容分析与研究——以京津冀高校图书馆为例 [J]. 情报资料工作，2016（4）:98-103.

③ 刘军，张军. 中国开放获取期刊现状分析及图书馆的应对措施 [J]. 图书馆杂志，2019（2）:64-68.

④ 周庆梅，梁冬莹，张木兰. 我国"985"工程院校图书馆开放存取资源调查分析 [J]. 情报科学，2010（6）:879-883.

⑤ 陈传夫，王云娣. 开放存取期刊的分布及获取策略研究 [J]. 中国图书馆学报，2007（6）:82-87.

五、稳步推进 OA 管理政策建设

管理政策是 OA 运动顺利开展的有力保证，也是提升科研人员参与度的重要措施。实证结果表明，"促进条件"对科研人员的 OA 资源提供行为意向和利用行为意向都有着显著的正向影响。因此，相关部门有必要稳步推进国内 OA 管理政策建设，具体而言，可以采取如下措施：

（1）基金资助机构制定 OA 政策。如国家自然科学基金委在"十一五"规划中强调"加强科学基金项目研究成果的集成和宣传，建立成果管理信息发布系统和成果展示与利用平台，促进基础研究学术信息资源的共享和利用"[①]；中国高校人文社会科学网在 2011 年发出了"学术论文开放存取出版"的倡议[②]，但其项目成果库中只提供部分成果的摘要，全文并未公开。相比之下，国外不少基金资助机构已经制定了多种 OA 政策，其中最具代表性的是 NIH 的 OA 政策。NIH 在 2005 年公布了"NIH 资助项目研究成果的公共获取政策"，要求受 NIH 资助的项目研究者在论文发表后的 12 个月内，将原稿存储至 PubMed Central 数据库中。2007 年，美国众议院要求 NIH 将"请求"（request）改为"要求"（require），同年，美国总统布什签署了 NIH 有关 OA 的预算案，NIH 要求的强制性 OA 政策正式具备了法律效力。因此，国内的基金资助机构也应该着手制定 OA 政策，国家社会科学基金和国家自然科学基金两大国家级基金更是应该起到"身先士卒"的示范作用。两大基金可在其项目申报规定中增加"在同等条件下，承诺将项目研究成果进行 OA 的申请将得到优先考虑"条款。不仅如此，两大基金还应该尽快完善各自的成果数据库，并在成果管理规定中增加"项目承担者有义务将项目研究成果存储到项目成果库中，并且以此作为获得资助的一个重要条件，涉及国家安全、国家利益或重大社会公共利益的除外"。这样不仅可以推动基金资助成果的免费开放，还可以提升基金影响力、加强学术监督力度和规范科研人员的学术行为，达到一举多得的效果。可喜的是，国家自然科学基金委已建成了名为"国家自然科学基金基础研究知识库"

---

① 王如镜，曹杰. 开放存取背景下国家自然科学基金资助成果共享途径研究 [J]. 科学管理研究，2010（4）：46-49.

② 关于"学术论文开放存取出版"的倡议 [EB/OL]. [2020-03-06]. http://www.sinoss.net/2011/0415/32086.html.

（Open Repository of National Natural Science Foundation of China，NSFC-OR）的 OA 知识库，并发布了"国家自然科学基金委员会基础研究知识库开放获取政策实施细则"，推动基金资助成果的免费开放[①]。

（2）制定 OA 激励政策。要获得科研人员对 OA 的支持，必要的激励政策不可少。针对 OA 期刊和自存储的不同状况，可采取不同的激励政策。对于 OA 期刊而言，基金资助机构或者学术机构可以采取经费支持政策，若科研人员能在合乎规定的 OA 期刊上发表论文，则额外给予一定的经费支持，适当补偿科研人员的出版费用。对于自存储而言，学术机构可以考虑采取建立与科研绩效考核相关联的管理制度，若科研人员能在规定的时间内将论文自存储至指定的平台，即可在年度科研考核中给予一定的加分，或者在同等条件下优先评优，以此激发科研人员的参与热情[②]。此外，自存储平台可在网站上设置"最新上传论文""热门论文""热门作者"等栏目，提供论文的提交数量和利用信息。

（3）学术机构制定强制存储政策。虽然 OA 激励政策会在一定程度上推动科研人员的参与，但国外实践表明，制定强制存储政策对 OA 发展具有重要作用。有研究表明，在机构知识库建成的 1—2 年内，如果没有强制性存储政策，论文的存储率只有 15% 左右，而如果强制存储，存储率则可以达到 100%[③]。目前国内有少数学术机构已经制定了强制存储政策，如中国科学院国家科学图书馆已经做出明确规定，要求其成员在规定时间内将论文存储至相应机构知识库。但与自存储发展较为普及的国家相比，我国强制存储政策的制定和实施还较为落后。因此，需要更多的学术机构制定强制存储政策，由学术机构统一强制收集机构成员的研究成果，并在作者许可的范围内进行使用。当然，在实施过程中可将强制存储政策与 OA 激励政策结合起来，以达到更好的效果。

---

① 崔海媛,聂华,吴越,等.资助机构开放获取知识库研究与构建——以国家自然科学基金基础研究知识库为例[J].图书情报工作,2017（11）:45-54.

② 汪琴,张建文,张智萍,等.机构知识库可持续发展策略[J].情报杂志,2017（5）:164-167,174.

③ XIA J F,GILCHRIST S B,SMITH N,et al. A review of open access self-archiving mandate policies[J]. Portal:libraries and the academy,2012,12(1):85-102.

六、探索多种 OA 期刊出版的实现方式

DOAJ 的数据表明，目前我国 OA 期刊数量较少，且大多影响力有限，目前国内 OA 期刊的发展还处在初步阶段。本书实证表明，"感知有用性""感知资源有用性"对科研人员的 OA 资源提供行为意向和 OA 资源利用行为意向有着非常重要的影响。因此，在现阶段探索多种 OA 期刊出版的实现方式，是推动我国 OA 运动的一个重要措施。具体而言，可以考虑如下方式：

（1）创建完全基于网络的 OA 期刊。一般而言，一份新建的 OA 期刊要经过较为长期的发展才能得到科研人员的认可。如在图书馆学情报学领域，*D-Lib Magazine* 和 *Information Research* 是 2 份影响力较大的 OA 期刊，这 2 份期刊都有着创办时间较早（1995 年）、出版较为规范以及对论文质量进行严格控制等特点。虽然创办一份高质量的 OA 期刊并非易事，但这并不意味着国内不需要为此而努力，从长远来看，创办基于网络的高质量期刊是发展趋势所在，也是期刊社增强竞争力的一个重要手段。可喜的是，国内有些期刊社已经开始了有益的尝试。《图书情报工作》杂志社于 2007 年正式发布了一份基于网络的纯数字化期刊《图书情报工作网刊》[①]，该网刊刊登学术论文、会议论文、学术/会议 PPT、学位论文摘要以及业界资讯等，所有资源不仅向用户免费开放，同时也不收取任何出版费用，论文在网刊上刊登以后还可以继续向其他传统期刊投稿。笔者期望国内有更多的期刊社能够行动起来，创办更多的 OA 期刊。

（2）传统期刊转为 OA 期刊。由于国内全新 OA 期刊的发展尚处在初级阶段，纯 OA 期刊的质量和声誉还有待进一步提高，因此有必要采取将传统期刊转为 OA 期刊的策略。事实上，目前国内不少传统期刊都已经转为 OA 期刊，如《物理学报》的所有论文已经在其期刊网站上全部 OA，任何网络用户都可以从网站上获取 1936 年至最新一期的论文全文。不过需要指出，目前将传统期刊转为 OA 期刊还主要是期刊社的自发行为，没有相关管理部门的推动。因此笔者建议有关期刊管理部门采取相应的措施，促使传统期刊向 OA 期刊转变。如 2012 年全国哲学社会科学规划办公室开展了国家社会科学基金学术期

---

① 该刊 2013 年更名为《知识管理论坛》，刊号为 ISSN 2095-5472。

刊资助项目，受资助的期刊可获得连续 3 年资助，每年经费 40 万。其管理办法中明确"不得以任何名义收取版面费"和"须将每期刊登论文的电子版，及时提交全国哲学社会科学规划办公室资助的国家哲学社会科学学术期刊数据库"中，但并没有明确要求受资助的期刊实现 OA。因此笔者建议在合适的时候，全国哲学社会科学规划办公室可以考虑要求受资助的期刊须将论文在规定时间通过期刊网站进行免费开放。

（3）推动复合型 OA 期刊的发展。复合型 OA 期刊也是实现期刊论文 OA 的一条可行途径。目前国外有不少出版商采取了复合型 OA 的方式，最为典型的是 Springer 的"Open choice"，该出版商允许作者选择支付出版费用使论文免费开放[①]。但由于国内大多数传统期刊收取版面费，且科研人员对 OA 的认识不够深入，要求作者在支付版面费后再额外支付 OA 出版费用显得不够现实，因此国内传统期刊可以采取部分论文 OA 的方式，即在某一期中选择一定数量的论文免费开放，另外的则需要付费/订阅后方可获取全文。

（4）OA 期刊与自存储平台开展合作。为了改变 OA 期刊较为分散而造成获取较为不便的局面，OA 期刊可以与自存储平台开展合作，即将 OA 期刊整合至自存储平台中，用户可以通过自存储平台实现对 OA 期刊的一站式检索。通过此种方式，既可以使用户快速获取 OA 期刊论文，又可以提升自存储平台的影响力，达到双赢的局面。目前中国科技论文在线已与多家期刊社开展合作，用户通过此平台即可对国内外众多 OA 期刊进行浏览、检索与全文下载。国内其他 OA 期刊应主动加入这一平台中，切实为用户利用 OA 资源提供便利，推动国内 OA 运动的发展。

七、加强 OA 期刊的评价与甄选

随着 OA 运动的快速发展，OA 期刊也不断涌现，几乎每天都有新的 OA 期刊问世。DOAJ 已经收录了近 9000 份 OA 期刊，当中虽然不乏质量较高的期刊，但总体而言，OA 期刊的质量和影响力有待提升。实证分析表明，"促进条件"是一个重要的影响因素，OA 期刊的质量和影响力不仅会影响到科研人员的资源提供行为意向，也会显著影响其利用行为意向。因此，有必要对现

---

① 王世慧. 复合型开放存取期刊研究 [J]. 四川图书馆学报,2011（5）:90-93.

有 OA 期刊开展质量和影响力评价与甄选工作，为科研人员的参与行为提供便利。具体而言，应从如下几个方面开展相关工作：

（1）确定 OA 期刊影响力的评价标准。由于大部分 OA 期刊均没有被 Web of Science 收录，因此采用传统的引文分析法并不可行[1]，而 Google Scholar 的出现为评价 OA 期刊的学术影响力奠定了基础。由于 Google Scholar 除收录学术论文信息以外，还收录 OA 资源、图书馆、技术报告等多种资源，并提供引文链接[2]，因此可以选择采用 Google Scholar 作为对 OA 期刊影响力进行评价的工具之一。此外，由于 OA 期刊是基于网络运行的，网络计量学的相关理论与方法也为 OA 期刊影响力的评价提供了途径。目前国内外已有学者对此问题展开了研究，如胡德华通过 h 指数、被引频次、他引频次、影响因子对 Web of Science 收录的生物医学类 OA 期刊的学术影响力进行了评价，采用网页数、网络链接数以及网络影响因子等指标对期刊的网络影响力进行了评价[3]；Yuan 和 Hua 针对图书情报领域的 OA 期刊，采用引文分析法和网络链接分析法，对其影响力进行评价，结果表明基于网络链接对 OA 期刊进行评价有一定的可行性[4]。但由于网络的不稳定和网络链接的复杂性，采用网络链接法分析对 OA 期刊进行评价还面临着不少难题，因此有必要对 OA 期刊影响力的评价标准进行更深入的探讨。

（2）建立精选 OA 期刊网站。在确定 OA 期刊影响力评价标准的基础上，需要有相关机构对目前已有的 OA 期刊进行评价，甄选出学术影响力较大、出版较为规范的部分 OA 期刊。此后，还应该建立精选 OA 期刊网站，将甄选出来的 OA 期刊信息在此网站上公开，方便科研人员了解自身所属学科领域内的高质量 OA 期刊，提升科研人员的 OA 参与度。目前国外已经建成了 DOAJ、

①　MUKHERJEE B. Do open-access journals in library and information science have any scholarly impact? A bibliometric study of selected open-access journals using Google scholar[J]. Journal of the American society for information science and technology, 2009, 60(3): 581-594.

②　董文鸳. 数字科研时代的引文分析——基于被引频次分析的实证研究 [J]. 大学图书馆学报, 2007（2）:36-39, 106.

③　胡德华. 生物医学类开放存取期刊学术质量评价及其评价体系研究 [D]. 长沙:中南大学, 2009.

④　YUAN S, HUA W. Scholarly impact measurements of LIS open access journals: based on citations and links[J]. The electronic library, 2011, 29(5): 682-697.

PLoSOAJ 等 OA 期刊平台，并提供了集成化、系统化、个性化的检索功能与知识服务 [①]。国内相关机构可在参考国外经验的基础上结合国内实际情况开展网站建设。

---

① 匡登辉 . 开放存取期刊网络平台知识服务对比研究 [J]. 图书馆工作与研究,2016（12）:50-55,68.

第九章　研究结论与展望

一、研究总结

OA 是因学术交流危机和科研人员对学术自由交流的期望而产生的一种新型学术交流体系。近年来 OA 运动得到了快速发展，但资源建设与资源利用问题成为其进一步发展的瓶颈。科研人员是关系到 OA 资源建设成功与否的关键要素，他们既是资源提供者，也是资源利用者。本书紧扣这一关键因素，对科研人员参与行为现状、资源提供行为意向和资源利用行为的影响因素进行了系统分析，研究结果总结如下：

（1）虽然还有一定数量的科研人员不了解 OA，但整体而言，OA 概念在科研人员中已经有所普及。相比之下，科研人员的参与度不够理想，有相当一部分的科研人员没有进行过自存储或向 OA 期刊投稿。

（2）目前我国科研人员的 OA 参与现状受到性别、年龄、职称、地区和学科的影响，尤其是在学科方面，自然科学领域科研人员的参与度明显高于人文社会科学领域的同行，这也反映出，OA 运动在自然科学领域发展得好，OA 更为普及。

（3）科研人员的自存储资源提供行为意向受"科研信仰""感知成本""感知风险""感知有用性""社群影响""促进条件""资源提供行为态度"的影响，其中"科研信仰"和"感知有用性"是非常重要的影响因素；科研人员的自存储资源利用行为意向受"感知任务/自存储匹配度""感知利用风险""感知资源有用性""社群影响""促进条件""资源利用行为态度"的影响，其中"感知利用风险"并非主要的影响因素。

（4）科研人员的 OA 期刊资源提供行为意向受"科研信仰""感知风险""感知有用性""促进条件""资源提供行为态度"的影响，其中"科研信仰"和"感知有用性"是非常重要的影响因素；科研人员的 OA 期刊资源利用行为意向受"感知任务/自存储匹配度""感知利用风险""感知资源有用性""社群影响""促进条件""资源利用行为态度"的影响，但"感知利用风险"不是主要的影响因素。

（5）为了推动我国 OA 运动的发展，政府需要采取具有针对性的策略，具体包括广泛宣传与倡导 OA 理念、切实加强 OA 资源的质量控制、妥善解决 OA 发展中的版权问题、充分发挥图书馆在 OA 运动中的作用、稳步推进 OA 管理政策建设、探索多种 OA 期刊出版的实现方式和加强 OA 期刊的评价与甄选等。

二、研究局限

由于研究条件、研究者知识积累和时间等多方面的限制，在以下几个方面存在着一定的局限。

（1）模型的构建方面。首先，笔者在模型中用行为意向代替实际行为作为因变量。目前我国科研人员参与 OA 运动程度不高，大部分科研人员并未进行过自存储或者向 OA 期刊投稿。为了使问卷调查具备可行性，本书以行为意向代替实际行为作为模型的因变量。虽然 TPB 理论指出，用户的行为意向越强，个人将会越努力去实现其行为，但在信息技术领域，行为意向和行为结果之间的相关系数在 0.5 左右[1]。其次，经典的信息技术接受理论模型 UTAUT 证明了用户的性别、年龄、经验和自愿性对用户的接受行为产生调节作用[2]，但由于研究需要构建 OA 资源提供行为模型和 OA 资源利用行为模型，同时还要考虑自存储和 OA 期刊两条不同的实现途径，受制于研究内容的复杂和笔者时间、精力的有限，本书并没有将调节变量纳入研究范围。

（2）研究方法方面。首先，虽然笔者在问卷中要求被调查者如果对自存储或 OA 期刊不了解，需要浏览中国科技论文在线或 DOAJ 后再填写问卷，但有些被调查者可能没有浏览相应网站或查看得不够认真，从而在某种程度上影响

---

[1]　SHEPPARD B, HARTWICK J, WARSHAW P. The theory of reasoned action：a meta-analysis of pas research with recommendations for modifications and future research[J]. Journal of consumer research, 1988, 15(3)：325-343.

[2]　VENKATESH V, MORRIS M G, DAVIS G B, et al. User acceptance of information technology：toward a unified view[J]. MIS quarterly, 2003, 27(3)：425-478.

到问卷中部分测度项测量结果的准确性。其次，本次调研主要通过发送 E-mail
邀请科研人员参与网络调查，E-mail 主要取自于 Web of Science 数据库。一般
而言，科研人员要具备较强的科研实力才可以在国际性核心期刊上发表论文，
在人文社会科学领域更是如此，因此这在一定程度相当于将调查对象集中在了
科研能力较强的科研人员这一群体。虽然笔者也通过其他途径搜集了 E-mail，
但科研能力相对不强的被调查者数量可能偏少，从而也有可能对调查结果的准
确性产生一定的影响。

三、研究展望

科研人员的 OA 参与行为及其影响因素是一个相当复杂的问题，本研究难
以解决所有问题。因此，笔者希望有更多的致力于推动我国 OA 发展的学者继
续开展相关研究工作。未来可从以下几个方面开展后续工作：

（1）考察科研人员的实际参与行为及其影响因素，待 OA 运动在国内得到
进一步发展，国内科研人员对其认知度和参与度进一步得到提升的时候，可考
虑在本研究的基础之上，将实际行为作为模型的因变量，并考虑性别、年龄、
职称、地区、学科等变量的调节作用，对科研人员的参与行为进行更为系统、
全面和深入的研究。

（2）考察科研人员的持续 OA 行为。在 OA 运动的发展进程中，科研人员
的初始接受行为是其迈向成功的重要一步，而持续参与行为则是其最终成功的
关键驱动力，只有科研人员持续参与，OA 运动才可能得到长远发展。因此，
待客观条件许可后，应该对科研人员的持续 OA 行为进行深入研究。在信息技
术用户的持续参与研究方面，期望确认模型（Expectation Confirmation Model，
ECM）是最为经典的理论模型，该理论突破了 TAM 等模型的局限，真正关注
用户在接受信息技术后的行为[①]，近年来在用户持续参与研究方面得到了广泛
应用。今后在考察 OA 运动中科研人员的持续参与行为时可以 ECT 模型为基
础，并进行适当的调整。

（3）以学科等为依据进行更加深入的细致研究。此次研究在选取调查对

---

① BHATTACHERJEE A. Understanding information systems continuance：an expectation-
confirmation model[J]. MIS quarterly，2001，25(3)：351-370.

象时并未对学科、地区进行限制。事实上，自然科学领域和人文社会科学领域的科研人员对 OA 的认知度和参与度有着较为明显的区别，即使在人文社会科学领域，不同学科、不同地区甚至不同年龄的科研人员之间也存在着一定的区别。因此，今后可以选择某一个或某几个学科进行更加深入、细致的研究。

参考文献

[1] ABRIZAH A. The cautious faculty:their awareness and attitudes towards institutional repositories[J]. Malaysian journal of library & information science,2009,14(2):17-37.

[2] ABRIZAH A,HILMI M,KASSIM N A. Resource-sharing through an inter-institutional repository motivations and resistance of library and information science scholars[J]. The electronic library,2015,33(4):730-748.

[3] AJZEN I. The theory of planned behavior[J]. Organizational behavior and human decision processess,1991,50(2):179-211.

[4] ANTELMAN K. Do open-access articles have a greater research impact?[J]. College & research libraries,2004,65(5):372-382.

[5] BHATTACHERJEE A. Understanding information systems continuance:an expectation-confirmation model[J]. MIS quarterly,2001,25(3):351-370.

[6] BARO E E,TRALAGBA E C,EBIAGBE E J. Knowledge and use of self-archiving options among academic librarians working in universities in Africa[J]. Information and learning science,2018,119(3/4):145-160.

[7] BOUKACEM-ZEGHMOURI C,DILLAERTS H,LAFOUGE T,et al. French publishing attitudes in the open access era:the case of mathematics,biology,and computer science[J]. Learned publishing,2018,31(4):345-354.

[8] CHARBONNEAU D H,MCGLONE J. Faculty experiences with the National Institutes of Health(NIH) public access policy,compliance issues,and copyright practices[J]. Journal of the medical library association,2013,101(1):21-25.

[9] COLEMAN A. Self-archiving and the copyright transfer agreements of ISI-ranked library and information science journals[J]. Journal of the American society for information science and technology,2007,58(2):286-296.

[10] CONNELL T H. The use of institutional repositories:the Ohio State University experience[J].

College & research libraries,2011,72(3):253-275.

[11] CREASER C. Open access to research outputs—institutional policies and researchers' views results from two complementary surveys[J]. New review of academic librarianship,2010, 16(1):4-25.

[12] DAVIS F D. Perceived usefulness,perceived ease of use,and user acceptance of information technology[J]. MIS quarterly,1989,13(3):319-339.

[13] DAVIS P M,CONNOLLY M J L. Institutional repositories:evaluating the reasons for non-use of Cornell University's installation of DSpace[J/OL]. D-Lib magazine,2007,13(3/4) [2020-02-25]. http://www. dlib. org/dlib/march07/davis/03davis. html.

[14] DULLE F W,MAJANJA M K M. The suitability of the Unified Theory of Acceptance and Use of Technology(UTAUT) model in open access adoption studies[J]. Information development,2011,27(1):32-45.

[15] GADD E,OPPENHEIM C,PROBETS S. RoMEO studies 1:the impact of copyright ownership on academic author self-archiving[J]. Journal of documentation,2003,59(3):243-277.

[16] GADD E,OPPENHEIM C,PROBETS S. RoMEO studies 4:an analysis of journal publishers' copyright agreements[J]. Learned publishing,2003,16(4):293-308.

[17] GOODHUE D L,THOMPSON R L. Task-technology fit and individual performance[J]. MIS quarterly,1995,19(2):213-236.

[18] HUA F,SUN H,WALSH T,et al. Open access to journal articles in oncology:current situation and citation impact[J]. Annals of oncology,2017,28(10):2612-2617.

[19] JOUNG K H,ROWLEY J. Medical and health sciences academics' behaviours and attitudes towards open access publishing in scholarly journals:a perspective from South Korea[J]. Information development,2019,35(2):191-202.

[20] KENNAN M A. Academic authors,scholarly publishing,and open access in Australia[J]. Learned publishing,2007,20(2):138-146.

[21] KIENC W. Authors from the periphery countries choose open access more often[J]. Learned publishing,2017,30(2):125-131.

[22] KIM J. Faculty self-archiving behavior:factors affecting the decision to self-archive[D]. Michigan:University of Michigan,2008.

[23] KIM J. Motivations of faculty self-archiving in institutional repositories[J]. The Journal of

academic librarianship,2011,37(3):246-254.

[24] LAAKSO M. Green open access policies of scholarly journal publishers:a study of what, when,and where self-archiving is allowed[J]. Scientometrics,2014,99(2):475-494.

[25] LAAKSO M,POLONIOLI A. Open access in Ethics research:an analysis of open access availability and author self-archiving behaviour in light of journal copyright restrictions[J]. Scientometrics,2018,116(1):291-317.

[26] LAWRENCE S. Online or invisible?[J]. Nature,2001,411:521.

[27] LERCHER A. A survey of attitudes about digital repositories among faculty at Louisiana State University at Baton Rouge[J]. The journal of academic librarianship,2008,34(5):408-415.

[28] LWOGA E T,QUESTIER F. Open access behaviours and perceptions of health sciences faculty and roles of information professionals[J]. health information and libraries journal, 2015,32(1):37-49.

[29] MANJUNATHA K,THANDAVAMOORTHY K. A study on researchers' attitude towards depositing in institutional repositories of universities in Karnataka(India)[J]. International journal of library and information science,2011,3(6):107-115.

[30] MILLER R M. Readers' attitudes to self-archiving in the UK[D]. Edinburgh:Napier University,2006.

[31] MISCHO W H,SCHLEMBACH M C. Open access issues and engineering faculty attitudes and practices[J]. Journal of library administration,2011,51(5/6):432-454.

[32] MUKHERJEE B. Do open-access journals in library and information science have any scholarly impact? A bibliometric study of selected open-access journals using Google Scholar[J]. Journal of the American society for information science and technology, 2009,60(3):581-594.

[33] NAZIM M,ZIA S. Acceptance and adoption of open access publishing by researchers in India[J]. Global knowledge,memory and communication,2019,68(1/2):148-158.

[34] NICHOLAS D,HUNTINGTON P,ROWLANDS I. Open access journal publishing:the views of some of the world's senior authors[J]. Journal of documentation,2005,61(4):497-519.

[35] NELSON G M,EGGETT D L. Citations,mandates,and money:author motivations to publish in chemistry hybrid open access journals[J]. Journal of the association for information science and technology,2017,68(10):2501-2510.

[36] OKEJI C C,EZE M E,CHIBUEZE N M. Awareness and use of self-archiving options among academic librarians in Nigerian universities[J]. Global knowledge,memory and communication,2019,68(1/2):2-16.

[37] PICKTON M,MCKNIGHT C. Research students and the Loughborough institutional repository[J]. Journal of librarianship and information science,2006,38(4):203-219.

[38] RODRIGUEZ J E. Awareness and attitudes about open access publishing:a glance at generational differences[J]. Journal of academic librarianship,2014,40(6):604-610.

[39] ROWLANDS I,NICHOLAS D. Scholarly communication in the digital environment:the 2005 survey of journal author behaviour and attitudes[J]. Aslib proceedings:new information perspectives,2005,57(6):481-497.

[40] ROWLANDS I,NICHOLAS D,HUNTINGTON P. Scholarly communication in the digital environment:what do authors want?[J]. Learned publishing,2004,17(4):261-273.

[41] ROWLEY J,JOHNSON F,SBAFFI L,et al. Academics' behaviors and attitudes towards open access publishing in scholarly journals[J]. Journal of the association for information science and technology,2017,68(5):1201-1211.

[42] SERRANO-VICENTE R,MELERO R,ABADAL E. Open access awareness and perceptions in an institutional landscape[J]. The journal of academic librarianship,2016,42(5):595-603.

[43] SILER K,HAUSTEIN S,SMITH E,et al. Authorial and institutional stratification in open access publishing:the case of global health research[J/OL]. Peerj,2018(6)[2020-02-25]. http://europepmc. org/articles/PMC5822836/.

[44] SINGEH F W,ABRIZAH A,KARIM N H A. Malaysian authors' acceptance to self-archive in institutional repositories:towards a unified view[J]. The electronic library,2013,31(2):188-207.

[45] SINGH H P. Knowledge and attitude of health researchers from India towards 'paying to publish' and open access journals[J]. Indian pediatrics,2015,52(3):252-253.

[46] SUBER P. Open access,impact,and demand — why some authors self archive their articles[J]. British medical journal,2005,330(7500):1097-1098.

[47] SWAN A,BROWN S. Open access self-archiving:an author study[R/OL]. [2020-02-25]. http://www. jisc. ac. uk/uploaded_documents/Open%20Access%20Self%20Archiving-an%20author%20study. pdf.

[48] UTULU S C A,BOLARINWA O. Open access initiatives adoption by Nigerian academics[J].

Library review,2009,58(9):660-669.

[49] VENKATESH V,MORRIS M G,DAVIS G B,et al. User acceptance of information technology:toward a unified view[J]. MIS quarterly,2003,27(3):425-478.

[50] XIA J F. A longitudinal study of scholars attitudes and behaviors toward open-access journal publishing[J]. Journal of the American society for information science and technology,2010, 61(3):615-624.

[51] XIA J F,GILCHRIST S B,SMITH N,et al. A review of open access self-archiving mandate policies[J]. Portal:Libraries and the academy,2012,12(1):85-102.

[52] ZHOU T,LU Y,WANG B. Integrating TTF and UTAUT to explain mobile banking user adoption[J]. Computers in human behavior,2010,26(4):760-767.

[53] 常唯. 数字学术环境中的机构知识库探析 [J]. 图书情报工作,2006（7）:46-50.

[54] 陈秀娟,郭进京. 科研人员选择巨型 OA 期刊发文的影响因素分析——以 PLoS ONE 为例 [J]. 中国科技期刊研究,2018（6）:585-591.

[55] 陈雪飞,张智雄,黄金霞. 国际学术出版机构预印本政策分析 [J]. 数字图书馆论坛, 2017（10）:8-14.

[56] 崔海媛,聂华,吴越,等. 资助机构开放获取知识库研究与构建——以国家自然科学基金基础研究知识库为例 [J]. 图书情报工作,2017（11）:45-54.

[57] 董文鸳. 我国机构知识库建设研究 [D]. 保定:河北大学,2012.

[58] 傅蓉. 开放存取的版权问题 [J]. 图书馆理论与实践,2006（5）:40-41.

[59] 高芙蓉,高雪莲. 国外信息技术接受模型研究述评 [J]. 研究与发展管理,2011（2）:95-105.

[60] 何燕. 我国科研人员潜在自存储行为影响因素研究——以中国科学院科研人员为例 [J]. 图书馆,2008（3）:32-35.

[61] 何燕,初景利,张冬荣. 我国科研人员自存储态度调查——以中国科学院科研人员为例 [J]. 图书情报工作,2008（5）:121-124.

[62] 胡德华. 生物医学类开放存取期刊学术质量评价及其评价体系研究 [D]. 长沙:中南大学,2009.

[63] 黄涅熹. 整合 TTF 与 VAM 视角的 RFID 手机支付用户使用意愿研究 [D]. 杭州:浙江大学,2012.

[64] 黄如花,胡文琴. 开放存取资源长期保存政策的调查与分析 [J]. 图书与情报,2009（5）:

70-74.

[65] 赖辉荣.破解机构知识库建设中资源收集难题之策略[J].国家图书馆学刊,2009(3):
59-61.

[66] 江晓原,穆蕴秋.科学出版乌托邦:从开放存取到掠夺性期刊(下)[J].读书,2018(10):
21-31.

[67] 姜颖.潜在存储主体对机构知识库内容建设的认知——基于问卷访谈的实证研究[J].图
书馆杂志,2013(11):4-8.

[68] 郎庆华.机构知识库政策体系构建研究[J].情报理论与实践,2014,37(7):23-28.

[69] 李麟.我国科研人员对科技信息开放获取的态度——以中国科学院科研人员为例[J].图
书情报工作,2006(7):34-38,50.

[70] 李武.科研人员接受OA知识库的影响因素研究[D].北京:北京大学,2009.

[71] 李武.科研人员接受OA知识库的影响因素实证研究[J].中国图书馆学报,2010(3):
57-66.

[72] 刘静羽,张智雄,黄金霞,等.预印本服务中的质量控制方法研究[J].数字图书馆论坛,
2017(10):15-19.

[73] 刘菊红,于建荣.自存档文章引用优势案例分析研究[J].图书情报工作,2008(11):106-
110.

[74] 刘军,张军.中国开放获取期刊现状分析及图书馆的应对措施[J].图书馆杂志,2019(2):
64-68.

[75] 刘齐平.科研人员参与开放存取的意愿及效果研究[D].武汉:华中师范大学,2013.

[76] 刘钟美,张新鹤.开放获取环境下我国科研人员对知识产权制度的认知与态度[J].图书
情报工作,2016(16):50-60,49.

[77] 麦淑平.我国"211工程"院校图书馆开放存取资源开发利用调查[J].图书馆杂志,2011
(3):53-58.

[78] 穆蕴秋,江晓原.科学出版乌托邦:从开放存取到掠夺性期刊(上)[J].读书,2018(8):
3-14.

[79] 秦珂.信息资源开放存取环境中的版权政策的特点探析[J].情报杂志,2007(10):111-
113.

[80] 秦珂.开放存取自存档(self-archiving)的版权问题分析[J].图书与情报,2008(1):103-
105,114.

［81］宋海艳,邵承瑾,顾立平,等.我国科研人员对机构知识库认知与使用的现状调查与分析
　　　［J］.现代图书情报技术,2014（2）:8-16.

［82］苏小波.科研人员接受开放获取期刊出版的影响因素分析——以知识共享为视角［J］.图
　　　书馆,2014（5）:23-27,30.

［83］王梅玲,吴萱.图书资讯学学者开放近用期刊使用研究［J］.图书与资讯学刊,2010（4）:
　　　1-24.

［84］王欣,董洪光.国内物理学期刊 arXiv 自存档论文的引用优势研究——以 Frontiers of
　　　Physics 期刊为例［J］.图书情报工作,2011（22）:144-148.

［85］王颖,张智雄,钱力,等.ChinaXiv 预印本服务平台构建［J］.数字图书馆论坛,2017（10）:
　　　20-25.

［86］王应宽.中国科技学术期刊的开放存取出版研究［D］.北京:北京大学,2006.

［87］王中晶,袁勤俭.开放存取知识库用户使用意愿的影响因素研究［J］.情报科学,2016（8）:
　　　12-18.

［88］吴建中.从开放获取到"超越开放获取"——"下一代机构知识库"给予我们的启示［J］.
　　　国家图书馆学刊,2018（6）:3-8.

［89］徐春,张静."双一流"建设背景下高校图书馆机构知识库建设现状及发展对策［J］.图书
　　　馆学研究,2019（3）:31-38,77.

［90］曾元祥,方卿.论开放存取对学术交流的影响（一）——基于科研人员视角的分析［J］.
　　　信息资源管理学报,2011（3）:53-56.

［91］张晓林.开放获取学术信息资源:逼近"主流化"转折点［J］.图书情报工作,2012（9）:
　　　42-47.

［92］张文彤,邝春伟.SPSS 统计分析基础教程［M］.2 版.北京:高等教育出版社,2011.

［93］张智雄,黄金霞,王颖,等.国际预印本平台的主要发展态势研究［J］.数字图书馆论坛,
　　　2017（10）:2-7.

［94］仲秋雁,王彦杰,裘江南.众包社区用户持续参与行为实证研究［J］.大连理工大学学报(社
　　　会科学版),2011（1）:1-6.

［95］周庆梅,梁冬莹,张木兰.我国"985"工程院校图书馆开放存取资源调查分析［J］.情报科
　　　学,2010（6）:879-883.

［96］祝琳琳,周莹.开放获取期刊用户使用意愿分析［J］.图书馆学研究,2016（2）:57-63.

附录 A 探索性访谈提纲

第一部分 话题引入

1. 您在进行研究、申请课题或者撰写论文的时候，是否可以较为容易地获取所需文献？

2. 您主要从哪些途径获取信息？

3. 您是否会使用常见的搜索引擎如 Google/Google Scholar 检索文献信息？

4. 您是否有通过搜索引擎即可获取全文文献的经历？

5. 您是否曾经将自己的研究成果通过 OA 知识库、个人主页或者学术网站等途径进行免费开放？／您是否曾经将自己的研究成果投向 OA 期刊？若投稿过，是否发表？

6. 您是否愿意尝试将自己的研究成果，通过 OA 知识库、个人主页或者学术网站等途径进行免费开放？您是否愿意利用自存储资源？

7. 您是否愿意将自己的研究成果投向 OA 期刊？您是否愿意利用 OA 期刊资源？

第二部分 自存储的参与行为

（一）针对愿意通过自存储开放资源的科研人员

您为什么愿意通过自存储免费开放自己的研究成果？

由访谈对象自由回答。

备用的提问：

1. 您是否认为将研究成果通过自存储免费开放有助于提高研究成果的显示度？

2. 您是否认为将研究成果通过自存储免费开放有助于更好地得到同行的反馈与评价？

3. 您是否认为将研究成果通过自存储免费开放有助于提升研究成果的被引

频次？

4. 您是否认为将研究成果通过自存储免费开放有助于提升您在学术圈中的知名度？

5. 您是否认为将研究成果通过自存储免费开放有助于知识的快速传播与共享？

6. 您是否认为将研究成果通过自存储免费开放有助于研究成果的长期保存？

7. 您是否认为将研究成果通过自存储免费开放需要花费您一定的时间和精力？

8. 您是否担心将研究成果通过自存储免费开放不利于研究成果在期刊上发表？

9. 您是否担心将研究成果通过自存储免费开放有可能引发版权纠纷？

10. 您是否担心将研究成果通过自存储免费开放会加大被剽窃/抄袭的风险？

（二）针对不愿意通过自存储开放资源的科研人员

为什么不愿意通过自存储免费开放自己的研究成果？

由访谈对象自由回答。

备用的提问：

1. 对于自存储不了解是不是您不愿意通过自存储开放资源的一个原因？

2. 现有的学术评价机制没有将自存储纳入进来，是不是您不愿意通过自存储开放资源的一个原因？

3. 你是否认为进行自存储需要花费一定的时间和精力？

4. 您是否认为通过自存储开放资源对您的职业发展没有帮助？

5. 您是否担心将研究成果通过自存储免费开放，将不利于研究成果在期刊上发表？

6. 您是否担心将研究成果通过自存储免费开放，将有可能引发版权纠纷？

7. 您是否担心将研究成果通过自存储免费开放，将会加大被剽窃/抄袭的风险？

8. 若通过自存储开放资源可以提高科研成果的被引频次，您是否会进行自存储？

9. 若您的同事、领导、朋友建议您进行自存储,您是否会愿意尝试?

10. 若您所在的机构要求您进行自存储,您是否愿意进行存储?

11. 进行自存储能加快知识的传播与共享,进一步推动科学知识的自由交流,您是否会为此而进行自存储?

12. 您觉得在什么样的条件下,您才会通过自存储免费开放自己的研究成果?

(三)针对愿意利用自存储资源的科研人员

为什么愿意利用自存储资源?

由访谈对象自由回答。

备用的提问:

1. 您是否认为通过搜索引擎能方便地找到全文是您愿意利用的一个原因?

2. 您是否认为自存储资源的全文可以免费获取是您愿意利用的一个原因?

3. 您是否认为通过学科知识库、机构知识库等途径能找到与研究兴趣相关的文献资源?

4. 您是否认为科研人员通过自存储开放的资源,其质量是值得信赖的?

5. 您是否认为通过学科知识库、机构知识库等途径能获取本领域中最新的研究成果?

6. 若您身边的同事、领导、朋友建议您利用自存储资源,您的利用意愿是否会更为强烈?

7. 若您所在的机构建成了机构知识库,您是否愿意利用当中的资源?

(四)针对不愿意利用自存储资源的科研人员

为什么不愿意利用自存储资源?

由访谈对象自由回答。

备用的提问:

1. 您是否认为图书馆购买的资源已经能够满足科研需求,因此无须再利用网络上的文献资源?

2. 您是否认为现有的自存储资源缺乏质量保障,因此不敢利用?

3. 您是否认为要查找所需的自存储资源是一件麻烦的事情?会耗费不少时间和精力?

4. 您是否认为对于自存储不了解是您不愿意利用自存储资源的一个原因?

5. 您是否认为自存储资源对于自身的研究作用不大？

6. 您是否认为在论文中引用自存储资源，会有可能降低论文被期刊录用的可能？

7. 若您身边的同事、领导、朋友建议您利用自存储资源，您是否会愿意尝试？

8. 若您所在的机构建成了机构知识库，您是否愿意利用其中的资源？

9. 您觉得在什么样的条件下，您才会愿意利用自存储资源？

第三部分　OA 期刊的参与行为

（一）针对愿意往 OA 期刊投稿的科研人员

为什么愿意往 OA 期刊投稿？

由访谈对象自由回答。

备用的提问：

1. 您是否认为支持科研成果免费获取是您愿意投稿的一个原因？

2. 您是否认为将研究成果投稿给 OA 期刊，能加快出版速度？

3. 您是否认为研究成果在 OA 期刊上发表，能拥有更大的阅读群体？

4. 您是否认为研究成果在 OA 期刊上发表，能拥有更高的被引频次？

5. 您是否认为部分 OA 期刊也如传统期刊一样具有较高的学术声誉？

6. 您是否认为部分 OA 期刊也如传统期刊一样具有较高的质量？

7. 您是否认为通过网络往 OA 期刊投稿，并非一件麻烦的事情？

8. 您是否认为在 OA 期刊上发表论文有助于您的职业发展？

9. 您是否认为有合适的 OA 期刊发表您的研究成果？

10. 若您的同事、领导、朋友建议您往 OA 期刊投稿，您的投稿意愿是否会更为强烈一些？

11. 您在投稿的时候，会关注期刊是否为 OA 期刊吗？

12. 一般来说，OA 期刊都采取作者付费出版的模式，这是否影响到您投稿时的选择？

13. 若 OA 期刊不提供纸质的样刊，这是否会影响到您投稿时的选择？

14. 你是否担心，论文发表在 OA 期刊上，不会被现有学术评价机制认可？

15. 您投稿时，主要关注哪些问题？

（二）针对不愿意往 OA 期刊投稿的科研人员

为什么不愿意往 OA 期刊投稿？

由访谈对象自由回答。

备用的提问：

1. 对于 OA 期刊不了解是不是您不愿意投稿的一个原因？

2. 大多数 OA 期刊都采取作者付费出版的模式，这是否为您不愿意投稿的原因？

3. 相比于传统期刊，OA 期刊的发展历史较短，这是否是您不愿意投稿的原因？

4. 您是否认为在您的学科领域，找不到合适的 OA 期刊发表您的论文？

5. 您是否认为相比于传统期刊，OA 期刊的阅读群体更小？

6. 您是否认为整体而言，OA 期刊的学术影响力不如传统期刊？

7. 您是否认为整体而言，OA 期刊的质量不如传统期刊？

8. 您是否认为论文发表在 OA 期刊上会导致被引频次更少？

9. 您是否认为论文发表在 OA 期刊上对您的职业发展并没有帮助？

10. 您是否认为通过网络往 OA 期刊投稿是一件麻烦的事情？

11. 若论文投往 OA 期刊会加快出版速度，您是否愿意投稿？

12. 您是否认为现有的学术评价机制没有考虑 OA 期刊的问题？

13. 若您的同事、领导、朋友建议您往 OA 期刊投稿，您是否会愿意尝试？

14. 您投稿时主要关注哪些问题？

15. 您觉得在什么样的条件下，您才会愿意往 OA 期刊投稿？

（三）针对愿意利用 OA 期刊资源的科研人员

为什么愿意利用 OA 期刊资源？

由访谈对象自由回答。

备用的提问：

1. 您是否觉得通过搜索引擎等途径能方便地找到 OA 期刊？

2.OA 期刊中的全文是免费的，这是否为您愿意利用的一个原因？

3.OA 期刊上的论文都经过了同行评审，质量有保障是否为您愿意利用的一个原因？

4. 您是否认为在 OA 期刊上能找到与您研究领域相关的论文？

5. 您是否认为通过 OA 期刊能了解到研究领域中的最新研究成果？

6. 您是否认为在您的论文中引用 OA 期刊上的文献，并不会降低论文被录用的概率？

7. 若 OA 期刊能被 SCI/SSCI/A&HCI 收录，是否会大幅度地提升您利用的意愿？

（四）针对不愿意利用 OA 期刊资源的科研人员

为什么不愿意利用 OA 期刊资源？

由访谈对象自由回答。

备用的提问：

1. 您是否认为图书馆购买的资源已经能够满足科研需求，因此无须再利用网络上的文献资源？

2. 您是否觉得 OA 期刊的质量不如传统期刊，因此更加偏向于利用传统期刊资源？

3. 对于 OA 期刊不了解是否为您不愿意利用的一个原因？

4. 您是否觉得 OA 期刊资源比较分散，查找和利用时需要花费较多的时间和精力？

5. 在您的研究领域中，是不是找不到相关的 OA 期刊？

6. 您是否认为在您的论文中引用 OA 期刊上的文献，会降低论文被录用的概率？

7. 您是否认为 OA 期刊刊载的论文对您的研究帮助不大？

8. 若通过 OA 期刊能了解到本领域中最新的研究成果，您是否愿意利用？

9.OA 期刊中的全文都是免费向用户开放的，您是否会愿意利用？

10. 若您身边的同事、领导、朋友建议您利用 OA 期刊上的文献资源，您是否会愿意尝试？

11. 您觉得在什么样的条件下，您才会愿意利用 OA 期刊资源？

附录 B　调查问卷——自存储

科研人员的自存储参与行为
调查问卷

开放存取（Open Access，OA）是在信息技术、网络技术基础上发展起来的一种全新学术传播机制。与传统学术传播不同的是，OA 在尊重作者权益的前提下，利用互联网为用户免费提供全文服务。

自存储是实现 OA 的一条途径，指的是科研人员将自己的学术论文自行存储在学科知识库（Subject Repository）、机构知识库（Institutional Repository）或其他学术网站（如个人主页、学术博客、学术论坛）中，并向所有网络用户免费提供的行为。

在自存储的发展中，科研人员扮演着双重身份，一方面是自存储资源提供者（作者身份），各自存储系统/网站中的论文都是由科研人员提供；另一方面也是自存储资源利用者（读者身份），自存储系统/网站中的论文也都是提供给科研人员利用。

请根据您的实际情况，回答下列问题：

1. 您是否了解"自存储"？（self-archiving 也译作"自存档""自我典藏"等）

　　A. 完全不了解　　　　B. 有一定的了解　　　　C. 有深入的了解

2. 您是否通过个人主页/博客、机构知识库/学科知识库免费公开过自己的学术论文？

　　A. 从来没有　　　　　B.1—3 篇　　　　　　C.4—6 篇

　　D.7—9 篇　　　　　　E.10 篇及以上

3. 您免费公开学术论文的途径是？（若第 2 题选择"从来没有"则跳过此题）【可多选】

　　A. 个人/研究团队主页　　　　　　B. 机构（知识）库

　　C. 学科（知识）库　　　　　　　D. 其他学术网站

4. 在此之前，您是否浏览过以下网站？【可多选】

　　A. 中国科技论文在线　　　　　　B. 奇迹文库

　　C. 中国预印本服务系统　　　　　D.arXiv.org

　　E. 都没有浏览过

　　若您不了解自存储或者没有自存储经历，请您先浏览中国科技论文在线或厦门大学学术典藏库，然后再针对以下题项，选择您认为合适的看法等级。其中 1 表示"非常不同意"，2 表示"不同意"，3 表示"基本不同意"，4 表示"不确定"，5 表示"基本同意"，6 表示"同意"，7 表示"非常同意"。

　　5. 假定您是自存储资源的提供者（作者身份），请针对下列描述选择合适的等级。

描述项	非常不同意		→			非常同意	
研究成果应该向用户免费开放	1	2	3	4	5	6	7
科研人员之间应该将研究成果相互共享	1	2	3	4	5	6	7
我内心支持开放存取的理念	1	2	3	4	5	6	7
将论文进行自存储会浪费我的时间	1	2	3	4	5	6	7
将论文进行自存储会浪费我的精力	1	2	3	4	5	6	7
对我而言，将论文进行自存储的成本较高	1	2	3	4	5	6	7
将发表之前的论文进行自存储会导致研究成果无法在期刊上发表	1	2	3	4	5	6	7
将发表后的论文进行自存储会导致与期刊社之间发生版权纠纷	1	2	3	4	5	6	7
将论文进行自存储会加大被剽窃/抄袭的可能性	1	2	3	4	5	6	7
总体而言，将论文进行自存储会面临着较大的风险	1	2	3	4	5	6	7
通过自存储可以使论文更容易被读者获取	1	2	3	4	5	6	7

续表

描述项	非常不同意			→			非常同意
通过自存储可以使论文拥有更多的读者	1	2	3	4	5	6	7
通过自存储可以提升论文的被引次数	1	2	3	4	5	6	7
通过自存储可以有效地对论文进行长期保存	1	2	3	4	5	6	7
将论文进行自存储可以使我与读者更方便地进行交流	1	2	3	4	5	6	7
将论文进行自存储有助于提高我在同行中的知名度	1	2	3	4	5	6	7
同事或领导的建议对我的决定（是否将论文进行自存储的决定，下同）有较大影响	1	2	3	4	5	6	7
同行或朋友的建议对我的决定有较大影响	1	2	3	4	5	6	7
知名专家的建议对我的决定有较大影响	1	2	3	4	5	6	7
学术界的宣传和倡导对我的决定有较大影响	1	2	3	4	5	6	7
我所在的单位是否制定了自存储激励政策，对我的决定有较大影响	1	2	3	4	5	6	7
课题资助机构是否优先考虑承诺将论文进行自存储的申请，对我的决定有较大影响	1	2	3	4	5	6	7
我所在的单位或学科的相关协会是否建立了自存储平台，对我的决定有较大影响	1	2	3	4	5	6	7
我所在的单位是否有专人对科研人员的自存储进行管理、培训和协助，对我的决定有较大影响	1	2	3	4	5	6	7
将论文进行自存储是一个好主意	1	2	3	4	5	6	7
将论文进行自存储很有必要	1	2	3	4	5	6	7
将论文进行自存储是一个明智的选择	1	2	3	4	5	6	7
我乐意将论文通过自存储免费开放	1	2	3	4	5	6	7
今后我会将论文通过自存储免费开放	1	2	3	4	5	6	7
我可能会建议他人将论文通过自存储免费开放	1	2	3	4	5	6	7

6. 假定您是自存储资源的利用者（读者身份），请针对下列描述选择合适的等级。

描述项	非常不同意		→			非常同意	
利用自存储资源支持我完成科研任务是可行的	1	2	3	4	5	6	7
利用自存储资源支持我完成科研任务是有价值的	1	2	3	4	5	6	7
利用自存储资源支持我完成科研任务是合适的	1	2	3	4	5	6	7
与期刊论文相比，自存储资源的质量缺乏足够的保障	1	2	3	4	5	6	7
与引用期刊论文相比，引用自存储资源会加大引用错误数据/观点的风险	1	2	3	4	5	6	7
总体而言，与利用期刊论文相比，利用自存储资源会面临着更大的风险	1	2	3	4	5	6	7
自存储资源能让我免费了解到前人的研究状况	1	2	3	4	5	6	7
自存储资源能让我了解到本领域内最新的研究成果	1	2	3	4	5	6	7
我能从自存储资源中找到一些难以从传统学术交流途径获取的灰色文献	1	2	3	4	5	6	7
自存储资源能让我的研究少走弯路，提高研究效率	1	2	3	4	5	6	7
自存储资源是现有学术资源体系的一种有效补充	1	2	3	4	5	6	7
同事或领导的建议对我的决定（是否利用自存储资源的决定，下同）有较大影响	1	2	3	4	5	6	7
同行或朋友的建议对我的决定有较大影响	1	2	3	4	5	6	7
知名专家的建议对我的决定有较大影响	1	2	3	4	5	6	7
学术界的宣传和倡导对我的决定有较大影响	1	2	3	4	5	6	7
图书馆是否对现有的自存储资源进行了有效组织和揭示，对我的决定有较大影响	1	2	3	4	5	6	7
能否方便快捷地找到自存储资源，对我的决定有较大影响	1	2	3	4	5	6	7
我所在的单位或相关协会是否已经建立了自存储平台，对我的决定有较大影响	1	2	3	4	5	6	7
将自存储资源作为一种信息源加以利用是一个好主意	1	2	3	4	5	6	7
将自存储资源作为一种信息源加以利用很有必要	1	2	3	4	5	6	7

续表

描述项	非常不同意		→		非常同意		
将自存储资源作为一种信息源加以利用是一个明智的选择	1	2	3	4	5	6	7
我乐意将自存储资源作为一种信息源加以利用	1	2	3	4	5	6	7
今后我会将自存储资源作为一种信息源加以利用	1	2	3	4	5	6	7
我可能会建议他人将自存储资源作为一种信息源加以利用	1	2	3	4	5	6	7

7. 您的性别：A. 男　　　　　　　　B. 女

8. 您的年龄：

A.25 岁及以下　　　B.26—30 岁　　　C.31—35 岁　　　D.36—40 岁

E.41—45 岁　　　　F.46—50 岁　　　G.51—55 岁　　　H.56—60 岁

I.61 岁及以上

9. 您所属的学科：＿＿＿＿＿＿＿＿＿＿＿＿＿

10. 您隶属机构所在的省份：＿＿＿＿＿＿＿＿＿＿＿＿

11. 您的身份/职称（优先选择职称，如您同时是中级职称和在读博士生的话，请选择中级职称）：

A. 正高职称（教授、研究馆员、研究员）

B. 副高职称（副教授、副研究馆员、副研究员）

C. 中级职称（讲师、馆员、研究助理）

D. 在读博士生　　　　E. 博士后　　　　F. 其他

12. 如果您对推动或阻碍我国自存储运动的发展有任何看法的话，请在此处留下您宝贵的意见：

＿＿＿＿＿＿＿＿＿＿＿＿＿＿＿＿＿＿＿＿＿＿＿＿＿＿＿＿＿＿＿＿

＿＿＿＿＿＿＿＿＿＿＿＿＿＿＿＿＿＿＿＿＿＿＿＿＿＿＿＿＿＿＿＿

＿＿＿＿＿＿＿＿＿＿＿＿＿＿＿＿＿＿＿＿＿＿＿＿＿＿＿＿＿＿＿＿

问卷到此结束，再次感谢您的支持！

附录 C 调查问卷——OA 期刊

科研人员的开放存取期刊参与行为
调查问卷

开放存取（Open Access，OA）是在信息技术、网络技术基础上发展起来的一种全新学术传播机制。与传统学术传播不同的是，OA 在尊重作者权益的前提下，利用互联网为用户免费提供全文服务。

开放存取期刊（Open Access Journal，OA 期刊）是因特网上公开出版的，允许任何用户免费阅读、下载、复制、散布、打印、检索、链接、索引其文章全文，无任何经费、法律和技术保障的全文学术期刊。一般而言，OA 期刊有 ISSN 号，部分 OA 期刊已经被 SCI、SSCI、A&HCI、EI 等收录。

在 OA 期刊的发展中，科研人员扮演着双重身份，一方面是 OA 期刊论文提供者（作者身份），科研人员往 OA 期刊投稿，一旦录用后便在 OA 期刊上发表；另一方面也是 OA 期刊论文利用者（读者身份），OA 期刊上的论文也都是提供给科研人员利用。

请根据您的实际情况，回答下列问题：

1. 您是否了解 OA 期刊？

A. 完全不了解　　　　B. 有一定的了解　　　　C. 有深入的了解

2. 您是否曾经向 OA 期刊投稿？

A. 从未投稿　　　　B.1 篇　　　　C.2—3 篇

D.4—5 篇　　　　E.5 篇以上

3. 您是否有论文发表在 OA 期刊上？

A. 从未发表过　　　　B.1 篇　　　　C.2—3 篇

D.4—5 篇　　　　E.5 篇以上

若您不了解 OA 期刊或者没有 OA 期刊投稿经历，请您先浏览 DOAJ（开放存取期刊目录），浏览 1—2 份您所在学科的 OA 期刊，再针对以下题项，选择您认为合适的看法等级。其中 1 表示"非常不同意"，2 表示"不同意"，3 表示"基本不同意"，4 表示"不确定"，5 表示"基本同意"，6 表示"同意"，7 表示"非常同意"。

4. 假定您是 OA 期刊论文的提供者（作者身份），请针对下列描述选择合适的等级。

描述项	非常不同意			→		非常同意	
研究成果应该向用户免费开放	1	2	3	4	5	6	7
科研人员之间应该将研究成果相互共享	1	2	3	4	5	6	7
我内心支持开放存取的理念	1	2	3	4	5	6	7
往 OA 期刊投稿会浪费我的时间	1	2	3	4	5	6	7
往 OA 期刊投稿会浪费我的精力	1	2	3	4	5	6	7
对我而言，将论文投向 OA 期刊的成本较高	1	2	3	4	5	6	7
我所在单位在考核科研业绩时，可能不认可发表在 OA 期刊上的论文	1	2	3	4	5	6	7
国内现有的学术评价机制可能不认可发表在 OA 期刊上的论文	1	2	3	4	5	6	7
发表在 OA 期刊上的论文可能在职称晋升、岗位聘任时不被认可	1	2	3	4	5	6	7
论文发表在 OA 期刊上可能不被同行认可	1	2	3	4	5	6	7
论文发表在 OA 期刊上，会加大被剽窃/抄袭的可能性	1	2	3	4	5	6	7
总体而言，将论文发表在 OA 期刊上会面临着较大的风险	1	2	3	4	5	6	7
论文发表在 OA 期刊上可以使其更容易被读者获取	1	2	3	4	5	6	7
论文发表在 OA 期刊上可以使其拥有更多的读者	1	2	3	4	5	6	7

描述项	非常不同意			→			非常同意
论文发表在 OA 期刊上可以提升论文的被引次数	1	2	3	4	5	6	7
论文发表在 OA 期刊上有助于论文的长期保存	1	2	3	4	5	6	7
论文发表在 OA 期刊上有助于提高我在同行中的知名度	1	2	3	4	5	6	7
同事或领导的建议对我的决定（是否向 OA 期刊投稿，下同）有较大影响	1	2	3	4	5	6	7
同行或朋友的建议对我的决定有较大影响	1	2	3	4	5	6	7
知名专家的建议对我的决定有较大影响	1	2	3	4	5	6	7
学术界的宣传和倡导对我的决定有较大影响	1	2	3	4	5	6	7
我所在的单位是否制定了 OA 激励政策，对我的决定有较大影响	1	2	3	4	5	6	7
课题资助机构是否优先考虑承诺将课题研究成果发表在 OA 期刊上的申请，对我的决定有较大影响	1	2	3	4	5	6	7
OA 期刊是否具有较高的声誉，对我的决定有较大影响	1	2	3	4	5	6	7
OA 期刊是否被现有的引文索引收录（如 SCI/SSCI 收录），对我的决定有较大影响	1	2	3	4	5	6	7
往 OA 期刊投稿是一个好主意	1	2	3	4	5	6	7
往 OA 期刊投稿很有必要	1	2	3	4	5	6	7
往 OA 期刊投稿是一个明智的选择	1	2	3	4	5	6	7
我乐意往 OA 期刊投稿	1	2	3	4	5	6	7
今后我会往 OA 期刊投稿	1	2	3	4	5	6	7
我可能会建议他人往 OA 期刊投稿	1	2	3	4	5	6	7

5. 假定您是 OA 期刊论文的利用者（读者身份），请针对下列描述选择合适的等级。

描述项	非常不同意			→		非常同意	
利用 OA 期刊支持我完成科研任务是可行的	1	2	3	4	5	6	7
利用 OA 期刊支持我完成科研任务是有价值的	1	2	3	4	5	6	7
利用 OA 期刊支持我完成科研任务是合适的	1	2	3	4	5	6	7
与传统期刊论文相比，OA 期刊论文的质量缺乏足够的保障	1	2	3	4	5	6	7
与引用传统期刊论文相比，引用 OA 期刊论文会加大引用错误数据/观点的风险	1	2	3	4	5	6	7
总体而言，与利用传统期刊论文相比，利用 OA 期刊论文会面临更大的风险	1	2	3	4	5	6	7
OA 期刊能让我了解到本领域内最新的研究成果	1	2	3	4	5	6	7
OA 期刊能让我的研究少走弯路，提高研究效率	1	2	3	4	5	6	7
OA 期刊是现有学术资源体系的一种有效补充	1	2	3	4	5	6	7
同事或领导的建议对我的决定（是否利用 OA 期刊论文，下同）有较大影响	1	2	3	4	5	6	7
同行或朋友的建议对我的决定有较大影响	1	2	3	4	5	6	7
知名专家的建议对我的决定有较大影响	1	2	3	4	5	6	7
学术界的宣传和倡导对我的决定有较大影响	1	2	3	4	5	6	7
图书馆是否对现有的 OA 期刊资源进行有效组织和揭示，对我的决定产生较大影响	1	2	3	4	5	6	7
能否方便快捷地找到 OA 期刊资源，对我的决定产生较大影响	1	2	3	4	5	6	7
现在是否已有与我研究兴趣相关的 OA 期刊，对我的决定有较大影响	1	2	3	4	5	6	7
OA 期刊是否具有较高的影响力，对我的决定有较大影响	1	2	3	4	5	6	7
将 OA 期刊作为一种信息源加以利用是一个好主意	1	2	3	4	5	6	7
将 OA 期刊作为一种信息源加以利用很有必要	1	2	3	4	5	6	7

描述项	非常不同意		→			非常同意	
将 OA 期刊作为一种信息源加以利用是一个明智的选择	1	2	3	4	5	6	7
我乐意将 OA 期刊作为一种信息源加以利用	1	2	3	4	5	6	7
今后我会将 OA 期刊作为一种信息源加以利用	1	2	3	4	5	6	7
我可能会建议他人将 OA 期刊作为一种信息源加以利用	1	2	3	4	5	6	7

6. 您的性别：A. 男　　　　　　　　B. 女

7. 您的年龄：

A.25 岁及以下　　　B.26—30 岁　　　C.31—35 岁　　　D.36—40 岁

E.41—45 岁　　　F.46—50 岁　　　G.51—55 岁　　　H.56—60 岁

I.61 岁及以上

8. 您所属的学科：_____

9. 您隶属机构所在的省份：_____

10. 您的身份/职称（优先选择职称，如您同时是中级职称和在读博士生的话，请选择中级职称）：

A. 高级职称（教授、研究馆员、研究员）

B. 副高职称（副教授、副研究馆员、副研究员）

C. 中级职称（讲师、馆员、研究助理）

D. 在读博士生　　　E. 博士后　　　F. 其他

11. 如果您对推动或阻碍我国 OA 期刊发展有任何看法的话，请在此处留下您宝贵的意见：

_____

_____

_____

问卷到此结束，再次感谢您的支持！

附录 D　OA 资源质量管理政策（部分）

质量管理政策是推动 OA 资源建设的关键，也是 OA 运动持续健康发展不可或缺的基础。只有建立完善的质量管理政策，机构知识库、学科知识库、OA 期刊才可以得到科研人员的支持与认可，进而收录高质量的学术资源，最终证明自身的价值。

一、自存储资源质量管理政策

1. arXiv.org 的资源质量管理政策

arXiv.org 创建于 1991 年，是目前最为知名的学科知识库，该学科知识库主要收录物理、数学、计算机科学、非线性科学、定量生物学以及统计学等学科的预印本。目前 arXiv.org 落脚于美国康奈尔大学，并在全球设有多个镜像站点。arXiv.org 是迄今为止最具影响力的学科知识库，而较为完备的资源质量管理政策则是其成功的重要因素之一。

（1）资源提交政策

arXiv.org 制定了较为完善的资源提交政策，对于提交资源的身份、应遵循的协议、所提交资源的格式、命名以及相应责任等均做出了明确说明。

● 必须是注册用户才能提交资源。

● 提交者必须签署授予 arXiv.org 非排他性和可撤销传播权利的协议，或者证明其研究成果可以遵循其他的能保证 arXiv.org 拥有相应权利的协议。

● arXiv.org 的目的是保存可以简便获取且能长期稳定保存的资源，因此资源格式最好是 TeX/LaTeX 格式，目前不接受 dvI.PS 以及由 TeX/LaTeX 转换而来的 PDF 格式的资源，同时任何格式的扫描件都不接受。如果用户采用的是 Microsoft Word 格式的文本，需要转换成 PDF 再上传。

● arXiv.org 接受的图片格式包括 PostScript、JPEG.GIF or PNG 以及 PDF figures。

● arXiv.org 接受的文件名必须使用 a—z、A—Z、0—9 等文字以及 "_""+"
"–""."","" 以及 "=" 等符号。

● arXiv.org 接收与论文相关的数据集（data sets）或辅助文件（ancillary files）。

● 为使作者对内容承担必要的责任，作者在提交资源时必须提供其所属机构的信息以及作者/机构所出具的正式说明。

（2）资源管理政策

arXiv.org 针对资源如何有效管理、所支持的 OA 协议、资源传播权利以及资源利用情况等制定了相应规章制度，以保障 arXiv.org 中所收录资源的质量。

● arXiv.org 给予每篇文献一个唯一的标识符，用以对其中的资源进行有效管理。从 2007 年开始，标识符的格式为 arXiv：YYMM.NNNNvV，其中 YY 表示年，MM 表示月，NNNN 是一个顺序码，从 0000 开始到 9999 结束，V 表示版本号。

● arXiv.org 支持基于 OAI 的元数据收割协议（OAI protocol for metadata harvesting，OAI-PMH）协议，允许他人下载 arXiv.org 中的元数据，同时也允许他人通过 arXiv API 实时查找与获取元数据，查找所得的元数据将保持 Atom XML 格式。

● arXiv.org 为用户提供 RSS 服务并每天更新。

● 对于论文的全文，由于作者并没有将版权授予 arXiv.org，因此 arXiv.org 无法授权他人任何具体的权利，也无法授予他人传播论文的权利。

● 论文一旦在期刊正式出版，arXiv.org 即可自动将 DOI 和后印本链接在元数据中进行更新。

● arXiv.org 规定对资源的提交和利用情况进行统计，如按每日利用次数、每月下载次数以及每月提交资源数等进行统计。

（3）作者认证政策

arXiv.org 从 2004 年开始实行作者认证制度，以加强对所收录资源的质量控制，并采用了一套作者认证系统（endorsement system），这是在自存储中首次对论文内容进行质量控制的政策。该政策并不是直接对科研人员提交的论文内容进行审核，而是通过对作者身份进行审核的方法，间接地加强资源质量控制，同时也具备较好的可操作性。

● 作者只有在通过认证之后才可以上传论文，此后再上传论文时则不需要再次进行认证。

● 部分作者可以在认证系统中得到自动认证，如知名科研机构的科研人员将得到自动认证。

● 对于不同的学科以及不同的学术共同体，arXiv.org 制定了具有针对性的具体认证方法，同时其认证标准也会随着时间的推移而进行相应的调整与完善。

● 在 arXiv.org 中提交了一定数量论文的活跃作者有可能成为对新作者进行认证的科研人员。判定其是否为活跃作者的论文数与其学科相关，不同学科有不同的标准。

● 具备认证资格的科研人员每年至少要认证一名新作者。这一认证过程并不是同行评议过程，认证者必须确定所认证的新作者是有意愿将论文存储至 arXiv.org 中的，他不需要详细阅读新作者所提交的论文或者证明其论文内容的正确性，但需要判断论文内容是否属于其所申请学科的主题。一旦发现新作者对其所申请的学科缺乏基本的了解或论文内容与学科主题不相关，新作者将不可以通过认证。

● 新作者在申请认证时，需要向相应的具备认证资格的科研人员发送 6 位认证码，认证者在收到认证码后在认证系统中进行认证，如果认证者接受了新作者的认证邀请但不同意通过该作者的认证申请，需要在系统中做出说明。

● arXiv.org 保留暂停认证者认证资格的权利。一旦被该认证者认证通过的作者提交了不合适的资源，arXiv.org 将有可能暂停认证者的资格。

● 认证者有权拒绝对某位新作者进行认证，且不需要给出任何理由。

2. ePrints Sonton 的资源质量管理政策

ePrints Sonton 是南安普顿大学于 2002 年建立的机构知识库，该机构知识库目前已成为英国乃至全球最知名的机构知识库之一，其所制定的资源质量管理政策也较为完善。

（1）资源提交政策

● 仅机构认可的成员或授权的代理人才具备提交资源的资格。

● 作者提交个人研究成果仅作为存档所用。

● 尽管由于出版商的相关规定，资源提交者可能需要延迟免费开放全文的时间，但资源提交者最终还是应该将研究成果的全文提交至机构知识库并免费开放。

● 管理员只具备在机构知识库相关的文献范围内浏览题录信息的权限。

● 资源提交者的唯一责任是确保所提交的资源真实、有效。

（2）资源内容政策

● ePrints Sonton 是面向机构或者部门的知识库。

● ePrints Sonton 接受所有类型的科研成果，包括多媒体资源。常见的资源类型包括期刊论文、著作章节、会议论文、博士毕业论文以及未发表的研究成果，其他的资源如研究原始数据则需要提交到其他的机构知识库中。

● 研究论文的形式可以包括未进行同行评审的预印本、已经录用后的手稿以及出版后的正式论文。

● 所提交的资源会被标记为同行评议阶段或公开发表状态。

● 主要收录语言为英语的论文。

（3）资源利用政策

● 任何人都可以免费获取 ePrints Sonton 中的全文信息。

● 全部资源都可以用于如下方式：a. 复制、公开展示或以任何格式/介质提供给第三方；b. 个人学习、研究、教学或未经授权/收费的情况下用于非营利性的交流活动。

● 所有资源不能被机器自动收割。

● 在未经作者或版权拥有者同意的情况下，所有资源不得以任何格式/介质用于商业用途。

二、OA 期刊质量管理政策

与自存储不同的是，OA 期刊为了保障所刊载论文的质量，增强科研人员对 OA 期刊的信任与支持，大多都制定了相应的质量管理政策。其中，同行评议是 OA 期刊论文质量控制中最为重要的一环，同行评议是传统期刊进行质量控制最为常用的方法，而在 OA 环境下，同行评议也同样可以产生作用。除此之外，OA 期刊对于稿件提交、出版前审稿、出版论文的格式规范以及出版后的质量评价等方面的政策也将对 OA 期刊资源的质量管理产生影响。

1. PLoS 的质量管理政策

PLoS 创建于 2000 年 10 月，目前已出版了 7 种生命科学与医学领域的 OA 期刊，分别是 *PLoS Biology*、*PLoS Medicine*、*PLoS Computational Biology*、*PLoS Genetics*、*PLoS Pathogens*、*PLoS ONE* 和 *PLoS Neglected Tropical Diseases*。PLoS 已经出版了数以千计的经同行评审通过的论文以及其他与生命科学相关的论文，成为在 OA 期刊领域影响非常广泛的出版机构。PLoS 的质量管理政策主要包括论文提交政策、审稿政策和出版后质量评价政策等方面。

（1）论文提交制度

● PLoS 所出版的所有 OA 期刊均已建成在线提交系统，并对提交程序给予了详细规定。

● PLoS 为论文作者提供检查表，用以帮助作者检查所需要提交的所有材料。

● PLoS 规定，作者在提交论文的同时，还需要提交附加信息与文件。

● PLoS 对论文结构有详细的规定，一般需要包括题名、作者、单位、摘要、引言、材料与方法、结果、讨论、致谢、参考文献、图表等。

● 论文提交之前，作者需要阅读 PLoS 许可协议，明确作者和出版机构各自相应的权利。

● 作者提交论文时应提供需规避或熟知的审稿专家名单，以帮助期刊确定审稿专家。

● 提交论文时需对论文的意义、作用、创新之处以及投稿原因做出说明。

● 提交论文时需提交所有作者的相关信息，并要求作者注明自己已了解需要支付出版费用。

（2）审稿制度

● PLoS 确定开放存取、优秀精品、科学正直等为期刊审稿的核心原则。

● PLoS 所有的 OA 期刊均实行同行评审制度，并对评审专家进行质量控制与评价。

● PLoS 综合潜在评审专家的专业知识、学科领域内声誉、过去的表现、作者以及学术编辑的建议等信息遴选每一篇论文的同行评审专家。

● 作者在提交论文的同时可以推荐同行评审专家，编辑部在保证评审客观公正性的前提下一般可以接受作者的建议。

● PLoS 采用匿名评审制度，作者和其他同行评审专家将不能了解到评审专家的名字，学术编辑对于作者和同行评审专家也采用匿名的制度。

● 论文评审结果包括退稿、重大修改、轻微修改和接受稿件等情况。

（3）出版后质量评价制度

PLoS 论文出版后同样实施同行评审，以加强对论文质量的控制与提升。其出版后的质量评价制度包括注释、评论与评级等方面。

● 读者/评论员可以通过注释对论文中某一特点做出补充、澄清或给予相关材料的链接。

● 读者/评论员可以通过评论对论文进行评价，并可以补充进论文的结论之中。

● 读者可以对论文进行质量评价并给予等级，PLoS 最终把所有用户的评价等级聚集起来，形成论文总的质量等级。

● 读者可以对曾经做出的评价等级进行调整，但不可以对论文质量进行重复评价。

● 读者可以凭自身主观的观点对论文质量进行评价。

● PLoS 供读者进行质量评价的标准包括创新性、可靠性与文体表达，等级均从 1—5 级，1 级为最低级，5 级为最高级。

● 读者/评论员对论文进行的所有注释、评论、评级等操作均需要使用 PLoS 的专用术语。

2. *D-Lib Magazine* 的资源质量管理政策

D-Lib Magazine 是由美国国防部国防高级研究计划署（Defense Advanced Research Projects Agency，DARPA）赞助，国家研究创始计划公司（The Corporation of National Research Initiative，CNRI）出版的纯 OA 期刊。该刊主要为数字图书馆研发人员、系统开发者和其他相关科研人员提供有关数字图书馆的研究论文及相关信息。

● 论文长度最好保持在 1500—5000 单词，但在特殊情况下可接受超过 10000 单词的长篇论文。

● 论文必须用英语撰写。

● 学术论文（articles）、会议报道（conference reports）和观点（opinion）等类型的文献必须包括 100—200 个单词长度的摘要，并且不允许有超链接。

- 论文必须用 Microsoft word 或 OpenOffice 撰写。

- 所提交的论文必须在开头提供作者全称、所属机构以及 E-mail 等信息。

- 论文中图片格式必须是 gif、png 或 jpg 格式。

- 鼓励作者提供与论文相关的外部资源的超链接；提倡作者在论文结尾处的参考文献部分提供相关链接。

- 参考文献格式需要保持统一格式；鼓励作者提供参考文献的 DOI。

- 作者在提交论文时需要提供长度为 50—100 单词的论文梗概。

- 所有提交的论文必须接受学术水平评审，只有通过评审的论文才有可能被接收。

- 对于所接收的论文，将会增加统一的 *D-Lib Magazine* 标题格式、结尾、DOI 以及论文格式。

后　记

岁月如梭，韶光易逝。2000 年夏天，得知自己被安徽大学图书馆学专业录取的诧愕感还历历在目，转眼间，我已经在图情领域学习、耕耘了二十载，自己也在不知不觉中成为一个真正的"图情人"。

我与开放存取的相遇源于十余年前与好友的一次畅谈。在我们谈到该从哪里着手叩开学术研究大门的话题时，她给我介绍了在当时还是新鲜词汇的"Open Access"，并建议我可以试着去了解这个主题。在查阅相关资料之后，我隐约感觉 OA 应该是一个可以值得深挖的"富矿"，因此坚定了自己的"OA之心"。幸运的是，从 2004 年开始，OA 逐渐成为国内研究的热门话题，我也有幸见证了 OA 在国内理论界和实践领域的蓬勃发展。不过随着 OA 运动的不断推进、大量 OA 知识库的建成与运营，资源建设难题开始浮出水面。OA 资源整体质量不高、利用率偏低等问题成了制约 OA 进一步发展的瓶颈问题。

在 OA 的发展过程中，科研人员是非常关键的要素，他们既是资源提供者，也是资源利用者，可以说，科研人员是 OA 资源难题的症结之所在。为此，我试着从科研人员在 OA 运动中的双重角色这一角度入手，通过模型构建与实证研究，对科研人员的 OA 参与行为的现状及影响因素进行探讨，希望能对国内 OA 运动的发展提供一定的参考与借鉴。

回首过往，我要感谢的人太多。除了无条件支持我的家人以外，还须感谢给予我关心与帮助的师友、领导和专家。

首先要感谢我的博士生导师华薇娜教授，能有机会在华老师门下学习四年，是一种福分！华老师严谨的治学态度、广阔的学术视野、敏锐的学术判断、高尚的品格、淡泊名利的人生态度给了我非常多的启迪。正是华老师的理解、支持、宽容、指导和帮助，使我有幸持续走在学习、研究 OA 的道路上。

感谢原工作单位嘉兴学院商学院的领导和同事。在十余年的工作经历中，商学院大家庭不仅给予了我关心与支持，同时也提供了让我不断成长的平台与机会。感谢现工作单位浙江省社会科学院。在此书的出版过程中，恰逢我的工作调动，浙江院的领导和同事对于我这个新人的关照让我感动。

感谢国家图书馆出版社为本书出版提供的大力支持。感谢邓咏秋、张晴池两位编辑老师的辛勤付出，在编辑出版的过程中，两位老师不厌其烦地与我进行了多次沟通与确认。

由于个人能力与学识有限，加之时间仓促，拙作难免有不足之处，诚望读者批评指正。

袁顺波

2020 年 10 月